國際私法

遠藤登喜夫著

昭和二年發行

國際私法

日本立法資料全集 別巻 1216

信山社

遠藤登喜夫著

國際私法

東京
巖松堂書店發兌

序言

近年三十億圓以上を突破する我對外貿易を始め其他益々増加する各種の渉外私法關係は一として皆國際私法の原則に依らざるものなきを以て、我國際私法研究の忽諸に付すべかざらるを感ぜざるを得ず。故に余は數年間日本大學に於て國際私法の講義を爲す傍ら多少之が研究を試みたるも、余の無學を以ては何等其得る所なく、徒らに幾多の疑問を生ずるのみにして前途望洋の歎に堪へざるものあり。然るに書肆再三の勸めに動かされ、極めて貧弱なる研究をも顧みず一應取纒めて玆に之を著書と爲したるものなれば、不備不足の個所多きを恥づるものなり。若し夫れ幾分にても初學生の參考となり又世の高敎を得ば望外の幸と爲す。

昭和二年七月

著者識

國際私法目次

緒論

第一章　國際私法ノ意義……一

第一、國際私法ハ涉外的私法關係ノ存スルカ爲メニ制定セラレタル法規ナリ――(一)涉外的私法關係存在ノ前提――(二)涉外的私法關係ノ發生原因　第二、國際私法ハ涉外的私法關係ニ適用スヘキ法律ヲ確定スル法規ナリ

第二章　國際私法ノ性質……五

第一、國際私法ノ實質ハ法規ナリ　第二、國際私法ハ國內法ナリ――(一)立法ノ差異――(二)當事者ノ差異――(三)法律關係ノ差異――(四)救濟方法ノ差異　第三、國際私法ノ內容ハ間接規定(適用法規)ナリ　第四、國際私法ノ目的物ハ涉外的私法關係ナリ――(一)公法關係ヲ其目的物ト爲サス――(二)國際私法ハ外人法ニアラス――(三)國際私法ハ在外法ニアラス　第五、國際私法ハ私法ナリ

第三章　國際私法ノ淵源……一〇

本　論

行爲――2外國人カ日本領土內ニ於テ爲シタル法律行爲タルコトヲ要ス――3外國人カ本國法ニ
依リ無能力者ニシテ日本ノ法律ニ依リ能力者タルコトヲ要ス――(二)未成年者ノ行爲ノ效力――
1外國未成年者ノ行爲ノ效力モ亦成年未成年ヲ區別スル準據法ニ依ル――2詐術ヲ用ヒタル場合
ノ行爲ハ有效トス――(三)國籍變更ト年齡能力トノ關係――1一般的ニハ年齡能力ハ國籍變更ニ
伴ヒテ變更ス――2或法律行爲カ未成年中ニ爲サレタルヤ否ヤノ具體的諸問題ハ法律行爲當時ノ
本國法ニ依リテ定ム

第二項　禁治產及準禁治產……一三七

第一、各國制度ノ差異――(一)日本――(二)獨逸――(三)佛國伊太利――(四)英國　第二、禁
治產準禁治產宣告ノ管轄――(一)原則――(二)例外――イ理由――ロ要件――1外國人カ日本ニ
住所又ハ居所ヲ有スルコト――2本國法ニ依リ禁治產準禁治產ノ原因アルコト――3日本ノ法律
ニ依ルモ其原因アルコト――(三)日本人ニ對スル外國ノ宣告　第三、宣告ノ原因　第四、宣
告ノ效力――(一)形式的效力――(二)實質的效力――(三)同一外國人ニ對スル數國ノ宣告アル場
合ノ效力

第三項　妻……一四四

第一、妻ノ能力ハ法例第十四條ニ依リ準據法ヲ定ム　第二、外國人タル妻ノ日本ニ於ケル法律
行爲ノ效力　第三、妻ニアラサルコトヲ信セシムヘキ詐術ヲ用ヒタル行爲ノ效力

第四款　住所及不在……一四七

第二款　時　效……一六六

第一、消滅時效　第二、取得時效　第三、時效停止ノ原因

第二章　渉外物權法……一六八

第一節　總　論……一六八

第一、物權ノ準據法ニ關スル二主義――甲所在地法主義――(一)意思推定說――(二)領土主權說――乙動產不動產區別主義　第二、我國ハ所在地法主義ナリ――(一)物權ノ種類、發生、內容、效力等總テ目的物ノ所在地法ニ依ル――(二)物權ノ得喪原因ト所在地法トノ關係――甲法律行爲ニ因ル物權ノ得喪――イ物權行爲ト債權行爲トノ準據法關係――ロ物權行爲完成ノ時期ト效力發生時期――ハ物權行爲中ニ物カ其所在ヲ變シタル場合――ニ物權行爲完成當時ニ於ケル動產ノ所在場所ニ法律ノナキ場合及所在地不明ノ場合――a所在地ニ法律ナキ場合――b所在地不明ノ場合――乙法律行爲以外ノ原因――イ先占、埋藏物發見、附合、混和、加工――ロ時效――A不動產ニ關スル物權――B動產ニ關スル物權――1主義――a訴訟地法主義――b原因主義――い時效開始當時法主義――ろ時效完成當時法主義――2我國ハ完成當時法主義ナリ――3時效成否ニ關スル爭――ハ他人ノ原始取得ニ因ル物權ノ喪失――ニ相續ニ因ル物權ノ喪失――(三)物權以外ノ登記スヘキ權利モ目的物ノ所在地法ニ依ル――a不動產買戾權――b不動產賃借權

第二節　物權各論……一八四

――(終)――

國際私法

遠藤登喜夫著

緒論

第一章　國際私法ノ意義

國際私法トハ渉外的私法關係ニ適用スヘキ法規ヲ確定スル所ノ法規ヲ謂フ。

茲ニ甲國ニ居ル甲ヨリ乙國ニ居ル乙ニ對シ或物品ノ買受ヲ申込ミ乙ヨリ承諾ノ通知アリシトセヨ其賣買契約ノ成立及效力ニ付甲乙兩國ノ民法ニ差異アラハ甲國ノ民法ニ依ルヘキカ乙國ノ民法ニ依ルヘキカ之ヲ決定スルニアラサレハ其賣買ノ成否及效力ヲ法律上決スルコト能ハサルヘシ。斯ノ如キ場合ヲ渉外的私法關係ト云ヒ、之ニ對シ甲乙何レカノ民法ヲ以テ決定スヘキ旨ノ法規ヲ必要トシ、其法規ヲ國際私法ト云フナリ。故ニ

第一　國際私法ハ渉外的私法關係ノ存在スルカ爲メニ制定セラレタル法規ナリ。

涉外的私法關係トハ一個ノ私法關係ヲ部分的ニ觀察スルトキハ二國以上ノ法律ニ支配セラルヘキ場合ヲ謂フ。前例ニ於テ甲ヨリ見レハ其賣買ニ付テハ甲國ノ民法ニ支配セラレ乙ヨリ見レハ乙國ノ民法ノ支配ヲ受クルカ如シ。而シテ涉外的私法關係ノ生スル前提及原因ヲ述フレハ左ノ如シ。

一　涉外的私法關係存在ノ前提

涉外的私法關係ノ生スル爲メニハ各國ニ於テ內外人ノ交通及內外國人間ノ私法關係ノ成立（內外國人ノ取引）ヲ認容スルコトヲ前提トスルモノナリ。

蓋シ一國ノ法律ハ其國ノ領土主權及人民主權ニ依リテ制定セラルルモノニシテ、若シ內國人ノ外國ニ赴クヲ禁シ又外國人ノ入國ヲ許サス且內外國人間ノ交通取引ヲ認メサル絕對的鎖國ノ主義ヲ採ルトキハ涉外的私法關係ハ發生スルニ餘地ナクシテ其國ノ法律ハ內國ニ於ケル內國人ノミニ完全ニ適用セラルルニ過キス。之ニ反シ苟モ各國互ニ內外國人ノ交通取引ヲ認容スルトキハ外國人カ內國ニ於テ私法行爲ヲ爲シ或ハ內國人カ外國ニ於テ私法行爲ヲ爲スコトアリテ茲ニ一個ノ私法關係モ之ヲ兩面ヨリ部分的ニ觀察スルトキハ二國以上ノ法律ニ支配セラルル場合アリ。是ニ於テカ之カ全體ニ對シ二國以上ノ法律ヲ適用セントセハ積極的衝突ト爲リ、之ニ反シ何レノ法律ヲ以テモ支配スルコトヲ得ストセハ消極的衝突ト爲リ、其私法關係ノ成立乃至效力ヲ定ムルコト能ハサルニ至リテ私權保護ヲ全フスルコト能ハス。故ニ之カ私權保護ヲ全フセントセハ其涉外的私法關係ニ內國法ヲ適用スルカ又ハ外國ノ法律ヲ適用スルカヲ定メサルヘカラス。故ニ涉外的私法關係存在ノ前提ハ各國ニ於テ內外國人ノ交通取引ヲ認容スルニ在リト云フ所以ナリ。而シテ貿易ト稱スルモノハ涉外的私法關係ノ一部ニ過キサルモ近年我國ノ貿易額ハ輸出輸入ヲ合セテ一ヶ年三十億圓以上ニ達スル狀況ニテ此等ノ取引ハ皆國際私法ノ原則ニ依リ行ハルルモノニシテ國際私法ノ使命モ亦偉大ナリト謂フヘシ。

二　涉外的私法關係ノ發生原因

前述ノ如キ涉外的私法關係ハ種々ナル原因ニ因リテ生ス、其重ナルモノ左ノ如シ。

イ　權利主體ノ國籍、住所、又ハ居所ノ差異アルニ因ルコトアリ。例ヘハ甲乙國籍ヲ異ニスル男女カ婚姻ヲ爲スニ當リ甲國ハ婚姻能力ヲ十七歲以上トシ乙國ハ二十歲以上トスルトキハ其當事者ヲ各別ニ觀察スルトキハ各々別個ノ法律適用ヲ受クヘキモノナルカ如シ。

ロ　權利ノ客體又ハ目的物ノ所在地國ト他ノ法律要件ノ存在シ又ハ發生スル國ト異ナルニ原因スルコトアリ。例ヘハ甲國人カ乙國內ニ於テ新タニ家ヲ建築シ又ハ甲國人カ乙國內ニ在ル家屋ヲ買受クルカ如キ場合ハ家屋所在地ノ法律ニ依ルヘキヤ又ハ其他ノ國ノ法律ニ依ルヘキヤノ法律關係ヲ生スルカ如シ。

ハ　法律事實ノ全部又ハ一部ノ發生シタル國ト其他ノ法律要件ノ存在又ハ發生セル國ト異ナルニ因ルコトアリ。例ヘハ法律行爲タル法律事實ニ付テ云ヘハ甲國ニ居住スルモノカ乙國內ニ在ル者ト契約ヲ爲スカ如ク申込ハ甲國ニ於テ生シ承諾ハ乙國ニ於テ生スルモノニシテ、又法律行爲以外ノ法律事實ニ付テ云ヘハ或國人カ他國內ニ於テ不法行爲若クハ事務管理ヲ爲スカ如シ。

ニ　法律關係ノ發生國ト訴訟地國トノ異ナルニ因ルコトアリ。例ヘハ外國人カ外國ニ於テ締結シタル契約履行ノ訴ヲ內國ニ於テ提起スルカ如シ。

第二　國際私法ハ涉外的私法關係ニ適用スヘキ法律ヲ確定スル法規ナリ。

涉外的私法關係ト雖モ一個ノ法律關係タル以上ハ之ニ對シテ二國以上ノ法律ヲ適用スルコト能ハサルヲ以テ其涉外的私法關係ハ何レカ一個ノ法律ヲ適用スヘキコトヲ確定スル必要アルハ前ニ述ヘタル所ニシテ、國際私法ハ卽チ涉外的私法關係ニ對シ何レノ法律ヲ適用スヘキカヲ決定スル法規ニ外ナラス。恰モ國內法ノ變更アリタルトキ一ツノ私法關係カ新舊兩法實施ノ時期ニ跨リテ行ハレタルトキ新舊何レノ法律ヲ之ニ適用スヘキカヲ定ムル法規ト同樣ナリ。故ニ涉外的私法關係ニ對スル内外二個以上ノ法律カ其内容ヲ異ニスルト否トハ國際私法ノ要否ヲ定ムル標準ニアラス。但シ此點ニ付テハ從來ノ學者皆國際私法ノ必要ハ二個以上ノ法律カ其内容ヲ異ニスルカ爲メニシテ其内容ニシテ同一ナルトキハ國際私法ノ必要ナシト論セリ。然レトモ余ハ茲ニ之ニ反對シ一個ノ涉外的私法關係ニ付二個以上ノ内容ヲ同フスル法律ノ支配ヲ受クヘキ場合ニ於テモ尚且國際私法ノ必要アルモノト爲スモノナリ。蓋シ一個ノ私法關係ノ成立乃至效力ハ一個ノ法律適用ニ依リテ決セラルルモノニシテ内容同一ナルカ故ニ二個以上ノ法律カ共ニ適用セラレテ其法的效果ヲ生スルモノト爲スコトヲ得サレハナリ。是レ内國法ノ變更アリタル場合ニ新舊兩法ノ内容カ同一ナル場合ニ於テモ尚且兩法實施ノ兩時期ニ跨ル事項ニ付テハ新舊何レノ法律ヲ適用スヘキカヲ確定スル法規ヲ必要トスルコトト同樣ナリ。

第二章　國際私法ノ性質

前章ニ述ヘタル國際私法ノ意義ニ依ルトキハ國際私法ハ左ノ如キ性質アルコトヲ知ルヘシ。

第一　國際私法ノ實質ハ法規ナリ。

法規トハ一國ニ於テ現ニ成文法又ハ慣習法トシテ認メラレタル法則ヲ謂ヒ、國際私法ハ數國ノ法律中何レヲ適用スヘキカヲ定ムル法律ニ外ナラサルヲ以テ其實質ハ法規ニシテ學説又ハ理論ニアラス。之ヲ我國ニ付テ言ヘハ法例第三條以下、商法施行法第百二十五條第百二十六條等ノ如シ。是レ恰モ法律改正ノ際或事實ニ付テハ新舊何レノ法律ヲ適用スルヤヲ定ムル施行法カ法規タルト同様ナリ。

第二　國際私法ハ國內法ナリ。

國內法トハ一國ノ主權ノミニ依リテ制定シタル法律及認定シタル慣習法ヲ謂ヒ、涉外的私法關係ニ付何國ノ法律ヲ適用スヘキカヲ一國ノ主權ノミニ依リテ制定シ又ハ認定シタル慣習法カ國際私法ナルヲ以テ國際私法ハ民法、商法等ト同シク國內法ナリ。從テ各國家毎ニ獨立ノ國際私法ハ存在スヘキモノニシテ、日本ニハ日本ノ國際私法アリ各外國ニハ各其國ノ國際私法アリテ、一國ノ國際私法ハ他ノ國家ヲ羈束セサルモノトス。故ニ國際私法ハ國際團體間ノ準則ヲ定ムル國際公法ニアラス。玆ニ於テカ涉外的私法關係ニ付之ニ關係ヲ有スル數國ノ國際私法ニ於テ互ニ相異ナル準則ヲ規定シタルトキハ其內外的私法關係ニ適用スヘキ法律ハ依然トシテ衝突ヲ來シ各國ノ國際私法ハ互ニ國外ニ於テハ其效力ヲ制限セラルル結果ヲ生シ國際公法ノ如ク各國ヲ羈束スルモノニアラス。依テ玆ニ國際私法ト國際公法トノ差異ヲ示セハ左ノ如シ。

一　立法ノ差異

國際私法ハ普通ノ國內法ト同シク一國ノ主權者カ自主獨立ナル立法權ニ基キ自由ニ制定又ハ認定シタル慣習法則ナルニ反シ、國際公法ハ國際團體間ノ一致承認ニ依リ成立スル法則ナリ。

二　當事者ノ差異

國際私法ノ適用ヲ受クヘキ法律關係ノ當事者ハ常ニ一私人ニシテ國家カ當事者タルコトナシ。或場合ニ於テ國家カ國際私法ノ適用ヲ受クヘキ法律關係ノ當事者タルコトアリトセハ是レ國家カ一私人トシテ當事者ト爲ルモノニシテ決シテ國家トシテ當事者ト爲ルモノニアラス。之ニ反シ國際公法ノ適用ヲ受クヘキ當事者ハ常ニ國家又ハ其他ノ國際團體ナリ。

三　法律關係ノ差異

國際私法上ノ法律關係ハ國家主權ノ保護ノ下ニ於ケル私人相互間ノ權利義務ノ關係ナルニ反シ、國際公法上ノ法律關係ハ國際團體間ニ於ケル關係ナリ。

四　救濟方法ノ差異

國際私法上ノ救濟方法ハ當事者ノ上ニ立ツ一國主權ノ保護ヲ受クルモノナルニ反シ、國際公法上ノ救濟ハ當事國雙方ノ上ニ立ツ權力ニ依リ救濟セラルルコトナシ。

第三　國際私法ノ內容ハ間接規定（適用法規）ナリ

國際私法ハ權利義務ノ實體權ヲ規定スルモノニアラス又實體權行使ノ手續ヲ定ムルモノニモアラス。卽チ國際私法ハ涉外的私法關係ニ對シテ直接ニ適用スヘキ內外國ノ實質法ヲ確定スルニ過キサル法規ナルヲ以テ、國際私法ハ涉外的私法關係ヲ支配スル關係ニ於テハ間接規定ナリ、是レ國際私法ハ法律ノ法律ナリトノ稱アル所以トス。是レ恰モ民法施行法第三十條ニ於テ「民法施行前ニ出訴期限ヲ經過セサル債權ニ付テハ民法中時效ニ關スル規定ヲ適用ス」ト規定シ此規定ハ民法時效ニ關スル實體規定ニ對スル間接規定タルト同樣ナリ。

第四　國際私法ノ目的物ハ涉外的私法關係ナリ。

國際私法ノ目的ハ何レノ法律ヲ適用スルカヲ定ムルモノニシテ適用スヘキ法律ヲ指定スルコトヲ以テ目的ト爲スモ、國際私法ニ依リ指定セラレタル法律ノ支配ヲ受クヘキ事項ハ涉外的私法關係ニ外ナラス。故ニ國際私法ノ目的ヲ法律ノ指定ナリトセハ國際私法ノ目的物ハ涉外的私法關係ナリ從テ國際私法ノ目的物ハ左ノモノヲ包含セス。

一　公法關係ヲ其目的物ト爲サス。

往時ニ於テハ公法關係ト私法關係トノ區別ナク一切ノ涉外的法律關係ニ適用スヘキ法律ノ確定

ヲ以テ國際私法ナリト爲シタルコトアルモ其中渉外的私法關係ノミハ刑法、刑事訴訟法、民事訴訟法、破産法等ノ公法關係ノ渉外的事項ヨリ獨立シテ一個ノ法系ヲ爲スニ至リタルヲ以テ、國際私法ノ目的物中ニハ公法關係ノ渉外的事項ヲ含マサルモノトス。

二　故ニ國際私法ハ外人法ニアラス。外人法トハ外國人ニ關スル事項ノミニ適用スル規定ニシテ之ニ公法、私法アリ。民法第二條第三十六條第四十九條第七百九十五條、商法第二百五十五條第二百六十條等之ニ屬シ、此等ノ規定ハ外國人其モノニ關スル事項ニ直接適用スヘキ法規ニ過キスシテ渉外的事項ニ適用スヘキ法律ヲ定ムル間接規定ニアラサルヲ以テ、外人法ハ國際私法ニアラス。然レトモ外國人ノ權利能力ノ如何又ハ外國法人ノ何タルヤ等ハ此點ヲ定ムルニアラサレハ外國人ノ本國法又ハ住所地法ヲ定ムルコト能ハサルコトアルヲ以テ、外人法モ亦國際私法ノ研究上之ヲ説明スル必要アルハ恰モ刑法上姦通罪ノ研究ニ妻ノ何タルヤニ付民法上ノ説明ヲ要スルカ如シ。

三　又國際私法ハ在外法ニアラス。在外法トハ外國ニ在ル内國人ニ關スル規定ニシテ是レ亦公法關係、私法關係ニ關スル規定アレトモ、渉外的私法關係ニ關スル間接規定ニアラスシテ内國人ノミニ適用スル直接規定ナルヲ以テ國際私法ニアラス。

第五 國際私法ハ私法ナリ。

國內法ヲ公法、私法ニ區別スル標準ニ付テハ學說ノ岐ルル所ナルモ、公法ハ國權ノ發動ニ關スル事項ノ規定ニシテ私法ハ私人間ノ法律關係ニ關スル事項ノ規定ナリト爲スヲ正當トス。然ラハ國際私法ハ國權ノ發動ニ關スル事項ノ規定ニアラスシテ涉外的私法關係ニ關スル規定ナルヲ以テ私法タルヤ疑ナシ。或ハ涉外的私法關係ニ直接適用セラルルモノハ其國ノ私法ナルモ國際私法自體ハ其私法關係ニ直接適用セラレサルカ故ニ之ヲ私法ニアラスト解スヘキニアラスヤノ疑アルモ、私法關係ニ直接適用スヘキモノニ限リ之ヲ私法トシ間接ニ適用セラルヘキモノハ私法ニアラスト爲ス前提ハ未タ之ヲ認ムルヲ得ス、例ヘハ商法第一條乃至第三條ノ如キハ商事ニ適用スヘキ直接ノ規定ニアラスシテ、商事ニ適用スヘキ實質法ヲ指定シタルモノナリ、卽チ此等ノ規定ハ商事ニ關スル間接ノ規定タルニ過キス、然ルニ何人モ此等ノ規定ヲ私法トシテ疑ハサルカ如ク國際私法モ亦私法關係ニ對スル間接規定タルカ故ニ私法ニアラスト爲スヲ得ス。

第三章　國際私法ノ淵源

國際私法ノ淵源トハ渉外的私法關係ニ適用スヘキ法律ヲ定ムル原由ヲ謂フモノニシテ、其ノ淵源ハ左ノ如シ。

第一　成文法

國際私法ヲ成文法ニ依リテ制定スル場合ニ於テハ或ハ之ヲ民法法典ノ一部ニ規定シ或ハ特別法ヲ以テ規定シ或ハ民法又ハ商法ノ施行法中ニ規定スルコトヲ得ヘク、又特別法ヲ以テ規定スル場合ニ國際私法ナル名稱ヲ付スルト其他ノ名稱ヲ付スルトハ之ヲ問フ所ニアラス。我國ニ於テハ法例ト稱スル特別法ノ第三條以下ニ於テ之ヲ規定シ。尙商法施行法第百二十五條第百二十六條及著作權法第二十八條等ニ依リ之ヲ補ヘリ。

民法第二條第三十六條第七百七十七條第七百九十五條及第八百五十條、商法第二百五十五條及第二百六十條、擔保附社債信託法第十七條等ハ外人法又ハ在外法等ニシテ渉外的私法關係ニ對スル間接規定ニアラサルヲ以テ國際私法ノ淵源ニアラス。然レトモ國際私法ノ研究ニハ此等ノ規定モ亦説明スルノ要アルハ既ニ述ヘタル所ニシテ、此等ノ規定ヲ説明スルカ故ニ直ニ此等ノ規定カ國際私法ナリト誤解スヘカラス。

第二　慣習法

慣習法モ亦他ノ法律ノ淵源ヲ爲スト同シク國際私法ノ淵源ト爲ルヘキモノタルヤ勿論ナリト雖モ國際私法ノ發達ハ近世ノ事ニ屬スルヲ以テ我國ニ於テハ未タ國際私法タル慣習法ナシ。

第三　條約

條約ハ國家間ニ於ケル意思ノ合致ナルヲ以テ國內法ノ法源ニアラスト雖モ、國家カ之ヲ公布シテ人民ニ遵奉ノ義務ヲ生セシメタルトキニ於テハ其條約ハ國內法ト同一ノ效力ヲ生スルカ故ニ公布セラレタル條約ハ國際私法ノ淵源ヲ爲スモノニシテ、萬國著作權保護條約、工業所有權保護同盟條約、船舶衝突ニ付テノ規定ノ統一ニ關スル條約等是レナリ。

第四　條理

條理トハ事物當然ノ法則ナルヲ以テ涉外的私法關係ニ對スル成文法又ハ慣習法タル國際私法ナキ場合ト雖モ、事物當然ノ理トシテ之ニ對シテ適用スヘキ或ル法則ノ明カナルトキハ、其法則ヲ適用セサルヘカラサルモノニシテ他ノ法則ヲ適用スヘキモノニアラス。是レ事物當然ノ法則ハ成文ノ國際私法ト同一ニ涉外的私法關係ニ適用スヘキ法律ヲ確定スルモノナルカ故ニ條理モ亦國際私法ノ淵源ナリト云ハサルヘカラス。殊ニ成文ノ我國際私法タル法例ニ於テハ異國籍船間ノ衝突、權利能力、船舶ノ物權問題等ノ涉外的事項ニ付テハ準據法ヲ定メサルモノ多キヲ以テ此等ハ何レモ條理ニ依リ決スヘキモノトス。

第四章　國際私法ノ沿革

第一節　國際私法ノ過去

國際私法ノ沿革トシテ其過去ヲ略說スレハ左ノ四時代ニ區別スルコトヲ得。

第一期　紀元第九世紀迄

紀元第九世紀迄ハ各國ノ法規ハ只其國人ニノミ適用スル爲メニ過キスシテ固ヨリ內外人ノ交通ナキヲ以テ國際私法ハ存在セス。

第二期　第十世紀頃以後第十三世紀頃迄

此時代ハ所謂封建時代ニシテ各地ノ王侯各々其領土ヲ擁シテ對立シ、領內ノ土地所有者ニ忠順ノ誓約ヲ爲サシメ壘ヲ高クシテ外人ノ交通ヲ許サス、領土內ニ存スルモノハ人ト物トヲ問ハス絕對ニ屬地主義ヲ行ヒ以テ國際私法ハ存在セス。

第三期　第十四世紀頃以後第十八世紀頃迄

封建時代ノ末頃ヨリ商工業ノ發達ト內外人交通ノ緩和セラルルニ至リテ絕對屬地主義ノ不當ナル

ヲ唱フルモノ漸次勢ヲ得テ玆ニ國際私法ノ漸ク生スルニ至リ、第十四世紀ノ始メニ伊太利ヨリばるとーるす出テテ三分說（法則說）ナル國際私法ノ原則ヲ唱ヘ、此說ハ十八世紀ノ末ニ至ル迄盛ニ行ハレタリ。

三分說トハ渉外的私法關係ニ適用スヘキ法律ヲ人事法、物件法及混合法ニ三別シテ準據法ヲ定ムル說ニシテ、卽チ（一）人事法ハ人ニ關スル法律關係ハ人ノ住所地法ニ據リ（二）物件法ハ不動產ニ關スル法律關係ハ不動產所在地法ニ據リ（三）混合法ハ行爲ニ關シテハ行爲地法ニ據ルモノト定メタリ。然ルニ法則學派ハ動產ヲ以テ人格ノ一部分ナリト認メ動產ヲシテ人ノ住所地法ニ依ラシメタリ。「動產ハ骨ニ附着ス」又ハ「動產ハ人ニ附隨ス」ト云フ當時ノ諺ハ善ク此思想ヲ表ハセリ。若シ夫レ所謂混合法ニ至ツテハ後世ノ學者間ニ種々ノ說アリ、或ハ曰ク「混合法トハ法律行爲ノ準據法ノミヲ謂フ換言スレハ法律行爲ハ行爲地法ニ依ル」ト。或ハ曰ク「此語ハ法律行爲ノミナラス不法行爲ノ準據法ヲモ含ム」ト。或ハ曰ク「混合法トハ單ニ法律行爲ノ方式ノ準據法ヲ謂フ」ト。之ヲ要スルニ混合法ノ內容ハ明瞭ナラサリシモノナリ。但シ少クトモ法律行爲ノ方式ヲ混合法ニ屬セシメタルコトハ明白ナリ。

第四期　第十九世紀以後

此時代ハ法則説ノ缺點ヲ知ルニ至リテ國際私法ノ完全ナル原則ヲ建テントシ以テ諸説•諸立法ノ出テタル時代ニシテ其重ナルモノハ左ノ如シ。

一　訴訟地法主義

此主義ハ總テノ渉外的私法關係ヲ訴訟地法ニ依リテ決スヘキモノト爲シ其理由トスル所ニ依レハ、裁判官ハ内國ノ法律ヲ適用スル職務ヲ有スルモ外國ノ法律ヲ適用スヘキ職務ヲ有セサルカ故ニ渉外的私法關係ノ發生存在ノ土地又ハ性質ノ如何ヲ問ハス總テ訴訟地法ヲ適用スヘシト云フニ在リ。然レトモ此主義ハ當事者ハ任意ニ好ム所ノ國ニ到リテ訴訟ヲ起シ得ルカ故ニ渉外的私法關係ノ成立乃至效力カ事後ニ於ケル當事者ノ意思ニ因リテ其準據法ヲ左右シ得ルノ缺點アルヲ以テ絶對的訴訟地法主義ハ之ヲ採ルヘキモノニアラス。我法例ニ於テモ第四條乃至第六條第十一條第十六條第二十三條第二十四條及第三十條ニ於テ訴訟地法主義ヲ採リタルモ其他ニ於テハ之ヲ採ラス。

二　屬地法主義

此主義ハ領土内ニ起リタル私法關係ハ總テ其國ノ法律ヲ適用スト爲スニ在リテ其意義ハ未タ明瞭ナラスト雖モ、私法關係ハ種々ナル法律要件ヲ具フルノミナラス其權利行使ノ事實モ亦之ヲ考慮スルコトヲ要スルカ故ニ此主義ハ(一)法律關係ノ全部又ハ一部ノ領土內ニ發生存在シタルトキハ總テ其地ノ法律ヲ其法律關係ニ適用シ又(二)法律要件ノ全部又ハ一部カ領土內ニ發生存在セサル場合ニ於テモ其法律關係ノ權利行使カ領土內ニ於テ行ハルルトキハ其地ノ法律ヲ適用スト爲スモノノ如シ。然ラハ(二)ノ場合ハ訴訟地法主義ニ外ナラスシテ前ニ述ヘタル缺點アリ、又(一)ノ場合ハ他國ニ於テモ其法律關係ニ自國ノ法律ヲ適用セントスルトキハ他國ノ領土主權及人民主權ト衝突スルコトアリテ國際交通ノ圓滿ヲ缺クカ故ニ絕對ニ此主義ヲ貫クハ不當ナリ。要スルニ屬地法主義ト稱スルハ大體訴訟地法主義ト同一ニシテ國際交通ヲ阻害スルモノトス。

三　法律關係發生地法主義

此主義ハ一切ノ涉外的私法關係ニ對シ其發生シタル地ノ法律ヲ適用スヘシト云フニ在リ。然レトモ此主義ノ缺點ハ第一ニ法律關係發生ノ土地不明ナル場合頗ル多ク第二ニ其發生地ハ偶然ニ定マル場合少カラス、例ヘハ此說ニ依レハ私生子ト其父母トノ關係ハ其子ノ生レタル地ノ法律ニ依ルヘキコトトナルモ出生地ハ偶然ニ出ツル場合少カラス、此ノ如キ偶然ノ出生地ヲ以テ親子間ノ法律關係ヲ定ムルハ不當ナリ。

四　本國法主義(屬人主義)

此主義ハ總テノ渉外的私法關係ニ當事者ノ本國法ヲ適用スヘシト爲スニ在リ。其論據トスル所ヲ聞クニ、國家ハ其國人民ヲ支配シ其國ノ法律ハ其國ノ人民カ内國ニ在ルト外國ニ在ルトヲ問ハス總テ之ニ適用セサルヘカラスト云フニ在リ。然レトモ此主義ハ外國ノ國家主義ト衝突スル場合アリテ國際交通ヲ制縛シ、昔日ノ種族法時代ニ還ラシメ渉外的法律關係ヲ圓滿ニ保護スルコト能ハサルノ缺點アリ。

本國法主義ト屬人法主義トノ關係ヲ見ルニ屬人法主義トハ渉外的私法關係ニ人ノ本國法又ハ住所地法(屬人法)ヲ適用スル主義ナリ。而シテ國際私法學及國際私法ノ沿革ニ徴スルトキハ昔時ノ所謂屬人法ハ人ノ住所地法ヲ指シタルモ今日ニ所謂屬人法ハ主トシテ本國法ヲ意味スルモノナリ。斯ノ如ク屬人法ノ意義ニ差異ヲ來シタル所以ハ他ナシ、昔時ニ在リテハ一國内ニ多數ノ法境カ竝存シ内外人ノ交通未タ今日ノ如ク盛ナラサルカ故ニ、渉外法律ノ衝突ヲ見ルコト稀ニシテ却テ屢々國内法ノ衝突ヲ見タリ。故ニ當時ニ於テハ一國内ニ於ケル住所地法ノ衝突アリト雖モ内外國法ノ衝突ハ比較的ニ尠ク隨テ之ヲ解決スル必要モ亦大ナラス、從テ一定ノ私法關係ニ何レノ住所地法ヲ適用スヘキカノ問題ヲ生スルコトアリト雖モ何レノ國ノ法律ヲ適用スヘキカノ問題ヲ生スルコト少ナシ。然ルニ其後何レノ國ニ於テモ漸次法律ノ統一行ハレ、國内法ノ衝突ハ一變シテ内外國法ノ衝突ト爲ルニ及ンテ何レノ住所地法ヲ適用スヘキカノ問題ヲ生セスシテ何レノ國法ヲ適用スヘキカノ問題ヲ生スルニ至レリ。是ニ於テカ或種ノ涉外的私法關係ニハ住所地法ニ代ヘテ本國法ヲ適用スヘキモノナリトノ說ヲ生シ、更ニ伊太利學派ハ一步ヲ進メ總テ涉外的私法關係ニハ原則上人ノ本國法ヲ適用スヘシトノ說ヲ爲スニ至リ伊太利民法ハ實ニ此說ヲ代表セルモノナリ。然レトモ伊太利以外ノ國ニ於テハ涉外的私法關係ニ於テ身分及能力等ニ付主トシテ本國法ヲ適用スヘキコトヲ定メタルニ過キスシテ、一般的ニ涉外的私法關係ニハ總テ本國法ヲ以テ準據法ト爲スノ原則ヲ認メタリト云フコトヲ得ス。日本ノ法例ノ如キモ其定メタル準據法ノ多數ハ本國法ナレトモ之ヲ以テ立法上ノ根本原則ト爲シタルモノニ非ス。

五　法律關係性質主義

此主義ハ各法律關係ノ性質ニ從テ各場合ニ之ニ適合スル準據法ヲ定メサルヘカラスト云フニ在リ、例ヘハ人ノ能力ノ如キハ其人ノ本國法ヲ適用シ、動產不動產ノ如キ物權ニ付テハ其所在地法ヲ適用シ、法律行爲ノ成立ノ如キハ其適用スヘキ法律ヲ當事者ノ意思ニ因リテ定メシムルカ如ク各法律關係ノ性質ニ依リ準據法ヲ區別スルニ在リ。我法例ニ於テハ法律關係性質說ニ據リタルモノトス。

第二節　國際私法ノ現狀

前節ニ述ヘタル如ク第十九世紀以後ニ於テハ種々ノ學說立法ヲ生シ、國際私法ノ原則ハ一定スル所ナク現在尚各國ノ國際私法ハ區々ニ別レタルヲ以テ之カ現狀ヲ一覽スルトキハ左ノ如シ。

第一　立法ノ形式ヨリ區分スレハ左ノ如シ。

一　民法中ニ國際私法ヲ定メタルモノ

佛蘭西、もなこ、るくせんぶるひ、伊太利、葡萄牙、智利、墨西古、亞爾然丁、西班牙、せるびや、もんてねぐろ、るうめにや、ぶらじる等是レナリ。

二　特別法ヲ以テ之ヲ定メタルモノ

日本、和蘭、瑞西、こんごー、まろつこ等是レナリ。

三　民法施行法ヲ以テ之ヲ定メタルモノ

獨逸是レナリ。

第二　準據法ヲ指定スル方法ヨリ區別スレハ左ノ如シ。

一　一方的規定（不完全的規定）

是レ主トシテ内國法ノ適用ヲ定メ若クハ内國人ニ關スル事項ヲ定メタル規定ニシテ、例ヘハ佛蘭西民法（第三條第二項第三項）ハ外國人カ佛國ニ於テ所有スル不動産ニハ佛國ノ法律ヲ適用シ、外國ニ在ル佛蘭西人ノ身分能力ニハ佛國ノ法律ヲ適用スルコトヲ定メタルノミニシテ、佛蘭西人カ外國ニ於テ所有スル不動産ニハ何レノ國ノ法律ヲ適用スルカ又佛國ニ在ル外國人ノ身分能力ニハ何レノ國ノ法律ヲ適用スルカヲ規定セス。又主トシテ内國人ノ事ヲ定メテ外國人ノ事ヲ規定セサルモノモ亦一方的ナリ。獨逸民法施行法ノ如キ是レナリ。

二　雙方的規定（完全的規定）

是レ内外人ニ共通スル規定ニシテ又内外法ノ適用ヲ竝行的ニ規定シタルモノナリ。例ヘハ我法例ノ如キ是レナリ。法例第三條ニ「人ノ能力ハ其本國法ニ依リテ之ヲ定ム」トアリ茲ニ所謂人トハ日本人ノミニ非スシテ外國人ヲモ包含ス。又本國法ト云フ語ハ日本ノ法律ノミナラス外國ノ法律ヲモ指稱ス。和蘭法例、西班牙民法、伊太利民法、まろつこ身分法、亞爾然丁民法等モ亦雙方的規定ナリ。

第三　立法ノ根本主義ヨリ區分スレハ左ノ如シ。

一　屬人主義ニ依ルモノ

伊太利民法、日本舊法例、白耳義民法、ろーらん案等是レナリ。

二 屬地主義ニ依ルモノ

是レ英、米、ころんびー、亞爾然丁等ニ行ハルル主義ニシテ總テノ渉外的私法關係ニ內國法ヲ適用スルモノナリ。

英米カ今日尚屬地主義ヲ固守スルヤ否ヤハ議論アル所ナレトモ同國ノ判決例ハ外國法ノ適用ハ禮讓ニ出ツトノ觀念ヲ棄テス。

三 法律關係性質主義ニ依ルモノ

是レ我法例及獨逸民法施行法ノ採リタルモノニシテ渉外的私法關係ノ性質ニ照ラシテ其準據法ヲ定メタルモノナリ。

第五章 國際私法研究ノ方法及範圍

第一節 國際私法研究ノ方法

第一 理論的研究方法

此研究方法ハ多ク大陸派ノ採ル所ニシテ左ノ二點ニ於テ特質ヲ具備スル研究方法ナリ。卽チ其(一)

ハ國際法上ノ原則ハ各國ニ於テ略ホ同一ニシテ、近世ノ文明ハ益々此同一ナル點ヲ增進セシムヘキ傾向ヲ有スルヲ以テ國際私法ハ固ヨリ國際公法ノ一部ニアラスト雖モ、文明各國ニ共通ノ法律タルヘキモノトシ、斯ル共通ノ原理原則ヲ以テ國際私法トシ、從テ其(二)ノ特質トシテ此學派ハ斯ル各國普通ノ原理原則ヲ發見スルコトヲ以テ此學問ノ目的トシ、各國ノ國際私法カ果シテ正當ナリヤ否ヤノ如キモ此原則ニ適合スルヤ否ヤニ依リテ之ヲ決定セントスルニ在リ。此理論的硏究方法ノ得失ハ二個ノ利益アルト共ニ二個ノ缺點アルモノトス。卽チ(イ)利益ノ(一)ハ國際私法ノ原則ハ他ノ國內ノ法則ト異ナリ最モ國際的卽チ內外諸國ニ共通ノ分子ヲ有スルコト多キモノナルヲ以テ、內外諸國カ同一ノ法則ヲ採用スルニアラサレハ完全ニ斯ル立法ノ目的ヲ達シ難キコトヲ知ラシムルノ利益アリ。利益ノ(二)ハ裁判官カ國際私法ノ規定ヲ適用スルニ當リテ他ノ法律ノ如クニ唯其條文ノ規定ノミニ重キヲ置キ、內國立法ノ目的ノミヲ考フヘキモノニアラスシテ、國際私法ノ規定ハ內外人ノ交通取引ノ必要ヨリ文明諸國カ同一ノ法則ニ依リ其法律關係ヲ定メ、裁判所ノ異ナルカ爲メニ權利義務ニ大ナル變更ヲ來サシメサルコトヲ期シ、何レノ國ニ於テ裁判スルモ同一ノ權利關係ハ同樣ノ權利保護ヲ享有スヘキ必要ヨリ出テタルコトヲ注意シ、之ニ依リテ法律ノ精神ヲ解釋シ法律ノ不備ヲ補フヘキコトヲ覺ラシムルノ便益アルコト是レナリ。此二點ハ大陸ノ硏究方法カ近世國際私法ノ發達ヲ促カシタル所以ニシテ、其二大長所タルコトヲ認メサルヲ得ス。

(ロ)然レトモ此方法ニハ亦二個ノ缺點アリ。卽チ其(一)ハ一國ニ現ニ行ハルル國際私法タル法律ニ重キヲ置カスシテ之カ研究ヲ忘ルルノ缺點アリ。其(二)ハ主トシテ立法論ニ偏スルノ結果自己ノ正當ナリト信スル理論ハ直チニ之ヲ法律ナリト論定シ、未タ何レノ國ニ於テモ認メラレサル空理空論ヲ掲ケ來リテ直チニ各國立法者ノ採用セル原則ナリト推論スルノ危險アルコト是レナリ。

第二　成法的研究方法

此研究方法ハ英米學者ノ一般ニ採用スル所ニシテ自國ニ現行セラルル國際私法トハ何ツヤヲ研究スルヲ以テ例トセリ。歐洲大陸ニ於テモ夫ノ佛蘭西ノふぇりつくす、獨逸ノふらんつ、かーんノ如キハ此方法ニ依リテ研究スヘキコトヲ主張スルモ、此等ハ大陸ニ於ケル非常ノ例外ニシテ一般學者ノ採ラサル所ナリ。故ニ成法的研究方法ヲ稱シテ通常英米學派ノ研究方法ト云フナリ。

此研究方法ノ根據トスルトコロニ依レハ國際私法ハ最モ嚴格ナル意義ニ於テ一國內ノ法律ナリ。其法律タルノ效力ハ之ヲ立法シ之ヲ司法スル國家ノ主權ヨリ出テタルモノナレハ、自國ニ於ケル現行ノ國際私法ハ如何ナル法則ナルヤヲ研究セサルヘカラスト云フニ在リ。從テ外國法制ノ比較研究ハ唯內國立法ノ目的ヲ明カニスルカ爲メニ之ヲ參照スルニ過キスシテ、理論的研究學派ノ如タニ外國ノ國際私法如何、各國ニ共通ノ原理原則如何等ハ寧ロ之ヲ研究ノ範圍外ニ放任スルヲ以テ例トスルナリ。此研究方法ノ得失ハ(イ)一面ニ於テ一國ノ裁判官カ法律ヲ適用スルニ付標準ト爲ルヘキ原則ハ其成文法タルト不文法タルトヲ問ハス必ス其國ノ法律ナラサルヘカラサルコトヲ明カニシ、如何ナル原理原則アルモ自國ニ於ケル現行ノ成法ノ一部ヲ成ササルモノハ之ヲ法律ニアラサルモノトシ、從テ裁判官ヲ拘束スルモノニアラスト爲シ、空理空論ヲ以テ判決ノ標準ト爲スヘカラサルコトヲ常ニ注意セシムル點ニ於テ大ナル利益アルニ反シ、(ロ)他面ニ於テ此方法ハ理論的研究方法ニ於ケル二個ノ長所ヲ顧ミサルモノニシテ、從テ國際私法ノ原則ハ事實上各國ニ共通ノ點極メテ多ク又共通タルコトヲ努ムヘキコトヲ忘ルルモノニシテ、自國ニ於ケル現行ノ國際私法ハ明カニ學理ニ反シ理論ニ適セサルモ之カ改善ヲ企ツヘキコトヲ怠リ常ニ偏狹ナル見解ニ陷ラシムルノ缺點アルモノナリ。

第三　我國國際私法ノ研究方法

凡ソ學問ノ研究ハ獨リ現行法ノ原理原則ヲ研究スルノミナラス、併セテ其不備缺點ヲ明カニシ之カ改良進歩ヲ促カスヘキ理論ヲ研究スルコト固ヨリ必要ニシテ、卽チ理論的研究ノ缺クヘカラサルハ言ヲ俟タサル所ナリト雖モ、理論的研究ノ前ニ先ツ現行ノ國際私法ノ意義精神ヲ明カニシ斯カル法則ヲ實際ニ適用スルニ當リテ誤リナキコトヲ努ムルコト是レナリ。我國ニ於テハ國際私法ノ規定カ諸外國ニ於ケルヨリモ更ニ精密ニシテ且其規定ノ設ケラレタル以來日尚ホ淺ク從テ法文ノ意義精神モ未タ一般ニ明カナラサルモノアルヲ以テ、今日我國ニ於テ此學問ヲ研究スル者ハ第一ニ成法的研究方法ニ依リ先ツ我國現行ノ國際私法ノ法理ヲ明カニスルヲ以テ其當ヲ得タルモノトス。然レトモ此方法ノミニ依ルトキハ英米ノ學派ニ於ケルカ如ク狹隘ナル見解ニ陷ルノ危險アルヲ以テ、成法的研究方法ヲ採ルト同時ニ汎ク歐米ノ立法例及學說ヲ比較研究シ依リテ以テ理論的研究方法ノ長所ヲ併セ收ムルコトヲ要スルモノトス。

第二節　國際私法研究ノ範圍

第一　私法ノ牴觸問題

國際私法ハ涉外的私法關係ニ適用スヘキ私法ノ牴觸問題ヲ解決スルヲ以テ目的ト爲ス。例ヘハ日本人ト佛國人ト特定物ノ賣買契約ヲ爲シタル後、其目的物カ不可抗力ニ因リテ滅失シタルトキ危險負擔ニ付日本ハ債權者ナリトシ、佛國ハ債務者ナリトセハ此場合ヲ何レノ法律ニ依リ解決スヘキカヲ以テ國際私法ノ目的トスルカ如シ。故ニ國際私法ノ研究範圍ハ私法ノ牴觸スル場合ニ何レノ法律ニ依リ解決スルヤノ問題ナリ。而シテ茲ニ私法ノ牴觸トハ同一涉外私法關係ニ對スル各國私法ノ內容ヲ異ニスルヲ謂フモノナリト雖モ、旣ニ述ヘタル如ク各國私法ノ內容同一ナル場合ニ於テモ何レノ法律ヲ適用スヘキヤヲ定ムルニアラサレハ主權ノ衝突ヲ避クルコト能ハサルカ故ニ、此場合ニ於テモ何レノ法律ヲ適用スヘキヤヲ定ムル成文法又ハ慣習法若クハ條理ノ存在ヲ要シ、各國私法ノ內容同一ナルカ爲メニ國際私法ノ存在ヲ否定スヘキモノニアラス。然レトモ斯ノ如ク各國ノ私法ノ內容カ同一ナルトキハ何レノ法律ヲ適用スルモ私權保護ニ支障ナキヲ以テ、斯カル場合ニ於ケル國際私法ノ原則ハ頗ル簡單ト爲リ何レカノ法律ヲ適用スト定ムルコトノミヲ以テ足ルモノニシテ、獨立ノ一學科トシテ研究ノ對象ト爲スニ足ラス。故ニ獨立ノ一科トシテ研究スヘキ國際私法ハ各國私法ノ內容牴觸スルカ爲メナリ。是レ國際私法研究ノ第一ハ私法ノ牴觸問題ナリト云フ所以ナリ。

私法ノ牴觸問題トハ民法商法其他特別私法ノ牴觸問題ヲ含ミ、公法關係ノ牴觸問題ハ國際私法ノ研究範圍ニ屬セス。

第二　外國法ノ地位及適用範圍

涉外的私法關係ハ之ヲ部分的ニ觀察スレハ二個以上ノ法律ニ支配セラルルカ爲メ全體ニ對シ何レ

カ一個ノ法律ヲ適用スヘキコトヲ定ムルヲ以テ國際私法ト爲シ、或種ノ私法關係ニ付テハ内國ニ於テ外國法ヲ適用スルコトアルカ故ニ外國法ノ地位、適用範圍ハ國際私法上一ノ基礎條件トシテ之カ一般的研究ヲ爲スノ要アリ。故ニ此等モ亦國際私法ニ於テ研究スヘキ範圍ニ屬ス。

第三　外國人ノ地位

涉外的私法關係ハ内外人ノ交通取引ヲ前提トスルカ故ニ外國人ニ一定ノ權利享有ヲ許ス以上ハ其地位モ亦國際私法ノ前提條件トシテ研究スヘキモノトス。尤モ諸國ノ國際私法學者ハ必スシモ此點ニ於テ一致スルモノニアラス。英米ノ學者ハ此問題ヲ一般ニ說明セサルヲ例トシ、獨逸ノ學者ハ唯外國人ノ私權ノ享有ニ關スル大原則ヲ說明スルノミ。之ニ反シテ佛蘭西伊太利等ノ學者ハ此問題ヲ國際私法ノ開卷第一ニ詳細研究スルヲ以テ例トス。我國ニ於テハ外國人ノ權利ノ享有ニ關スルコトハ近來一大變遷ニ遭遇シタルモノニシテ、之カ沿革ヲ明カニスルニアラサレハ國際私法ノ存在ヲ明カニスルコト困難ナリ。故ニ外國人ノ地位ニ關スル說明ヲモ亦國際私法研究ノ範圍ニ屬セシムルモノトス。

第四　國籍及住所地

國籍法ハ一國ノ公法ニシテ私法ニアラス。然レトモ涉外的私法關係カ内外人ノ交通取引ヲ前提トスル以上ハ第一ニ內國人タルヤ外國人タルヤハ國際私法上一ノ基礎條件ニシテ、當事者ノ本國法ヲ定ムヘキ標準ナリ。人ノ住所モ亦住所地法ヲ適用スル場合ニ住所地法ノ何タルヤヲ定ムヘキ標準ナリ。從テ國籍住所ノ何タルヤ及本國法及住所地法ノ關係ハ國際私法上ノ研究範圍ニ屬ス。而シテ國籍ノ牴觸ニ付テハ之ヲモ研究スヘキモノト爲スコト諸國ノ學者ノ一致スル所ナルモ、國籍自體ノ取得又ハ喪失等ニ付テハ英米ノ學者ハ之ヲ簡單ニ說明スルヲ以テ例トシ、獨逸ノ學者ハ之ヲ以テ國際私法ノ範圍外ト爲セリ。之ニ反シテ佛、伊等ノ學者ハ此點ニ付テモ尙國際私法ノ先決問題トシテ研究スルヲ例トス。惟フニ國籍自體ノ研究ヲ爲スニアラサレハ國際私法ノ研究ニ不便尠ナカラサルヲ以テ普通國際私法中ニ於テ併セテ之ヲ論究スヘキモノトスルカ故ニ、本書ニ於テモ亦國籍ノ牴觸ノミナラス國籍自體ヲモ併セテ之ヲ說明セントス欲スルナリ。

第六章　準國際私法

第一　準國際私法ノ意義

準國際私法トハ同一ノ國家內ニ於ケル數個ノ法域ニ關係スル私法關係ニ適用スヘキ法規ヲ確定スル法規ヲ謂フ。蓋シ法律ハ一國家內ノ全領土ニ效力ヲ及ホスコトヲ原則トスルカ故ニ此場合ニ於テハ準國際私法ヲ生スルコトナシト雖モ。國家ノ併合。領土ノ割讓ヲ受ケタルトキ又ハ米國ノ如キ聯州組織ノ國家其他ノ國情ニ因リテ一國內ニ數個ノ法域ヲ設ケ、各法域ニ於テ各別ノ私法カ存在スルコト多シ。我國ニ於テモ內地、朝鮮、臺灣、關東州、南洋群島ヲ以テ各獨立ノ法域ト爲スカ故ニ、內地人カ朝鮮ニ於テ所有スル不動產ヲ關東州人ニ賣渡ストキハ內地、朝鮮、關東州ノ民法中孰レヲ適用スルカノ問題ヲ生シ、其他國際私法上ニ於ケルト同樣ノ法律牴觸問題ヲ生ス。玆ニ於テカ一國家內ノ數法域ニ關係スル私法關係ニ適用スヘキ法規ヲ定ムル準則ヲ設クル必要ヲ生シ此必要ニ依リテ制定セラレタル準則ハ則チ準國際私法ナリ。故ニ準國際私法ハ一國家內ノ數法域ニ關係スル私法關係ニ適用スヘキ法規ヲ定ムル準則ニシテ國際私法トハ別個ノ觀念ナリ。

第二　我國ノ準國際私法

上述ノ如ク我國ハ內地、朝鮮、臺灣、關東州及南洋群島ニ於テ各法域ヲ異ニスルカ故ニ、各法域ニ關係スル一個ノ私法關係ニ適用スヘキ準國際私法トシテ大正七年四月十七日法律第三十九號ニ依リ共通法ヲ制定セリ。此共通法ハ準涉外私法關係ノミナラス刑事、國籍(本籍)、訴訟法等公法私法ニ關スル一切ノ牴觸問題ノ解決法ナルモ、今玆ニ私法關係ニ付テノミノ原則ヲ說明スレハ左ノ如シ。

一　準涉外私法關係ニハ法例ヲ準用ス。

是レ共通法第二條第二項ニ於テ定ムル所ナリ。故ニ人ノ能力ハ法例第三條ヲ準用シ、法律行爲ニ關シテハ法例第七條乃至第九條ヲ準用スルカ如シ。然レトモ朝鮮、臺灣等ノ法域ニ屬スル人民ト雖モ等シク我日本人ナルヲ以テ法例ニ本國法トアルヲ準用スル場合ニ於テハ各當事者ノ屬スル地域ノ法令ヲ以テスヘキコト當然ナリ。故ニ同項後段ニ於テ法例ヲ準用スル場合ハ當事者ノ屬スル地域ノ法令ヲ以テ本國法トスルコトヲ明定セリ。但シ同項ニテハ如何ナル人民カ其地域ニ屬スル者ナリヤ即チ住所ヲ有スル者ナルカ、本籍ヲ有スル者ナルカヲ明定セサルモ、共通法第三條ニ依レハ一ノ地域ノ法令ニ依リ其ノ地域ノ家ニ入ル者ハ他ノ地域ノ家ヲ去リ又一ノ地域ノ法令ニ依リ家ヲ去ルコトヲ得サル者ハ他ノ地域ノ家ニ入ルコトヲ得スト規定セルヲ以テ、當事者ノ屬スル地域トハ當事者ノ本籍ヲ有スル地域ヲ指スモノト解スヘキナリ。

二　共通法ハ反致轉致ノ原則ヲ採用セス。

是レ共通法第二條第一項ニ規定スル所ニシテ曰ク「民事ニ關シ一ノ地域ニ於テ他ノ地域ノ法令ニ依ルコトヲ定メタル場合ニ於テハ各地域ニ於テ其ノ地ノ法令ヲ適用ス。二以上ノ地域ニ於テ同一ノ他ノ地域ノ法令ニ依ルコトヲ定メタル場合ニ於テハ其ノ相互ノ間亦同シ」トアリ。故ニ法律行爲ノ方式ノ如キハ法例第八條ニ依レハ其行爲ノ效力ヲ定ムル法律ニ依ルヘキモノナルモ、其地域ノ法令ニ於テ當事者一方ノ住所地域ノ法令ニ依リ又ハ第三地域ノ法令ニ依リ方式ヲ定ムルコトヲ規定シタルトキハ之ニ從フヘキモノニシテ、住所地ノ法令ニ方式ハ行爲ノ效力ヲ定ムル法律ニ依ルトアルモ反致セラルルコトナキモノナリ。

三　各法域ニ同一內容ノ私法行ハルル場合モ共通法ノ適用アルモノトス。

朝鮮、臺灣、關東州等ニハ民法其他內地ノ私法ト同一ノモノ施行セラルルモノ多シト雖モ、之ハ民法等カ直接此等ノ地域ニ行ハルルモノニアラス別個ノ法規トシテ行ハルルモノナリ。此場合ニ於テモ共法規ノ內容カ同一ナルヤ否ヤニ關セス、共通法ニ依リ何レノ法規ヲ適用スルカヲ定ムヘキモノナリ。例ヘハ內地人ト朝鮮ニ籍ヲ有スル者トノ間ニ雇傭契約ヲ朝鮮ニ於テ爲シタルトキ當事者カ何レノ法律ニ依リ其效力ヲ定ムルヤヲ定メサリシトキハ朝鮮ヲ行爲地トシテ民法ト同一ノ朝鮮制令ニ依リテ其效力ハ定マルモノナリ。換言セハ其效力ハ內地ノ民法ノ適用セラレタル爲メニアラス法例第七條ニ依リ行爲地法タル朝鮮ノ制令ノ適用ニ依リ定マルモノナリ。此點ニ付テハ前ニ同一內容ノ數國法規間ニモ國際私法ノ必要アリト述ヘタルト同一ニシテ、同一內容ノ私法ナルトキハ共通法ノ適用ナシト云フコトヲ得ス。

參照　共通法（大正七年四月十七日法律第三十九號、改正十二年法律第二五號、施行十二年四月一日）

第一條　本法ニ於テ地域ト稱スルハ内地、朝鮮、臺灣、關東州又ハ南洋群島ヲ謂フ
前項ノ内地ニハ樺太ヲ包含ス
第二條　民事ニ關シ一ノ地域ニ於テ他ノ地域ノ法令ニ依ルコトヲ定メタル場合ニ於テハ各地域ニ於テ其ノ地ノ法令ヲ適用ス二以上ノ地域ニ於テ同一ノ他ノ地域ノ法令ニ依ルコトヲ定メタル場合ニ於テ其ノ相互ノ間亦同シ（反致轉致ノ原則）
民事ニ關シテハ前項ノ場合ヲ除ク外法例ヲ準用ス此ノ場合ニ於テハ各當事者ノ屬スル地域ノ法令ヲ以テ其ノ本國法トス
第三條　一ノ地域ノ法令ニ依リ其ノ地域ノ家ニ入ル者ハ他ノ地域ノ家ヲ去ル
一ノ地域ノ法令ニ依リ家ヲ去ルコトヲ得サル者ハ他ノ地域ノ家ニ入ルコトヲ得ス
陸海軍ノ兵籍ニ在ラサル者及兵役ニ服スル義務ナキニ至リタル者ニ非サレハ他ノ地域ノ家ニ入ルコトヲ得ス但シ徴兵終結處分ヲ經テ第二國民兵役ニ在ル者ハ此ノ限ニ在ラス
第四條　一ノ地域ニ於テ成立シタル法人ハ他ノ地域ニ於テ其ノ成立ヲ認ム
前項ノ法人ハ他ノ地域ノ法令ニ依リ同種又ハ類似ノ法人ノ爲スコトヲ得サル事項ハ其ノ地ニ於テ之ヲ爲スコトヲ得ス

（以下略）

本論

第一編　國際私法ノ基礎條項

第一章　國際私法上ニ於ケル外國法

國際私法ハ法律關係ノ性質ニ依リテハ涉外的私法關係ニ對シ外國法ヲ適用スルコトヲ定ムル場合アルヲ以テ外國法トハ何ソヤ、卽チ外國ノ法律ノミナリヤ又ハ命令ヲモ含ムモノナリヤ等ノ意義ヲ明カニシ又之ヲ適用スルニ當リテハ法律トシテ適用スルモノナリヤ若クハ一ノ事實トシテ取扱フヘキモノナリヤ又之ヲ適用スル場合ハ絶對ニ適用セラルルカ、若クハ制限セラルル場合アリヤ又外國法ヲ適用スヘキコトヲ定メタルニ拘ラス其外國ハ却テ自國若クハ第三國ノ法律ニ從フヘキモノト爲ス場合アリタルトキノ效果如何等ノ問題ハ國際私法ノ基礎的問題ナルヲ以テ本編ニ於テハ之ニ付テ述フルモノトス。

第一節　外國法ノ意義性質

第一　外國法ノ意義

外國法トハ外國ノ主權ニ依リテ制定又ハ認定セラレタル法規ナリ。故ニ外國法カ有效ニ制定セラレタルモノナリヤ否ヤハ其國ノ立法手續カ適法ナリシヤ否ヤニ依リ之ヲ定ムルモノニシテ、內國ノ立法手續ト同一ナルコトヲ必要トスルモノニアラス。又外國法トハ成文法ノミナラス不文法(慣習法)ヲモ含ムヤ勿論ナリ。次ニ外國法ト稱スルトキハ外國ノ命令ヲモ含ムヤ否ヤ疑アルモ、外國法ヲ適用スル必要ヲ認メタル以上ハ外國ノ法律タルト命令タルトニ依リ之ヲ區別スヘキ理由ナキヲ以テ、外國命令ヲモ含ムモノト爲サヽルヘカラス。故ニ國際私法ニ於テ外國法ト云フトキハ成文法不文法ハ勿論命令ヲモ含ムモノト知ルヘシ。

第二　外國法ノ性質

涉外的私法關係ニ對シ外國法ヲ適用スル場合ニ於ケル外國法ノ性質ニ關シ、或ハ外國ノ法律トシテ內國ニ之ヲ適用スルニアルカ又ハ外國法ヲ國內法トシテ適用スルニアルカ又ハ外國法ヲ一ノ事實トシテ取扱フヘキモノナルカニ付異論アリ。例ヘハ日本ノ某大學生カべるりん大學ヲ參觀スルニ際シ、其參觀中日本學生ハ何人ニ對シテモべるりん大學ノ校則ニ定メタル敬禮方法ヲ行フヘシトノ校規ヲ某大學ニ於テ定メタルモノト假定セヨ、べるりん大學參觀中日本學生ノ行フ敬禮ハべるりん大學ノ校則ノ適用ナルカ又ハべるりん大學ノ校則ハ日本ノ某大學ノ校規トシテ適用セラルルモノナルカ。若クハ日本ノ學生ハ日本ノ某大學ノ校規ニ從フノミニテべるりん大學ノ敬禮ニ關スル校則ハ單ニ斯クアルト云フ一個ノ事實ト見ルヘキモノナリヤノ問題ト同樣ナリ。

一　外國法トシテ適用スル説

此ノ説ハ歐洲大陸ニ於テ唱フル所ニシテ國際私法ニ依リ外國法ヲ適用スト定メタル以上ハ其外國法ハ外國法律トシテ適用セラルルモノト爲スニ在リ。前例ニ於テ日本學生ハべるりん大學ノ校則ニ從フト云フカ如シ。其根據ニ付二説アリ。

イ　法律的共同團體説

此説ハさうぃにーノ唱フル所ニシテ、曰ク、内國裁判官ハ法律共同團體ノ一員トシテ外國人ニ關係スル法律關係ヲ裁決スルモノナルヲ以テ、外國法モ亦内國法ト同等ニ適用ヲ受ケサルヘカラス。是レ國家ノ存在ヲ相互ニ承認スル以上ハ其法律ヲモ相互ニ承認セサルヘカラサルカ故ナリト主張スルモノナリ。然レトモ此説ハ各國ノ現狀ヲ離レタル學理上ノ説明トシテハ其價値ヲ認ムルニ足ルト雖モ、國内法ニ依リ任用セラレタル裁判官ハ各國ニ對シ法律共同團體ノ一員トシテ終始スルヲ得ヘキモノニアラサルカ故ニ此説ハ正當ナラス。

ロ　禮讓說

此說ハふーぱー、ぶるめりんぐ氏等近時ニ至ルマテ之ヲ唱フル所ニシテ、曰ク、國家カ宇內ニ相列スルニ付テハ相互ニ讓步スヘキ義務アリ。此讓步ハ決シテ恩義ニアラスシテ國際團體ノ團體員タル義務ニ出ツルモノナルヲ以テ、各國家ハ相互ニ權利トシテ此讓步ヲ請求スルヲ得ヘシト。此說明ハ昔時外國法ヲ認容セサルヲ原則ト爲シ僅カニ禮讓ニ依リテ任意ニ外國人關係ニ外國法ヲ參酌スルカ如キ觀念ト異ナリ互ニ權利トシテ禮讓ヲ請求スルヲ得ト云フニ在ルヲ以テ、最早禮讓ノ名ヲ存シテ其實ヲ失フモノト謂フヘシ。

二　內國法說

此說ハ國際私法ニ於テ外國法ヲ適用スルコトヲ定メタルトキハ其レト同時ニ外國法ハ內國法ニ變スルモノニシテ內國法ノ適用ニ外ナラスト云フニ在リ。前例ニ於テ日本學生ハべるりん大學ノ校則ハ某日本大學ノ校規トシテ適用セラルト云フカ如シ。

此說ニ依ルトキハ涉外的私法關係ニ外國法ヲ適用スル每ニ其外國法ハ內國法ニ變シ其適用ヲ終レハ內國法タラサルカ如キ性質ト見ルカ、又ハ外國法ヲ適用スヘキ國際私法ノ存在スル國ニ於テハ其國際私法ノ制定ト同時ニ外國一切ノ私法ト同一內容ノ私法カ國內ニ存在スル奇觀ヲ呈スヘシ。何トナレハ法律ハ其適用スル時ニ於テノミ法律トシテ存在スルモノニアラス。之ヲ廢止スルマテハ之ヲ適用スル場合アルト否トニ拘ラス國法ハ存在スルモノナルカ故ニ、國際私法ニ依リ外國法ヲ適用スルコトヲ定ムルニ依リ其外國法ハ同一內容ノ國內法ニ變シテ存在スルコトト爲ルニ至レハナリ。然レトモ其適用ヲ爲ス每ニ一國ノ法律ト爲リ其適用ヲ終レハ其國ノ法律タラサルカ如キコトハ勿論一國ノ私法ノ存在ト同時ニ幾多ノ外國法ト同一內容ノ私法カ其國ニ存在スト爲スカ如キハ一國ノ法制上之ヲ認ムヘキモノニアラサルヲ以テ此說ニ賛スルヲ得ス。

三　事實說

此說ハ內國ニ於テ適用スヘキ外國法ハ一個ノ事實トシテ取扱ハルルニ過キスト爲スモノニシテ余ハ此說ニ賛ス。然レトモ外國法ハ一ノ事實ナリト云フハ外國法又ハ內國法タル法律トシテ適用スルモノニアラスト云フニ過キスシテ、所謂法律事實ナル意義ヲ有スル事實ニアラサルヤ勿論ナリ。蓋シ或法律關係ノ存在又ハ其實行セラルル現象ヲ一個ノ現象トシテ觀察スルトキハ法律關係ノ發生原因タル法律要件モ一個ノ事實タルハ勿論、其他ノ事實ノ存在ヲ必要トスルコトアリ。之ニ依テ見レハ或國ニ於テ涉外的私法關係ノ存在ヲ認メ又ハ之カ效力ヲ定ムルニ當リ之ニ適用スト爲シタル外國法ハ其涉外的私法關係ヲ支配スヘキ法規又ハ法律事實ニアラスシテ、内國法規ノ内容ヲ確定スルカ爲メニ必要ナル一個ノ標準事實ニ外ナラスト解スヘキモノナリ。前例ニ於テべるりん大學參觀中ノ日本學生ハ日本ノ某大學ノ敬禮ニ關スル校則ニ從フノミニシテべるりん大學ノ敬禮ニ關スル校則ニ如何ナルコトヲ定メタルヤハ一個ノ事實ニ過キスト見ルカ如シ。

第三　外國法ノ證明及調査

外國法ノ證明トハ涉外的私法關係ニ外國法ヲ適用スル場合ニ內國ノ訴訟ニ於テ當事者カ如何ナル外國法ノ存在スルカヲ證明スヘキ訴訟上ノ問題ニシテ、國際私法自體ノ問題ニアラサルモ外國法ノ證明ヲ要スルヤ否ヤニ付外國法ノ性質論ニ依リテ學説岐ルル結果ヲ生スルカ故ニ之ヲ茲ニ論スヘシ。

一　學說ト我國ノ主義

イ　職權調查說

此說ハ外國法ヲ適用スル場合モ法律トシテ適用スト爲ス學者ノ多ク唱フル所ニシテ、外國法モ法律ナルカ故ニ裁判官ハ當事者ノ證明ヲ待タス職權ニ依リ調查スヘキモノト爲スニ在リ。

ロ　當事者證明說

此說ハ外國法ヲ適用スル場合ノ外國法ハ事實ナリト爲ス學者ノ唱フル所ニシテ、事實ハ凡テ當事者ノ證明ヲ要スヘキモノナルカ故ニ外國法モ亦當事者之ヲ證明スルヲ要シ裁判官ハ其證明ニ拘束セラルヘキモノト爲スニ在リ。

ハ 折衷說

此說ハ外國法ハ當事者ニ於テ之ヲ證明スルノ責任アリト雖モ、裁判官ハ之ニ拘束セラルルコトナク當事者カ之ヲ證明セサル場合ハ勿論、當事者ノ證明アル場合ニ於テモ尙職權調査ニ依リ證明ニ反對ナル判定ヲ爲スコトヲ得ヘシト爲スニ在リ。

此說ヲ正當トス。卽チ我國ニ於テモ民事訴訟法第二百十九條ニ地方慣習法、商慣習及規約又ハ「外國ノ現行法」ハ之ヲ證スヘシ裁判所ハ當事者カ其證明ヲ爲スト否トニ拘ハラス職權ヲ以テ必要ナル取調ヲ爲スコトヲ得ト規定シ此說ヲ採用セリ。

玆ニ注意スヘキハ當事者ノ證明ヲ要スル事項ノ何タルヤ又ハ職權調査ヲ要スル事項ノ何タルヤヲ定ムルハ訴訟法ノ便宜問題ニシテ事實ナルカ故ニ必ス當事者ノ證明ヲ要シ職權上調査スヘキモノニアラスト爲ササルヘカラサル理ナキト同時ニ、法令ナルカ故ニ必ス職權上調査スヘキモノト爲スノ理ナキモノナリ。卽チ民事訴訟法第二百十九條ニ記載セル地方慣習法ハ一種ノ法規ニシテ事實ニアラサレトモ當事者ノ證明ト裁判官ノ職權調査トヲ併用シ、同條中商慣習ト規約トハ一種ノ事實ニシテ法規ニアラサレトモ當事者ノ證明ト職權調査トヲ併用セリ。故ニ同條カ外國法ニ付職權調査ヲ爲スヘキ旨ヲ規定セルカ故ニ外國法ハ法律ニシテ事實ニアラストスヲ得ス。尙事實ニシテ證明ト同時ニ職權調査ヲ爲スヘキモノノ例ヲ擧クレハ法人ノ代表資格ノ如キモ當事者ノ證明ニ疑アルトキハ職權調査ヲ爲スヘキモノナリ。

二　證明及調査不能ノ效果

若シ外國法ヲ適用スヘキ場合ニ當事者モ裁判官モ其適用スヘキ外國法ノ規定ヲ全然知リ得ヘカラサル場合ニ於テハ如何ニシテ此問題ヲ解決スヘキヤノ難問ヲ生ス。此問題ヲ解釋スル方法ハ左ノ二方法アルモノトス。

イ　我法令ノ規定ニ於テ外國法ニ準據スヘキコトヲ規定セル場合ニハ其他ノ法律ニ準據スルコトヲ許ササル强行的規定ト看做シ、若シ其外國法ヲ知ルコト能ハサル場合ニハ實際上準據スヘキ法律カ存在セサルト同一ノ結果ヲ來シタルモノトシテ裁判官ハ其爭點ヲ判決スルニ由ナキモノト爲シ當事者ノ請求ヲ却下スヘキモノトスルニ在リ。

ロ　第二ノ方法ハ外國法ノ內容ヲ知ルコト能ハサル場合ニ於テ其外國法ヲ以テ內國法律ト同一

ノ規定ナリト推定シ且法例ノ規定ニ於テ外國ノ法律ニ依ルヘキコトヲ規定セルハ必スシモ其他ノ法律ニ依ルコトヲ禁止シタルモノニアラスト看做シ、從テ斯ル場合ニハ內國法ニ依リテ其爭點ヲ判決スヘキモノドスルニ在リ。

第一ノ方法ハ理論上正當ナレトモ其實際上裁判所ハ適用スヘキ法律ノ不明ナルコトヲ口實トシテ妄ニ裁判ヲ拒絕スルト同一ノ結果ヲ來スモノナレハ、近世諸國ノ司法制度ノ主義ト相容レサルモノト云ハサルヘカラサルナリ。從テ外國法ノ證明調査不能ノ場合ニ於テハ第二ノ方法ニ依リ內國法ヲ適用シ內國法ニ依リテ之ヲ判定スルノ外ナキナリ。

今我法例ノ解釋上如何ニ之ヲ解決スヘキヤヲ見ルニ舊法例ノ規定ニ於テハ裁判官ハ裁判ヲ拒絕スルコトヲ得ストノ明文アリシモ現行ノ法例ニ於テハ斯ル規定ハ寧ロ裁判所構成法若クハ裁判官ノ職務上ノ規定ニシテ法例ニ規定スヘキモノニアラストシ之ヲ削除スルニ至リシモ、其精神ハ我國ノ現行法上尚斯ル原則ヲ認メラレタルモノト云ハサルヘカラス。蓋シ近世諸國ノ司法制度ニ於テハ古代ノ羅馬法又ハ英國慣習法ノ如ク訴訟手續法自體ヲ裁判官カ自ラ制定スルコトハ之ヲ許ササルモノニシテ裁判所ハ唯訴訟法ノ範圍內ニ於テノミ裁判スヘキモノナルモ、其裁判ノ準則ト爲ルヘキ法則ハ必スシモ明文ニノミ依ルモノニアラスシテ、成文法ナキ場合ニハ慣習法又ハ條理ニ依リ裁判官カ自ラ立法ノ目的トシ正當トスル所ニ依リ必ス裁判ヲ與ヘサルヘカラサルモノナリ。卽チ法律ノ不備缺點ヲ理由トシテ裁判ヲ拒絶スルコトヲ得ストノ格言ハ司法權運用上當然認メタルモノト云ハサルヘカラス。加之、我國カ外國法ヲ適用スヘキコトヲ規定シタルハ其法律關係ノ性質上外國法ニ依ルヲ以テ寧ロ立法ノ趣旨ニ適スヘキモノト看做シタル通常ノ場合ヲ豫想シタル規定ナルモ元來外國法ニ依ルヘキコトハ例外ニシテ內國ニ於テハ其當事者カ外國人タルト內國人タルトヲ問ハス寧ロ內國法ニ依ルヲ以テ原則ト看做スヘキモノナルカ故ニ、外國法ノ證明調查不能ナリト雖モ之ヲ以テ直チニ請求ヲ却下スヘキモノニアラス。宜シク內國法ヲ適用スヘキモノナリ。

第二節　外國法ノ適用

第一款　命令的外國法ノ適用

國際私法ニ於テ外國法ヲ適用スト定メタルトキハ是レ國際私法ノ效力トシテ外國法ヲ適用スルモノニシテ命令的外國法ノ適用ト稱スヘキモノナリ。然レトモ之ト同時ニ成文國際私法ニ於テ外國法ノ適用ヲ明示セサル場合又ハ當事者カ外國法ノ適用ヲ選擇シタル場合ニ外國法ヲ適用スル場合アルモノトス、之ヲ積極的適用ト稱シ、又外國法ヲ適用スル場合ニ於テモ其國ノ公序良俗ノ爲メ外國法ノ適用ヲ制限セサルヘカラサル場合アリ、之ヲ消極的適用ト稱シ得ヘシ。而シテ命令的適用ニ付テハ別ニ述フル必要ナキヲ以テ、積極的外國法ノ適用及消極的外國法ノ適用ニ付左ニ款ヲ分チテ之ヲ述フヘシ。

第一款　積極的外國法ノ適用

積極的外國法ノ適用トハ第一、一國主權カ外國法ノ適用ヲ明示セサル場合ノ適用及第二、當事者カ外國法ヲ選擇スル場合ノ適用ヲ謂フモノナリ。

第一　渉外的私法關係ニ付一國主權カ外國法ノ適用ヲ明示セサル場合ニ於テハ主權ノ認容如何ニ拘ハラス禁制ナキ限リハ一般ノ學理ト慣例ニ從ヒテ外國法ヲ適用スルヤ否ヤヲ決スヘキモノトス。然レトモ國際公法ト異ナリ國際私法ニ於テハ未タ斯ル場合ニ何國ノ法律ヲ適用スルカニ付各國主權ノ認メタル慣例ノ存スルナク、一般學説ヨリ之ヲ觀ルモ從來ノ屬地法ト屬人法トノ消長ニ伴ヒ未タ一般ニ認メラレタル原則アリト云フヲ得ス。單純ニ國際私法カ主權者ニ依リテ制定セラルル點ヨリ之ヲ觀レハ主權ヲ異ニスルニ從ヒテ國際私法ノ規定モ亦各々異ナリ且其規定モ亦詳密ニ渉ルモノナキヲ以テ、實際裁判官カ之ヲ適用スルニ當リ甚タシキ困難ヲ感スルコト多シ。之ヲ以テ明カニ準據法ノ規定ナキトキハ自國法(卽チ裁判所存地法)ニ從フコトト爲スヨリ外ナシトノ感アリ。此觀念ハ古クヨリ「疑アル場合ニハ法廷地法ニ據ル」ノ格言ニ依リテ行ハレタリ。然レトモ此格言ハ解釋上外國法ニ從フヘキ主權者ノ意思ナルニ拘ハラス、時ニ其規定ニ疑ハシキモノアリトシテ自國法ノ知リ易キニ匿ルルコト多ク爲メニ保護ヲ求ムル訴訟當事者ノ信賴ヲ破リ國際私法ノ原則ヲ破壞スルニ至ルヲ以テ、其國法令ノ默示及解釋ノ精神ニ依リ涉外的法律關係ニ付外國法ノ適用ヲ以テ適切トスルトキハ之ヲ適用スヘキモノト結論セサルヘカラス。

第二　當事者カ外國法ヲ選擇シ得ル場合ハ當事者ノ意思ニ從ヒ外國法ヲ適用スヘキヲ原則トス。然レトモ內國法又ハ國際私法ニ依リ當然ニ適用セラルル法律ノ存スルニ拘ハラス、當事者カ便宜上他國ノ法律又ハ過去ノ廢法ニ依リテ當事者間ノ法律關係ヲ律センコトヲ約スルカ如キ場合ニ於テモ當事者選擇ノ準據法ヲ裁判上適用スヘキモノナルヤ否ヤニ付テハ議論アル所ナリ。前獨逸民法ノ確定案ニハ變更セラレタリト雖モ其第一第二草案ハ何レモ斯ル場合ノ效力ヲ認ムル規定ヲ爲シ民法ノ總則トシテ之ヲ揭ケタリト云フヲ以テ獨逸國人間ノ法律行爲ニモ選擇法ヲ認ムルノ結果ヲ豫想シタルモノトス。尤モ斯ル效果ヲ認ムル場合ハ當事者カ內國法ノ下ニ任意ノ約款ヲ設ケ得ヘキ法律行爲ニ限定セラレ、斯ル場合ハ特ニ法律ノ規定ヲ以テ外國法ノ適用ヲ聽許スルノ規定ヲ要セスト爲セリ。故ニ獨逸民法ノ下ニ於テハ外國法ノ適用ヲ聽許スル規定ノ有無ヲ問ハス、任意法ノ範圍內ニ於テハ當事者ハ明示又ハ默示ヲ以テ適用法ノ選擇ヲ爲スヲ得ヘキモノトス。而シテ爰ニ所謂任意法ノ範圍如何ノ問題ニ至リテハ未タ十分ニ說明セラレサル所ナリト雖モ、先ニ述ヘタル强行法ノ範圍內ニ於テハ國際私法上外國法ノ適用ヲ明示セル場合ニ於テモ、尙其適用ヲ拒止スルモノナルヲ以テ內國ノ公序良俗ニ屬スル部分ニ付當事者ノ任意選擇ヲ許スヘキモノニアラス。然レトモ所謂關係的公序良俗法ノ如キモノニ於テハ往々絕對ノ强行ヲ要セサル場合アリテ、而カモ內國人ニハ其强行ヲ必要トスルモ外國人ニハ必スシモ强行スルヲ要セサル法規ナキニアラス。敎育若クハ警察上ノ取締ニハ往々ニシテ斯ル規定アリ。之ヲ以テ外國人ニハ多少寬大ニ其效力ヲ認ムル場合ニ在リテモ。內國人ニハ其地位ノ關係上尙强行的部分ニ屬シ任意ノ法律選擇ヲ許ササルコトアルヘキヲ注意セサルヘカラス。要スルニ當事者ノ意思ニ因ル外國法ノ適用ハ公ノ秩序善良ノ風俗ニ背反セサル場合ニ之ヲ爲スヘキモノトス。我法例ハ第七條ニ於テ原則トシテ當事者ノ法律選擇ヲ許セリ。卽チ廣ク內外人ニ關セス法律行爲ノ成立及效力ニ付テハ先ツ以テ當事者ノ意思ニ從ヒ其準據法ヲ定ムヘキモノトセリ。此規定ハ廣ク我國際私法ノ總則タル性質ヲ有シ內國人ノ內國ニ於ケル法律行爲ニ於テモ亦適用セラルヘキモノトス。而シテ我法例ハ斯ル場合ヲ契約ノミニ限ラスシテ廣ク法律行爲ノ成立及效力ニ關シ之ヲ聽許シタルヲ以テ雙方行爲タルト一方行爲タルトハ其問フ所ニアラス。但シ當事者間ニ於テ一方行爲ノ效力ヲ當然ニ其相手方ニ對シ有效ナラシムルニハ其相手方モ亦明示又ハ默示ニ其行爲者ノ選ヒタル準據法ニ依ルコトヲ約定シタル場合ナラサルヘカラス。然ラスシテ强ヒテ相手方ヲ一方行爲ヲ以テ定メタル他國法ニ依リテ羈束セントスル如キハ公序良俗ニ反スルモノト云ハサルヘカラス。之ヲ以テ法例ハ必スシモ雙方行爲ニ限定スルコトナシト雖モ外國法ノ效力ヲ現出センニハ外國法ノ適用ニ付常ニ雙方行爲ノ契約アル場合ヲ豫想シタルモノトス。而シテ斯ル外國法ヲ選擇スル契約ノ效力モ亦公序良俗法ノ適用ニ支配セラルルモノナルヲ以テ此任意選擇ノ法規適用ハ前述ノ如ク任意法ノ範圍內ニ係ルモノトス。

第二款　消極的適用ノ制限

第一　我國際私法ニ於ケル制限

法例第三十條ニ曰ク外國法ニ依ルヘキ場合ニ於テ其外國法ノ規定カ公ノ秩序又ハ善良ノ風俗ニ反スルトキハ之ヲ適用セスト、是レ外國法適用ノ制限ニシテ消極的適用ノ原則ヲ定メタルモノナリ。

例ヘハ法例第七條ニ依ル法律行爲ノ成立及效力ニ付テハ當事者ノ意思ニ從ヒ外國法ニ準據スルコ

トヲ得ヘシト雖モ、當事者カ文身行爲ヲ認ムル國ノ法律ニ依ル意思ヲ以テ文身契約ヲ爲スモ斯ノ如キ契約ハ我國ノ公序良俗ニ反スルヲ以テ文身行爲ヲ有效トスル國ノ法律ニ依ルコトヲ許サス。斯ノ如キ場合ニ於テハ日本ノ民法ヲ適用シ我民法第九十條ニ依リ無效ト爲スカ如シ。同條ニ於テ公ノ秩序善良ノ風俗トハ外國法ノ適用ニ依リテ生スヘキ私法上ノ效力カ我國主權ノ下ニ存在セハ我國主權ノ下ニ於ケル公序良俗ニ反スルヲ謂フモノニシテ、換言スレハ我國ノ公序良俗ニ反スル場合ヲ謂ヒ外國ノ公序良俗ヲ謂フモノニアラス。例ヘハ文身又ハ富籤ヲ許ス國ニ於テ此等ノ行爲ヲ爲スモ其國ノ公序良俗ニ反セス、然ルニ我國ニ於テ此等ノ行爲ヲ爲スハ我國ノ公序良俗ニ反スルモノナリ。但シ萬國共通ノ公序良俗ニ反スルモノハ當然國際私法ノ規定ヲ要セスシテ何レノ國ニ於テモ其效力ヲ認メサルヤ自明ノ理ナルヲ以テ、法例第三十條ハ萬國共通ノ公序良俗ノ場合ヲ謂フモノニアラス。例ヘハ奴隷賣買、墮胎行爲ノ如キハ法例第三十條ヲ適用スル迄モナク之ヲ有效トスル國アリトスルモ其國ノ法律ヲ適用セサルモノトス。

公ノ秩序ニ反ストハ我國ノ公安公益ヲ害スル事項ニシテ、善良ノ風俗ニ反ストハ我國一般道德上ノ觀念ト相容レサル事項ヲ謂ヒ、一々具體的ニ其事項ヲ擧示スルノ遑アラスト雖モ、公序良俗ニ反スル事項ハ法律適用ノ當時ニ於テハ客觀的ニ確定セル事項ニシテ裁判官ノ自由ナル認定ニ依リテ定マルヘキモノニアラス。故ニ公序良俗ニ反スルモノナリヤ否ヤハ法律問題ニシテ事實問題ニアラス。從テ之カ認定ヲ誤マリタル裁判ハ上告理由ト爲ルモノナリ。

同條ニ於テ公序良俗ニ反スルトキハ外國法ヲ適用セスト云フハ單ニ外國法ニ從ハサルコトノミヲ謂フニアラス。外國法ヲ排斥シテ我國ノ法律ヲ適用スヘキ法意ナリ。

第二　國際公安國内公安區別説

此説ニ依レハ法律ハ公法タルト私法タルトヲ問ハス或意味ニ於テハ總テ公ノ秩序ニ關係スルモノナリ。又私法上ノ規定ニ於テモ親族法上ノ規定ノ如キハ概ネ善良ノ風俗ニ關スル規定ナリ。果シテ然ラハ一切ノ内國法律ハ或ハ公ノ秩序或ハ善良ノ風俗ニ關スルモノニシテ此等ノ規定ニ反スル外國法ハ皆之ヲ適用スルコトヲ得サル結果法例第三條以下ニ於テ外國法ニ依ルヘキ場合ヲ規定セル法文ハ竟ニ空文ト爲ルニ至ルヘシ。然レトモ斯ノ如キハ法例ヲ制定セル立法ノ目的ニ反スルモノニシ到底之ヲ認ムルコトヲ得サルカ故ニ、奴隷及一夫多妻ノ制度ノ如ク内國人ナルト外國人ナルトヲ問ハス之ヲ許スヘカラサルモノヲ國際公安トシ法例第三十條ハ此國際公安ニ反對スル外國法ハ適用スルコトヲ得ザルモノト定メタリト爲スニ在リ。

然レトモ斯ノ如キ萬國共通ノ國際公安ハ既ニ述ヘタル如ク國際私法ノ規定ヲ要セスシテ許スヘカ

ラサルコト自明ノ理ニシテ、此國際公安國內公安區別說ハ此說ノ所謂國際公安以外ニ或國ニ於テハ之ヲ公序良俗ニ反スルモノトスルモ他國ニ於テハ之ヲ公序良俗ニ反スルモノト認メス而カモ第三國ニ於テハ其點ニ關シ何レトモ確定セサルカ如キ事項ノアルコトヲ見逃シタル結論ニシテ賛成スルヲ得ス。例ヘハ前ニ引例シタル如キ文身、富籤、馬券ノ如キハ國際公安ニハアラサルモ或國ニ於テハ國內公安トシ、他國ニ於テハ公序良俗ニ反セサルモノト爲スカ如シ。

第三節　送致、反致及轉致

第一　送致、反致及轉致ノ意義

現今各國ニ行ハルル國際私法ノ原則ハ統一スル所ナシ。殊ニ英米及丁抹等ノ住所地法主義ト日、伊、獨、佛等ノ本國法主義トノ差ハ國際私法其モノトシテ著シキ牴觸アリ。是ニ於テカ反致法ナル一原則ハ國際私法上考究スヘキ問題トナレリ。送致トハ涉外的私法關係ニ對シ內國法ヲ適用セス外國法ヲ適用スヘキコトヲ國際私法ニ依リテ定メタルヲ謂フ。卽チ外國法ヲ適用スヘキ場合ヲ略シテ送致ト云フニ外ナラスシテ法律關係自體ヲ外國ニ移送スル意味ニアラス。

反致トハ涉外的私法關係ニ適用スヘキ準據法トシテ外國法ヲ指定(送致)スルモ、其外國ノ國際私法ニ依レハ却テ送致國ノ法律ニ依ルヘキコトヲ定メ又ハ被送致國ニ於テハ之ニ適用スヘキ法律ナキ爲メ結局送致國ノ法律カ適用セラルルニ至ル場合ヲ謂ヒ、轉致トハ外國法ヲ適用スヘク送致シタルモ被送致國ノ國際私法ニ依レハ更ニ第三國ノ法律ヲ適用スヘキコトヲ定メタル場合ヲ謂フ。故ニ送致ハ發端ニシテ轉致ト反致トハ轉送歸反ナリ。例ヘハ本國法主義ノ國ニ於テハ身分能力殊ニ親族相續ニ關シテハ本國法ニ準據スヘキモノトシ、國内在住ノ外國人ニ付是等ノ問題生スルトキハ國内法ヲ適用セスシテ其外國人ノ本國法ニ其法律關係ヲ送致シテ其本國法ヲ適用スルモノナリ。然ルニ其本國法カ住所地法主義ナルトキハ其外國人ノ所在地タル國内法ニ依リテ支配セラルヘキモノトス。斯ノ如ク送致ヲ歸反セシムヘキコトヲ認メタル被送致國ノ國際私法ヲ反致法ト云ヒ、反致ニ依リ送致國ノ法律ヲ以テ準據法ト爲スコトヲ許容スルトキハ其内國法ハ反致ニ依ル準據法トシ、斯ノ如キ法則ヲ反致ノ原則ト稱ス。

第二　反致及轉致ノ理論

反致及轉致ノ理論ハ國家カ反致、轉致ノ原則ヲ認ムル國際私法上ノ規定ヲ爲ス場合ト何等其規定ヲ爲サザル場合トニ依リ差異アリ。

一、反致、轉致ニ關スル規定ナキ場合

國家カ反致、轉致ニ關シ何等規定セサル場合ニ反致、轉致ノ法則カ渉外的私法關係ニ對シ採用セラルルヤ否ヤニ付理論トシテ肯定說、否定說ニ岐ル。

イ 肯定說 本說ノ論據ニ三アリ。

1 反致ハ內國法律本來ノ效力ヲ復活スル當然ノ理ナリ。何トナレハ國際私法ナルモノハ元來法律ノ衝突牴觸ヲ解決スルヲ以テ目的ト爲シ、總テノ法律ハ一方ニ於テ屬人的效力ヲ有シ他方ニ於テ屬地的效力ヲ有スル結果法律ノ牴觸ヲ生スルモノナレハ各國ノ立法者ハ孰レカノ一方ニ重キヲ置キ他ノ一方ヲ犧牲トセサルヘカラス。而シテ本國法主義ヲ採ル國ニ於テハ法律ノ屬人的效力ニ重キヲ置キ法律ノ屬地的效力ヲ犧牲ニ供シタルモノナリ。然ルニ今當事者ノ本國ニ於テ屬人的效力ヲ付與セラルルコトヲ豫期セスシテ屬地的效力タル住所地法ニ依ルヘキモノト爲セル以上ハ本國法ニ依ラス屬地的效力ニ依ルモ決シテ法律ノ衝突ナルモノ存在セサルナリ。果シテ然ラハ他國法律ノ屬人的效力ヲ認容スルノ必要存セサルカ故ニ內國法律ノ效力タル屬地的效力ニ依リテ自國法ヲ適用スルコト當然ナリト論ス。

2 反致ハ內外國判決ノ同一ヲ期スルコトヲ得ル爲メ必要ナリ。何トナレハ若シ英吉利ノ如ク住所地法ヲ採ル國民ニ對シテ住所地法タル我國ノ法律ヲ適用セス強ヒテ其本國法ヲ適用シ、英國法ニ依リテ我國カ判決スルモ英吉利ニ於テハ住所地法ヲ適用セサル判決ハ英國法ノ認メサル判決ナルカ故ニ、英國ニ於テハ我國ノ爲シタル判決ヲ執行スルコトヲ許ササルコトトナルナリ。又若シ其訴訟カ偶々英吉利ニ於テ起リタル場合ニハ住所地法タル我國ノ法律カ適用セラルルコトトナルヲ以テ我國ニ於テ裁判スル場合ニ於テモ等シク我國法ヲ適用スヘキモノトシ、以テ其判決ノ同一ニ出ツヘキコトヲ期セサルヘカラサルヲ以テ反致ハ必要ナリト。

3 反致ノ理由ハ國際私法ニ於テ法律牴觸ヲ解決スル必要上外國法ノ適用ヲ認メタル以上ハ更ニ被送致國カ其國法ヲ適用スルヤ否ヤノ便宜ニ委スルハ當然ナリト爲ス。

ロ 否定說

否定說ノ理由ハ大凡左ノ如クシテ、反致、轉致ノ法則ハ之ヲ否定スルヲ可トス。

1 反致、轉致ハ法理上認ムヘカラサルモノトス。

蓋シ一國ノ國際私法ニ依リ外國法ノ適用ヲ命スルハ外國ノ實質法ノ適用ヲ命スルモノニシテ外國ノ國際私法ノ適用ヲ命スルモノニアラス。例ヘハ日本ニ在ル英國人ノ行爲能力ハ英國法ニ從テ之ヲ定ムト爲スハ英國人ハ滿二十一歲ヲ以テ成年ト爲スト云フ規定ノ適用ヲ命スルモノナリ。然ルニ偶々英國人ノ能力モ其所在地法ニ依リテ定ムヘキ規定アレハトテ日本ノ國際私法ハ英國ノ國際私法ノ適用ヲ命セサルカ故ニ、日本ノ能力規定ニ歸反シテ適用セラルル理由ナシ。轉致ニ付テモ同一ノ理由ニ依リ法理上轉致ヲ來スコトナキヲ以テ反致、轉致ハ法律上認ムルヲ得ス。

2 反致、轉致ハ外國法ノ適用ヲ認メタル國際私法ノ原則ヲ破ルモノナリ。國際私法ニ依リ外國法ノ適用ヲ認メタルハ渉外的法律關係ノ性質ニ依リ外國法ノ適用ヲ正當ナリト認メタルニ因ルモノナルニ拘ハラス、更ニ反致又ハ轉致セラルルハ國際私法ニ依リ外國法ヲ指定シタル原則ヲ破リ國際私法ヲ退歩セシム。

3 反致、轉致ハ循環法ニ因リテ遂ニ適用スヘキ法律ヲ定ムルコト能ハサルニ至ルコト多シ。蓋シ住所地タル送致國ハ本國法ニ依ルヘシト命シ、被送致國タル其本國ハ住所地法タル送致國ノ法律ニ依ルヘシト命スルモ、送致國ハ更ニ被送致國ノ法律ニ依ルヘシト爲スモノナルカ故ニ茲ニ反覆循環シテ適用スヘキ實質法ノ定マルコトナシ。又轉致ノ場合ニ於テモ第一ノ被送致國ハ第二ノ被送致國ノ法律ヲ指定シ、第二國ハ第三國ヲ指定シ、第三國ハ再ヒ最初ノ送致國ノ法律ヲ指定スルカ如ク大循環ヲ反覆シテ遂ニ適用スヘキ實質法ナキニ至ル。

二　反致、轉致ヲ認ムル國際私法ノ規定アル場合

反致、轉致ニ關スル國際私法上ノ規定ナキ場合ハ理論上及實際上反致、轉致ノ法則ヲ認ムヘキモノニアラストセハ之ヲ成文法ニ依リ規定セル場合モ尚其規定ハ空文ニ歸シテ依然反致、轉致ヲ許ササルモノナリヤ否ヤノ問題ヲ生ス。然レトモ假令理論上及實際上ニ許スヘカラサル事項ト雖モ法律ヲ以テ規定セル以上ハ不能ニアラサル限リ之ヲ有效ト爲シ、反致、轉致ノ法則ヲ採用スヘシト論セサルヘカラス。

第三　反致、轉致ニ關スル我國ノ國際私法

我國國際私法上ノ規定ニ於テハ或場合ノ反致ノミヲ認メ轉致ハ之ヲ認メス。

蓋シ我國ハ法例第二十九條ニ「當事者ノ本國法ニ依ルヘキ場合ニ於テ其國ノ法律ニ從ヒ日本ノ法律ニ依ルヘキトキハ日本ノ法律ニ依ル」ト規定ス。是レ反致ニ關スル成文法ナリ。故ニ本條中當事者ノ本國法トハ當事者本國ノ實質法ヲ意味スルモ「其國ノ法律ニ從ヒ」ト云ヘル「其國ノ法律」トハ當事者本國ノ國際私法ノ規定ヲ意味シ、最後ニ日本ノ法律ニ依ルトハ日本ノ實質法ヲ謂フモノト解セサルヘカラス。蓋シ「其國ノ法律」ト云ヘルヲ當事者本國ノ實質法ト解スルトキハ日本ノ法律ニ歸反スルコトナク又最後ノ日本ノ法律ト云ヘルヲ日本ノ國際私法ヲモ含ムトセハ再ヒ當

事者本國ニ送致セラレ茲ニ循環ヲ來スニ至リ本條ヲ設ケテ反致ヲ認メタル趣旨ニ反スレハナリ。而シテ本條ノ適用範圍如何ノ解釋ニ付テハ反致、轉致ノ理論トシテ其法則ヲ肯定スルヤ否ヤニ依リ解釋ヲ異ニス。卽チ反致・轉致ノ理論ニ於テ之ヲ肯定スルトキハ本條ハ一個ノ注意規定ニ過キサルヲ以テ我國ハ當事者ノ本國法ニ依ルヘキ場合ノミナラス、行爲地法又ハ住所地法ニ依ルヘキ場合ニ於テモ反致ヲ認ムルノミナラス轉致ノ法則ヲモ認メタルモノト解セラルルニ至ルモノナリ。然レトモ前段ニ述ヘタル如ク余ハ反致・轉致ノ法則ハ理論トシテ之ヲ否定スルカ故ニ本條ニ依リ特ニ認メタル場合ノミニ適用セラルルモノトス。從テ本條ニ依レハ我國ハ(一)轉致ハ之ヲ認メス。(二)反致ハ一部的ニ之ヲ認メタルモノトス。卽チ反致ヲ認ムル場合ヲ分説スレハ左ノ如シ。

一　當事者ノ本國法ヲ適用スル場合ニ限ルモノニシテ其他ノ外國法ヲ適用スル場合ハ反致セス。」本條ハ只本國法ヲ適用スル場合ニ於テト規定セルヲ以テ反致ハ此場合ノミニ制限セラレ總テノ準據法ニ通スル規定ニアラス。故ニ本國法以外ノ準據法ノ衝突ニ付テハ之ヲ解決スルノ途ナキモノトス。例ヘハ動産上ノ物權ニ付動産所在地法ヲ以テ準據法ト定ムル法例第十條ト、所有者ノ本國法ノ規定ヲ準據法ト定ムル伊國民法前編第七條ト衝突スル場合ノ如シ。卽チ日本人ノ所有ニ係ル在伊太利動産上ノ物權ハ同國ノ國際私法上日本法律ノ適用アルニ拘ハラス、我國ニ於テ其動産ニ關スル法律關係ヲ定ムル爲メニハ伊國民法ヲ適用スルモノニシテ日本ノ物權法ニ歸反スルコトナキモノトス。

二　外國人ニ對スル本國法ヲ適用スル場合ニ限ルモノニシテ日本人ノ本國法ヲ適用スル場合ニ反致セス。

本條ハ其規定上外國人ノ本國法ヲ適用スル場合ノミヲ想像シ日本人ノ本國法ヲ適用スル場合ヲ想像セサルカ故ニ日本人ニ關スル國際私法ノ衝突ハ解決セラレサルナリ。例ヘハ英國ノ國際私法ハ能力ニ付人ノ住所地法ヲ適用シ日本ノ國際私法ハ能力ニ付人ノ本國法ヲ適用スルカ故ニ英國ニ住所ヲ有スル滿二十歳ノ日本人ハ同國ノ國際私法上未成年者ナリ、然ルニ我國際私法ヨリ觀レハ成年者ナリ。随テ該日本人ノ能力カ英國ノ裁判所ニ於テ問題トナリタル場合ハ能力者トシテ取扱ハレ、日本ノ裁判所ニ於テハ成年者トシテ取扱ヒ相互ニ牴觸スル結果ヲ來スモノナリ。

第二章　外國人及外國法人ノ地位

廣ク外國人ト稱スルトキハ外國自然人及外國法人ヲ總稱スルモ、通常單ニ外國人ト云フトキハ外國自然人ヲ指シ外國ノ法人ハ外國法人ト稱スルヲ例トス。因テ此例ニ依リ外國人ト外國法人トニ別ツテ說明スヘシ。

第一節　外國人

內外人平等主義ニ依リテ外國人カ內國ニ於テ權利ヲ享受スルハ公法上ノ自由權及私法上ノ財產權是レナリ。身分上ノ身分權等ニ關シテハ本國法主義又ハ住所地法主義ヲ原則トスルヲ以テ、財產權ノ如ク國內法ヲ以テ他國人ノ權利ヲ創設シ其效力ヲ持續セシムルトハ少シク其意義ヲ異ニス。卽チ外國人カ外國法ニ依リテ取得シ又ハ取得スヘキ身分權ヲ內國法ニ於テ繼承的保護ヲ爲スニ過キサルモノトス。故ニ身分權ニ關シテハ原始的權利ノ享受ニアラスシテ繼承的ニ保護ヲ受クルノ權利ナリト解スルヲ寧ロ相當ナリトス。而シテ外國人ノ公法關係ニ於ケル地位ハ國際私法上ノ問題ト爲ルコト尠ナシト雖モ、外國人ノ公權ニ關スル不法行爲アリタル場合ノ如キハ國際私法ノ問題ヲ生スルコトアルヲ以テ、外國人ノ公法關係ニ於ケル地位モ亦國際私法ノ先決問題トシテ研究スルヲ通常トス。

第一款　外國人ノ公法關係ニ於ケル地位

第一　自由權

自由權ノ性質ニ付テハ國法學ノ論究スル所ニ係ルト雖モ、要スルニ人類自然ノ生存ヲ爲シ得ヘキ活動範圍ノ全部ニ於テ國家主權ノ干渉制限ナク固有ノ權利トシテ保護セラルル權利ヲ稱スルモノニシテ、我國憲法ノ保障スル所ノ自由ハ主トシテ此自由權ニ屬ス。然レトモ外國人ハ當然ニ我憲法ノ保障ヲ享受スルモノニアラス。是レ憲法上ノ保障ハ我國臣民タル身分ニ對スルモノナルヲ以テナリ。故ニ内外人平等ナリトハ憲法ニ反セサル限リ外國人ハ内國人ト同樣ニ憲法以外ノ法令ノ支配ヲ受クヘキコトト爲ストノ謂ヒナリ。憲法ハ性質上主權ト臣民トニ關スルモノニシテ外國人ニ對スル待遇ヲ規定スヘキモノニアラス。假ニ伊國民法ノ如ク外國人ハ内國人ト同一ノ權利ヲ有スルコトヲ概括的ニ規定スル場合ト雖モ、憲法上ノ權利ハ當然ニ外國人ニ及ホスモノニアラス。是ニ於テカ各國ハ國際間ノ條約ニ依リ一般ニ身體ノ自由及居住、旅行竝ニ營業ノ自由ヲ保障スルヲ常トス。明治三十七年ノ締結ニ係ル日英條約第一條ハ兩締盟國一方ノ臣民ハ他ノ一方ノ版圖内何レノ地ニ到リ旅行シ居住スルモ全ク隨意タルヘク、而シテ其身體、財產ニ對シテハ完全ナル保護ヲ享受スヘシトシ又日佛條約其他ニ於テモ職業ノ自由ヲモ併セテ約定セリ。

身體及精神上ノ自由ニ對スル國内法ノ原則トシテハ何等制限ヲ加ヘサルモノトス。身體ノ自由ハ勿論精神上ノ自由ハ歐米人ノ深ク尊重スル所ニシテ、爰ニ精神上ノ自由トハ(一)信教、(二)言論著作、(三)集會結社ノ三方面ニ於ケル自由ニシテ何レモ各國ノ憲法ノ保障スル所ニ係ル。其他營業ノ自由卽チ生活資料ヲ得ル所ノ業務ニ付テモ亦日佛條約ニ於ケルカ如ク制限ナキヲ本則ト爲スモ、特殊ノ技能ヲ要スル職業ニ付テハ外國人ト雖モ其技能ノ公認ヲ受クルヲ必要トス。例ヘハ船長、辯護士、醫師、産婆ノ職業ノ如キハ試驗合格等一定ノ資格ヲ必要トシ、外國人カ其本國ニ於テ是等ノ資格ヲ有スルヲ以テ當然ニ我國內ニ其資格アルモノト云フヲ得ス。然レトモ其資格ノ明白ナルモノノ如キニ於テハ事實上默認スルコトナキニアラス。日英ノ協商ニ於テハ醫師ノ免許ニ付共通ナル旨ノ承認ヲ爲スニ至レリ。

以上說明スル如ク公法上ノ各自由權ハ概シテ內外人共ニ平等ナルヲ原則トスルモ、公序良俗上ノ制限ト國際公法上ノ制限ニ依リ必スシモ全然同一ナルヲ得スシテ外國人ニ著シキ制限ヲ爲スモノアリ。以下其制限ヲ列擧スヘシ。

一　犯罪人引渡及外人ノ入國拒絶、放逐

犯罪人引渡ハ畢竟一種ノ司法權ノ活動ニシテ必スシモ條約上其引渡ヲ締結シタルニ基因スルモノニアラス。外國人モ內國ノ司法及警察ノ活動ニ絶對ニ服從スルノ義務アリ。是ヲ以テ引渡條約ニ基ク犯罪人ノ逮捕、引致、引渡ト雖モ必スシモ其條約ノ效果ニ依リテ行ハルルモノニアラス。其條約ナキ國人ニ對シテモ亦此引渡ハ行ハレ、唯例外トシテ政治犯者ニ及ホササルモノトス。次ニ入國拒絶及放逐ハ必スシモ犯罪人ニ關スルノミニアラスシテ、國內領土權ノ作用ニ依リ何等ノ理由ヲ問ハス外國人ノ上陸ヲ拒絶シ又ハ既ニ居住、旅行スル者ニ就キ退去ヲ命シテ之ヲ放逐スルヲ妨ケス。拒絶又ハ放逐ノ理由ノ正不正ハ國際公法上ノ問題ヲ惹起スルコトアルヘシト雖モ、對等國ノ領土權トシテハ其制限ヲ認ムル外ナシ。是故ニ一八九二年國際法協會ハ其一定ノ原因ヲ人道及正義ニ基キテ制定シ同一ノ遵守スヘキ法則タランコトヲ希望セリ。其重ナル原因トシテ認ムル所ハ

イ　危險ナル群來者

ロ　戰爭、內亂又ハ流行病ノ必要

ハ　公衆ノ衞生若クハ風俗ニ害アル者殊ニ公共ニ危險アル犯罪ノ爲メニ刑ノ宣告ヲ受ケタル者等是レナリ。其決議ニ於テ注目スヘキハ單ニ內國勞働者ノ保護ノミヲ以テ拒絶放逐ノ理由ト爲スコトヲ得ストノ一事項是レナリ。故ニ北米合衆國ノ東洋勞働者ヲ排斥スルカ如キハ到底學理的根據ヲ有スルモノニアラス。

二　政事上ノ集會結社

外國人ハ參政權ヲ有セス。是ニ於テカ政事ニ關スル集會結社ニ就キ其自由ヲ主張スルヲ得ス。其一部分ノ放任ヲ爲スト否トハ全ク國內公安ノ觀念ニ依ルモノナリ。我現行ノ治安警察法ハ外國人ハ政治結社ニ加入シ又ハ公衆ヲ會同スル政談集會ノ發起人タルコトヲ禁止ス(同法第六條)。以上ノ如ク政治結社ニ加入スル參政權ノ行使ニ關スルモノハ外人ニ之ヲ許可スルヲ得サルヤ明カナルモ外國人カ集會ニ出席シテ政談ヲ爲ス如キハ必スシモ公安ヲ害セサルモノトシテ放任スヘキモノナリ。然レトモ祕密結社ハ內國人ニモ禁止セラルル事項ニシテ當然外國人ニモ適用セラルルモノトス。

三　特殊ノ營業權

日佛條約ハ特ニ雙方ノ國民ハ相互ノ版圖內ニ於テ本人自身ハ勿論、組合又ハ代理人ニ依リ工業商業ヲ爲スノ自由ナルヲ定メタリト雖モ(同條約第四條)、斯ル一般ノ營業權ハ其條約規定ナクモ一般ニ國內公安ノ許ス限リ外國人ノ自由ニ屬ス。然レトモ特殊ノ營業ニ限リ自國臣民ニアラサレハ營業ノ目的ヲ確保シ難キ事情ノ爲メニ外國人ニ之ヲ禁止スルモノアリ。(イ)取引所ノ會員又ハ取引員タル業務、(ロ)一般ノ鑛業及砂鑛採取業、(ハ)辯護士ノ業務ハ何レモ現今我國法ハ外國人ニ禁止スル所ナリ。內國港ノ運送業卽チ沿岸貿易ハ各國何レモ之ヲ內國人ノ特權トシテ保存スルヲ原則ト爲ス。我國船舶法第三條ニ於テ海難若クハ捕獲ヲ避クル爲メ又ハ法律條約其他ノ特許ニ依ルニアラサル限リハ外國船舶ハ日本各港ノ間ニ運送業ヲ爲スコトヲ得サルヲ明定セリ。但シ從來ノ例ニ依リ橫濱、神戶、長崎及函館間ニハ外國人ノ海上運送ヲ許セリ（日英條約第一條第三項）。沿海漁業權モ亦國際慣例ニ於テ外國人ニ許可セサルヲ原則トスルモ。我國漁業法ハ內國臣民ニテモ免許ヲ受クルヲ要スルヲ以テ特ニ外國人ニ對シテ禁止ノ明文ヲ揭ケス。其他外國人ニ對シ居住、旅行ノ屆出ヲ命シ若クハ銀行業、保險業等ニ付特別ノ手續若クハ保證金ヲ要スルモノアリ。是等ハ畢竟國籍ヲ異ニセル自然ノ結果ニシテ內國人ニ付テモ身分職業等ニ特別手續ヲ要スルモノアルト毫モ異ナル所ナク、外國人ノ自由營業ヲ制限スルノ意ニアラサルナリ。

第二　保護請求權

外國人カ自由權ノ大部分及財產權ニ於テ內國人ト同一ノ保護ヲ受クルニ付其保護ノ爲メ國權ノ發動ヲ立法司法行政ノ各機關ニ對シ求メ得ルハ當然ノ結果ナリ。唯外國人タル特別ノ地位ニ在ルヨリシテ內國人ノ必要トセサル事項ニ付特殊ノ保護ヲ要求スルコトアルヘキハ內國人タラサルカ故ニ特殊ノ義務ヲ負フコトアルト等シ。而シテ立法上ノ保護請求權ハ請願ノ形式ニ依リ、司法上ノ保護請求權ハ訴訟ノ形式ニ依リ、行政上ノ保護請求權ハ訴願又ハ行政訴訟ノ形式ニ依リ行ハルルコトハ内國人ト全ク同一ナリト謂フヘシ。然レトモ立法上ノ請願ニ付テハ内國人ハ憲法上ノ權利トシテ之ヲ認メラルルモ（憲法第三〇條）外國人ハ之ト同一ノ憲法上ノ權利ヲ享有スルモノト云フヲ得ス。學者間或ハ外國人ノ請願權ハ之ヲ制限シ若クハ認許セサルモ可ナリト論スル者アルモ、請願權ハ參政權ニアラス、保護セラルヘキ地位ニ在ル者ノ相當ナル陳情ニ一形式ヲ附加シタルモノニ過キス。議員選擧若クハ自治制度ノ會議制等ニ對シ政治組織ノ請願ヲ爲ス如キハ或ハ外國人ニ禁止スルノ理由ナキニアラサルヘシト雖モ、是等ニ關スル請願ト雖モ一概ニ外國人ノ保護ニ關係ナキモノト云フヲ得ス。若シ妄リニ國政ニ干與スルノ言議ヲ爲スカ如キハ採用セサルコトニ依リテ紛亂ヲ防止スルヲ得ヘキヲ以テ一般ニ外國人ノ請願權ヲ當然ニ認ムヘキモノト解スルヲ通說トス。司法上ノ訴權ニ就テハ日佛條約第一條第三項ハ自由ナル訴權ヲ相互ノ國民ニ認メ、且訴訟ニ關シ内國民ニ許與シ又ハ許與セラルヘキモノト同一ノ權利及特典ヲ享有スヘシト定メタルヲ以テ、民事訴訟法ニ於テ外國人ノ訴訟ニ保證ヲ立ツル義務及訴訟救助ニ關スル特別規定ハ全ク除外セラレ外國人モ内國人ト同一ノ地位ヲ獲得シタルモノト謂フヘシ、且攻擊防禦ノ爲メニ總テノ訴訟行爲ヲ爲シ得ルハ勿論ナリト雖モ、代人ヲ定ムルニ當リテハ外國ノ辯護士ヲ內國ノ辯護士ト同等ナリトシテ用フルヲ得ス。是レ辯護士ト稱スルハ辯護士法ニ依リ內國人タルモノニ限ルヲ以テナリ。行政上ノ訴願又ハ行政訴訟ハ納稅ノ義務ニ關スルアリ又營業ノ自由ニ關スルアリ、意匠、商標、著作、發明等ニ付平等ニ智能權ヲ有スル外國人ニ之ヲ認許スルハ固ヨリ法ノ規定ヲ要スルモノニアラスシテ當然ノ事ナリ。然レトモ政務機關ノ選擧權ナキ外國人ハ選擧ニ關スル訴願又ハ行政訴訟ヲ提起スルヲ得サルハ當然ノ結果ナリトス。

第三　參政權

參政權トハ國家ノ政務機關ト爲リ又ハ其機關ノ組織ニ參與スル一種ノ國民權ナリ。故ニ外國人ハ必スシモ忠良ノ精神ヲ具備セサルモノト云フヲ得スト雖モ、性質上國家ノ政務ハ其國家組織ノ人員ヲ以テ構成スヘキモノナルヲ以テ外國人ニ其構成員ト爲リ若クハ其組織ニ參與スルノ權利ナキハ自明ノ理ナリ。衆議院議員選擧法其他地方自治機關ノ選擧法等ニハ特ニ外國人ノ參與スルナキヲ明言スルモ、斯ル明言ナキ法律ニ於テモ參政權行使ニ屬スルモノト認メラルル行爲ハ之ヲ外國人ニ許容スヘキモノニアラス。

第二款　外國人ノ私法關係ニ於ケル地位

私法關係ニ關スル外國人ノ地位ハ卽チ民法第二條ノ規定ニ依リ條約又ハ法律ニ制限ナキ限リハ全ク內國人ト同等ノ權利ヲ有シ義務ヲ負フモノナリ。依テ私權ニ關シ外國人ノ地位ヲ明カニセント欲セハ唯其制限ヲ受クル程度ヲ擧示スルニ依リ明カナルヲ以テ左ニ之ヲ述フヘシ。

第一　土地所有ニ關スル制限

外國人ハ明治六年一月布告第十八號地所質入書入規則第十一條ニ依リ日本領土內ノ土地所有權ヲ取得スルコトヲ許ササリシモ、大正十四年四月法律第四十二號ニ依リ外國人土地法ナルモノ制定セラレ大正十五年十一月勅令第三百三十四號ノ施行令ニ依リ同年十一月十日以後ハ右布告ヲ廢止シ外國人ニ土地所有權ヲ認メラレタリ。然レトモ右外國人土地法ニ依レハ外國人ハ全ク日本人ト同樣ニ土地所有權ヲ有スルモノニアラス、之ニ付二個ノ制限アリ。第一ハ國防上必要ナリトシテ施行令ニ依リ指定セラレタル地域ハ外國人ニ土地所有權ヲ取得セシメス（外國人土地法第四條同施行令第一條及別表）。第二ハ外國人ノ本國カ日本人ニ對シテ其國ノ土地所有ヲ許サス又ハ條件制限ヲ附スルトキハ其外國人ニハ日本國ノ土地所有ヲ許サス又ハ條件制限ヲ附セラルルモノトス（外國人土地法第一條）。以上ハ外國ノ自然人ニ關スル制限ナルモ外國法人モ亦同樣ノ制限ヲ受クルモノナリ。而シテ外國人土地法ニ於ケル外國法人トハ純然タル外國法人ノミナラス帝國法人ト雖モ其社員、株主若クハ業務ヲ執行スル役員ノ半數以上又ハ資本ノ半額以上若クハ議決權ノ過半數カ外國人又ハ外國法人ニ屬スル場合ハ外國ノ自然人ト同樣ニ土地所有權ノ制限ヲ受クルモノナリ（外國人土地法第二條）。以上二個ノ制限アル結果從來自由ニ土地所有權ヲ有シタル日本人又ハ外國人カ外國人土地法ニ依ル制限ヲ受クル外國ノ國籍ヲ取得スルニ至リタルトキハ一年內ニ土地所有權ヲ讓渡スルコトヲ要スルモノトス（同法第六條）。

參照　外國人土地法（大正十四年四月一日法律第四二號）

第一條　帝國臣民又ハ帝國法人ニ對シ土地ニ關スル權利ノ享有ニ付禁止ヲ爲シ又ハ條件若ハ制限ヲ附スル國ニ屬スル外國人又ハ外國法人ニ對シテハ勅令ヲ以テ帝國ニ於ケル土地ニ關スル權利ノ享有ニ付同一若ハ類似ノ禁止ヲ爲シ又ハ同一若ハ類似ノ條件若ハ制限ヲ附スルコトヲ得

第二條　帝國法人又ハ外國法人ニシテ社員、株主若ハ業務ヲ執行スル役員ノ半數以上又ハ資本ノ半額以上若ハ議決權ノ過半數カ前條ノ外國人又ハ外國法人ニ屬スルモノニ對シテハ勅令ノ定ムル所ニ依リ之ヲ外國人又ハ外國法人ト同一ノ國ニ屬スルモノト看做シ前條ノ規定ヲ適用ス

前項ノ資本ノ額又ハ議決權ノ數ノ計算ハ勅令ノ定ムル所ニ依ル

第三條　外國ノ一部ニシテ土地ニ關シ特別ノ立法權ヲ有スルモノハ本法ノ適用ニ付テハ之ヲ國ト看做ス

第四條　國防上必要アル地區ニ於テハ勅令ヲ以テ外國人又ハ外國法人ノ土地ニ關スル權利ノ取得ニ付禁止ヲ爲シ又ハ條

件若ハ制限ヲ附スルコトヲ得
前項ノ地區ハ勅令ヲ以テ之ヲ指定ス
第五條　帝國法人ニシテ社員、株主若ハ業務ヲ執行スル役員ノ半數以上又ハ資本ノ半額以上若ハ議決權ノ過半數カ外國人又ハ外國法人ニ屬スルモノニ對シテハ前條ノ規定ヲ適用ス
前項ノ資本ノ額又ハ議決權ノ數ノ計算ニ付テハ第二條第二項ノ規定ヲ準用ス
第六條　土地ニ關スル權利ヲ有スル者カ本法ニ依リ其權利ヲ享有スルコトヲ得サルニ至リタル場合ニ於テハ一年內ニ之ヲ讓渡スルコトヲ要ス
前項ノ規定ニ依ル權利ノ讓渡ナカリシ場合ニ於テ其ノ權利ノ處分ニ關シ必要ナル事項ハ勅令ヲ以テ之ヲ定ム
前二項ノ規定ハ土地ニ關スル權利ヲ有スル者ノ相續人其ノ他ノ包括承繼人カ本法ニ依リ其ノ權利ヲ取得スルコトヲ得サル場合ニ之ヲ準用ス但シ第一項ニ規定スル期間ハ之ヲ三年トス
第一項及前項ニ規定スル期間ハ通シテ三年ヲ超ユルコトヲ得ス

附　則

第七條　本法施行ノ期日ハ勅令ヲ以テ之ヲ定ム
第八條　本法ノ施行ニ伴フ不動產登記法ニ關スル特例ハ勅令ヲ以テ之ヲ定ム
第九條　明治六年第十八號布告及明治四十年法律第五十一號ハ之ヲ廢止ス
第十條　明治三十二年法律第六十七號中「土地ノ抵當權者ナル外國人カ」ヲ「抵當權者カ抵當權ノ目的タル權利ヲ享有スルコトヲ得サル場合ニ於テ」ニ「抵當不動產」ヲ「抵當權ノ目的タル權利」ニ改ム
第十一條　民法第九百九十條中「日本人ニ非サレハ享有スルコトヲ得サル權利ヲ有スル場合」ヲ「國籍喪失ニ因リテ其有

スル權利ヲ享有スルコトヲ得サルニ至リタル場合」ニ改メ「日本人ニ」ヲ削ル
◉外國人土地法施行期日（大正十五年十一月三日勅令第三三二號）
外國人土地法ハ大正十五年十一月十日ヨリ之ヲ施行ス
◉外國人土地法施行令（大正十五年十一月三日勅令第三三四號）
（略ス）

第二　船舶所有權ニ關スル制限
我國ノ如キ島國ニ於テハ運輸通商ニ關シ國民ニ船舶所有ノ特權ヲ認ムルハ甚タ至當ナリ。故ニ船舶法第一條ニ於テ外國人ハ單獨ニ日本船舶ヲ所有シ又ハ日本船舶ノ持分ニ依ル一部ノ所有權ヲモ獲得スルヲ許サストセリ。

第三　鑛業權ニ關スル制限
鑛業法第五條ニ依リ外國人ノ鑛業權所有ヲ禁ス。是レ船舶所有權ノ禁止ト同一理由ニ基クモノナリ。

第四　砂鑛權ニ關スル制限
砂鑛法第二十三條ニ依リ外國人ノ砂鑛權ヲ禁ス。是レ亦前述ノ理ト同一ノ理由ニ基クモノナリ。

第五　特殊ノ株劵ニ對スル制限

日本銀行、横濱正金銀行、朝鮮銀行ノ株券ハ外國人ノ所有ヲ禁止セラレタリ、是レ何レモ我國内ノ財政經濟ニ關シ重要ノ業務ニ從事スル所ノ銀行ナルヲ以テ、之カ株主タルコトハ恰モ參政權ノ一部ニ加ハルノ結果ヲ生スルヲ以テナリ。

以上ノ制限ノ外ハ一般ニ外國人ニ對スル制限ナク内國人ト同樣ニ私權ヲ享有シ得ルモノナリ、而シテ親族法上外國人ヲ日本人ノ養子又ハ入夫タラシムルニ一定ノ條件ヲ具備シテ内務大臣ノ許可ヲ受クルヲ必要トシタルハ制限ニ非スシテ手續ニ過キス。相續權ニ關シテ以上五個ノ制限ニ屬スル財産權ノ相續ヲ爲シ得サル制限アリト雖モ是レ外國人土地法第六條第一項ノ原則ノ結果ニ外ナラス（外國人土地法第一一條民法第九九〇條參照）。

第二節　外國法人

第一款　外國法人ノ意義

外國法人トハ自然人ニ非サル外國ノ人格者ヲ謂フモノニシテ、之ヲ外國ノ公法人ト私法人トニ區別スルコトヲ得。

第一　外國ノ公法人

外國ノ公法人ハ外國ノ公法關係ニ依リテ認メラレタルモノナレトモ、同時ニ私權關係ノ主體ト爲ルコトアルヲ以テ外國ノ公法人カ私權關係ノ當事者タルトキハ外國公法人ノ爲シタル渉外的私法關係發生スルヲ以テ此場合ニ其外國公法人ヲ當事者ト認ムルヤ否ヤ其權利能力及行爲能力ハ何國ノ法律ニ依リテ定ムルヤノ問題ヲ生ス。

我國ニ於テ外國ノ公法人ヲ私法關係ノ當事者トシテ認ムルハ外國ノ國家ト其行政區畫ニ限ルモノトシ其他ノ公共團體ハ私法關係ノ當事者ト認メス、故ニ其他ノ公共團體カ我國ニ於テ或行爲ヲ爲サントセハ其代表者ヲ以テ當事者ト爲ササルヘカラス。例ヘハ外國ノ水利組合ノ如キ公共團體カ日本人ヨリ材木ヲ買フ場合ノ如キハ其代表者カ當事者タルモノトス。但シ法律又ハ條約ニ依リテ其他ノ外國公共團體モ私法關係ノ當事者タルコトヲ認許シタルトキハ此限ニ在ラス（民法第三六條第一項）。

第二　外國ノ私法人

一　日本法人ト外國法人トノ區別

（甲）　區別ノ標準

イ　民事法人

外國ノ私法人トハ外國ノ法律ノ支配ニ依リテ成立シタル私法人ニシテ內國ノ私法人トハ內國法

律ノ支配ノ下ニ成立シタル私法人ナリ。是レ民法第三十三條ニ「法人ハ民法其他ノ日本法律ニ依ルニアラサレハ成立スルコトヲ得ス」ト云フ所以ニシテ日本法人タラントセハ必ス日本ノ法律ニ準據シテ設立セサルヘカラサルニ依リ明カナリ。故ニ民法第三十七條以下ノ規定ノ適用ヲ受ケテ設立行爲ヲ爲シ日本ノ主務官廳ノ許可ヲ得テ成立シタルモノヲ日本ノ民事法人トシ然ラサルモノヲ外國ノ民事法人トス。但シ茲ニ注意スヘキハ日本ノ民法ノ適用ヲ受ケテ設立ストハ日本民法ノ支配ノ下ニ設立スルヲ謂フモノナルヲ以テ、日本民法ノ支配外ニ在ル外國ニ於テ單ニ日本民法ノ規定ニ倣ヒテ設立シタルノミニテハ日本民法ノ適用ヲ受ケテ設立シタリト云フヲ得ス、故ニ日本民法ノ適用ヲ受ケテ設立セラルル法人ハ日本民法ノ效力範圍ニ屬スル領土內ニ於テノミ之ヲ設立シ得ルモノナリ。故ニ法人ノ國籍ヲ定ムルニ其準據法ニ依リテ國籍ヲ定ムトハ此意味ヲ以テ解スヘキモノニシテ、日本民法ノ效力區域外ニ於テ單ニ日本民法ノ規定ト同一手續ヲ採ルカ如キハ日本民法ヲ適用シテ設立シタリト云フヲ得ス、日本法人タルニハ日本法律ノ效力ヲ及ホス領域內ニ於テ日本法律ノ適用ニ依リ成立シタルコトヲ要シ外國法人タルニハ外國法ノ效力ヲ有スル領域ニ於テ外國法ノ支配ノ下ニ設立シタル法人タルコトヲ要スルモノナリ。

ロ　商事會社

商事會社ノ內外ヲ區別スル標準モ亦同一ニシテ日本商法ノ支配ノ下ニ設立シタル會社ヲ日本ノ會社トシ外國法ノ支配ノ下ニ設立シタル會社ヲ外國會社ト爲スモノナリ。故ニ日本法律ノ支配ニ依リテ設立シタル以上ハ其會社カ外國ニ本店ヲ設ケ又ハ外國ニ於テ商業ヲ營ムヲ以テ主タル目的ト爲スモ是レ尙日本會社ナリ。之ニ反シ外國法律ノ支配ニ依リテ設立シタル以上ハ其會社カ日本ニ本店ヲ設ケ又ハ日本ニ於テ商業ヲ營ムコトヲ以テ主タル目的ト爲スヤ否ヤヲ論セス特別ノ規定ナキ限リ凡テ外國會社ナリトノ論結ヲ生ス。然ルニ我國ハ特ニ商法第二百五十八條ヲ設ケ日本ニ本店ヲ設ケ又ハ日本ニ於テ商業ヲ營ムヲ以テ主タル目的ト爲ス外國會社ハ日本會社ト同一ノ日本法律ニ支配セラレテ更ニ設立手續ヲモ爲ササルヘカラスト爲スカ故ニ、日本ニ本店ヲ設ケ又ハ日本ニ於テ商業ヲ營ムヲ以テ主タル目的ト爲ス外國會社ハ同時ニ本條ノ規定ニ依リ日本法律ノ支配ノ下ニ設立セラルルコトトナルヲ以テ、此場合ハ外國法律ニ依リテ設立シタル外國會社ハ他面ニ於テ日本會社ト爲リ玆ニ會社ノ二重國籍ヲ生スルコトトナルモノナリ。之ト反對ニ日本法律ノ支配ニ依リテ設立シタル日本會社カ外國ニ本店ヲ設ケ又ハ外國ニ於テ商業ヲ營ムヲ主タル目的トスルカ又其他ノ場合ニ於テモ外國カ日本會社タルコトヲ考慮セスシテ之ヲ其國ノ會社ト爲ストキモ亦二重國籍ヲ生スルモノナリ。要スルニ設立者カ日本法律ノ支配ヲ受ケテ設立スル會社ヲ日本會社ト爲スモ外國會社カ日本ニ本店ヲ設ケ日本ニ於テ商業ヲ營ムヲ以テ主タル目的トスルトキニ於テハ必ス日本ノ法律ノ支配ヲ受ケサルヘカラサルカ爲メニ日本會社ト爲ルモノナリ。斯ノ如ク內外會社ヲ區別スル標準ハ余ノ玆ニ初メテ主張スル所ニシテ從來行ハレタル準據法說ニ範ヲ採リタルモノナレトモ從來行ハレタル準據法說ト異ナル所ハ(一)單純ナル準據法說ハ日本領土外ニ於テモ日本ノ法律ニ準據シテ會社ヲ設立シ得ルノ觀念ヲ認ムルモ余ハ內國法律ノ適用ハ其領土內ニ限ルモノニシテ、領土外ニ於テ內國法律ニ準據シテ會社ヲ設立シ得ル觀念ヲ認メス(二)單純ナル準據法說ハ會社カ日本ニ本店ヲ設ケ又ハ日本ニ於テ商業ヲ營ムヲ以テ主タル目的トスルトキ之ヲ日本會社ナリト爲スノ說明ヲ爲スコト能ハサレトモ、余ハ此場合ハ必ス日本ノ法律ニ準據セシムヘキ强制的日本法律適用ニ基ク日本會社ヲ生セシムト爲スノ二點ニ在リ。故ニ余ノ說ハ强制的ニ本店所在地及主タル營業目的地ヲ包含セシメタル準據法說トモ稱スヘキナリ。要言スレハ日本會社トハ(一)設立者カ任意ニ日本領土內ニ於テ日本法律ニ準據シテ設立シタルモノ及(二)日本ニ本店ヲ設ケ又ハ日本ニ於テ商業ヲ營ムヲ以テ主タル目的トスル外國會社ニ對シ强制的ニ日本法律ヲ適用シテ設立手續ヲ爲サシメタル二種ノ會社ヲ謂フ。而シテ此强制的日本法律ノ適用ハ會社ニ限ルモノニシテ民事法人ニハ强制的日本法律ノ適用ナキモノトス。最後ニ一言注意スヘキコトハ以上述ヘタル標準ニ依リ日本法人タルモノハ假令或權利關係ニ付外國法人ト同一ノ取扱ヲ受クル場合アリトスルモ、之カ爲メニ其日本法人カ外國法人ト變スルモノニアラサルコト是レナリ。例ヘハ外國人土地法第二條ニ於テ帝國法人ト雖モ其社員、株主又ハ業務ヲ執行スル役員ノ半數以上又ハ資本ノ半額以上若クハ議決權ノ過半數カ外國人若クハ外國法人ニ屬スルトキハ外國法人ト同一ノ國ニ屬スルモノト看做セリト雖モ、之カ爲メニ其帝國法人カ外國法人ニ變更スルニ非サルコト明カナルカ如シ。

(乙) 學説

內外私法人ヲ區別スル標準ニ付テハ以上說明スル所ノ如シト雖モ此點ニ付テハ從來學說ノ存スル所ニシテ參考ノ爲メ之ヲ擧クレハ左ノ如シ

イ 準據法說

此說ハ單ニ法人設立ニ準據シタル法律ノ本國ヲ以テ法人ノ國籍ト爲スモノニシテ外國ニ於テ內國ノ法律ニ準據シテ法人ヲ設立シ得ル觀念ヲ認メタルノミナラス、日本ニ本店ヲ設ケ又ハ日本ニ於テ商業ヲ營ムヲ以テ主タル目的トスル會社ハ必ス日本ノ法律ニ準據スヘキモノナルコトヲ主張セサル缺點アルコト前ニ述ヘタルカ如シ。

ロ　設立地說

此說ハ設立行爲ノ完了シタル地ニ依リテ內外法人ヲ區別スヘシト主張スルモ、設立行爲地ノ何タルヤハ極メテ漠然タルノミナラス準據法說ノ缺點トシテ擧ケタル如ク此說ハ設立行爲地ニ於テ外國法律ニ準據シ得ル觀念ヲ認メ且日本ニ本店ヲ設ケ又ハ日本ニ於テ商業ヲ營ムヲ以テ主タル目的ト爲ス會社カ日本會社ナリヤ否ヤヲ定メサルノ缺點アリ。

ハ　住所說

此說ハ更ニ分レテ二トス。

1　營業中心地說

此說ハ營業中心地ヲ以テ會社ノ住所トシ其地ノ國籍ヲ有スト爲スニ在レトモ、保險業、金融業ノ如ク營業中心地ノ定マラサルモノアルヲ以テ此說ハ內外法人ヲ區別スル標準ト爲ラス。

2　本店所在地說

此說ハ本店所在地ニ會社ノ國籍アリト爲スモ、日本ニ於テ商業ヲ營ムヲ以テ主タル目的ト爲ス會社ハ商法第二百五十八條ニ依リ日本ニ本店ヲ設クル會社ト同樣ニ日本會社ナルニ拘ハラス此點ヲ說明スル能ハサルノミナラス、設立後任意ニ本店所在地ヲ變更シテ其國籍ヲ變シ利害關係人ニ不測ノ損害ヲ蒙ラシメ經濟界ヲ攪亂スルノ弊アリ。

二　其他社員ノ國籍說、株主募集地說等アルモ皆採ルニ足ス。

二　何國ノ外國法人ナルカヲ定ムル標準

前述ノ標準ニ依リ日本法人ナリヤ外國法人ナリヤハ定メ得ルモ其外國法人カ何國ノ外國法人ナリヤヲ定ムルニアラサレハ未タ其外國法人ニ關スル涉外的私法關係ハ全ク解決シ得タリト云フヲ得ス。例ヘハ或外國法人ト日本人ト取引シタル場合ニ其法人ハ英國法人ナリヤ米國法人ナリヤノ問題ヲ生シタル場合ノ如シ。而シテ之ヲ定ムルニ付テハ日本法律ニ其根據ヲ置クコト能ハス外國法律ヲ比較對照シテ之ヲ定ムヘキモノナリ。然レトモ各外國法律ニ依リテ之ヲ定ムルコト能ハサルトキハ前(乙)ニ述ヘタル學說中最モ適當ナル說ニ依リ之ヲ定ムヘキモノニシテ、此點ニ付テハ涉外的私法關係發生當時ノ本店所在地ニ依リテ國籍ヲ定ムルヲ可トス。要スルニ前(乙)ニ述ヘタル學說ハ內外法人區別ノ標準ニ關スルヨリハ寧ロ或外國法人カ果シテ何レノ外國ニ屬スルヤヲ定ムル標準ニ關スル場合ノ議論ナリ。

三　外國私法人ノ認許

外國私法人カ外國ニ於テ存在スルハ一ノ事實ニシテ外國法律ニ依リ有效ニ成立シタルモノハ我

國ニ於テモ外國ニ於ケル存在ヲ否定スルヲ得ス。然レトモ其外國私法人カ我國內ニ於テモ權利義務ノ主體トシテ其存在ヲ認ムルコト外國自然人ト同一ナリヤ否ヤハ我國ノ法律ニ依リ決定スヘキモノニシテ、此點ニ付テハ或ハ外國法人ノ國內存在ヲ認ムルニハ個々ニ付政府ノ特別認許ヲ要スル主義アリ、或ハ一般的ニ認許スヘキモノト認許セサルモノトヲ法律ニ依リ規定スル主義アリ、我國ハ民法第三十六條ニ依リ後ノ主義ヲ採リ商事會社ハ總テ之ヲ認許スルモ民事上ノ私法人ハ特ニ法律又ハ條約ニ依ル場合ノ外之ヲ認許セサルコトトセリ。

國內ニ於ケル存在ヲ認許セサル外國法人ハ法人トシテ我國內ニ於テ法律行爲ヲ爲ス能ハス、其代表者又ハ社員ヲ以テ行爲ノ當事者ト爲ササルヘカラス。然レトモ外國法人カ我國內ニ於テ其存在ヲ認許セラルル場合ト雖モ之カ爲メニ外國法人ハ日本法人ト爲ラサルカ故ニ、其認許セラレタル外國法人カ我國ニ於テ事業ヲ營ム爲メノ條件方式ハ別ニ之ヲ定ムルコトヲ要スル事項アリ。我國ニ於テ之ヲ定メタル規定ハ民法第四十九條、商法第二百五十五條以下トス。而モ日本カ外國法人ヲ認許スルコトト商法第二百五十八條ニ依リ日本ニ本店ヲ設ケ又ハ日本ニ於テ商業ヲ營ムコトヲ主タル目的トスル外國法人ニ日本ノ法律ヲ適用スルコトトハ混同スヘカラス。前者ハ外國法人トシテ人格ヲ認ムルモノナルニ反シ後者ハ日本法人トシテ人格ヲ認ムルモノナリ。

第二款　外國法人ノ能力

外國法人カ其國ノ法律ニ從ヒ人格アル者トシテ權利義務ヲ有シ得ル範圍及行爲能力ト其外國法人カ我國ニ於テ個々ノ權利ヲ享有シ得ル能力及行爲能力トハ之ヲ區別スヘキモノニシテ。前者ヲ外國法人ノ一般的能力ト云ヒ後者ヲ特別的能力ト云フ。

第一　一般的能力ハ其本國法ニ從ヒ之ヲ定ム。例ヘハ學校カ出版業ヲ爲シ得ル能力アリヤ否ヤ又ハ會社ハ商業ノ敎授行爲ヲ爲シ得ル能力アリヤ否ヤ等ハ本國法ニ依リ定マルカ如シ。

第二　特別的能力ハ內國ノ法律ニ依リテ決定スヘキモノナリ。此點ニ付民法第三十六條第二項ニ依レハ日本ニ於テ認許セラレタル外國法人ハ日本ニ成立スル同種ノモノト同一ノ私權ヲ有ス。故ニ本國法ニ依リ會社カ商業ノ敎授ヲ爲シ得ル能力アルモ日本ニ於テハ斯ノ如キ行爲能力ナキカ如シ。但外國人カ享有スルコトヲ得サル權利トシテ法律又ハ條約中ニ特別ノ規定アルモノハ日本法人カ享有シ得ル能力モ尙之ヲ享有スルコトヲ得ス。

尙詳細ハ自然人ノ權利能力ニ關スル說明ヲ參照スヘシ。

第三章　國籍及住所

第一節　國籍ノ意義

國籍ハ一個ノ私法關係カ外國人ニ關スル涉外的私法關係ナリヤ否ヤヲ定ムル標準ト爲ルノミナラス、涉外的私法關係ニ當事者ノ本國法ヲ適用スヘキ場合ニ於ケル本國法ノ何タルヤヲ定ムヘキ基礎ヲ爲スカ故ニ、國際私法ノ研究ハ其前提條件トシテ國籍ヲ研究セサルヘカラス。

國籍ヲ廣義ニ解スルトキハ權利ノ主體又ハ客體カ或國家ニ所屬スル關係ヲ謂ヒ、此意味ニ於テハ自然人ノミナラス法人ノ國籍、船舶ノ國籍等ヲモ包含スルモノトス。前ニ法人ノ國籍ト云ヒタルコトアルハ此意味ニ於テ用キタルモノナリ。然レトモ狹義ニ國籍ト云フハ自然人カ或國家主權ニ絕對的ニ服從スル關係ヲ謂フモノニシテ本章ニ述フル國籍トハ此狹義ヲ指スモノナリ。

狹義ノ國籍カ個人ノ國家ニ對スル絕對的服從關係ナリト爲ス主張ニ對シテハ異論アリテ或ハ國籍ハ國家ト個人トノ契約關係ナリト唱フル說アリ。然レトモ出生ニ因ル國籍取得カ契約ニアラサルコト勿論ナルノミナラス、婚姻、歸化ニ因ル國籍取得モ亦一ノ事實又ハ處分ニ過キスシテ契約ニアラサルヲ以テ此說ハ理由ナシ。或ハ國籍ハ國民カ外國人ヨリモ特別ナル權利ヲ享有シ又ハ特別ナル義務ヲ負擔スル關係ナリト云フ說アルモ是レ國籍ノ效果ト國籍自體トヲ混同シタル論ナリ。

國籍ハ斯ノ如ク内國人ト外國人トヲ區別スルノ標準ニシテ又國家成立ノ要件ニ關スル事項ナルヲ以テ近世ノ文明諸國ニ於テハ國籍ハ或ハ憲法中ニ規定シ或ハ之ヲ民法ノ冒頭ニ規定シ或ハ又特別法ヲ以テ之ヲ規定セリ。我國ニ於テハ憲法第十八條ニ「日本臣民タルノ要件ハ法律ノ定ムル所ニ依ル」トアリテ法律ヲ以テ之ヲ定ムヘキモノト爲シ明治三十二年法律第六十六號ヲ以テ公布セラレタル國籍法ハ卽チ此規定ニ從ヒ制定セラレタル重要ナル公法ニシテ私法ニアラス。

第二節　國籍ノ取得

第一款　本來的取得

本來ノ國籍トハ人カ出生ニ因リテ取得スル國籍ニシテ、子ノ出生地カ其父母ノ本國ナルトキハ子カ其父母ト同一ノ國籍ヲ取得スルハ當然ノコトニシテ何等ノ難問題ヲ發生スルコトナシト雖モ、子カ外國ニ於テ出生シタルトキハ血統ノ關係ト出生地ノ關係トニ付テ何レノ關係ニ重キヲ置クヘキヤニ付血統主義ト出生地主義トニ岐ル。

元來出生地ノ如何ハ今日ニテハ唯偶然ノ事實タルニ過キサルニ反シ、國民タルノ思想習慣風俗性格等ハ皆血統ニ依リテ子孫ニ遺傳スルモノニシテ、何國ニ於テモ現在ノ國民ノ子孫ハ卽チ將來ノ國民タラサルヘカラサルカ故ニ、國籍ノ如何ハ親子ノ間ノ血統關係ニ依リテ之ヲ定ムルヲ最モ正當ナリトス。然レトモ若シ血統主義ノ原則ノミニ依ルトキハ往々無國籍人ヲ生スルニ至ルノ弊害アルヲ以テ、多數ノ國ニ於テハ概ネ血統主義ヲ原則トシ例外トシテ出生地主義ヲ定メ以テ此點ヲ補フモノトス。

我國籍法ノ規定ニ依リテ如何ナル者カ出生ニ因リテ我國ノ國籍ヲ取得スヘキヤヲ略述スレハ左ノ如シ。

第一　血統主義ニ依ル場合

一　男系ニ依ルモノ

イ　出生ノ當時父カ日本人ナルトキ

父母共ニ生來ノ日本人ナル場合ハ勿論父カ日本人ナルトキハ其子ハ日本人トス。而シテ父カ日本人ナルヤ否ヤハ子ノ出生ノ當時ニ日本人タルコトヲ要スルモノトシ、若シ父カ其子ノ出生前ニ死亡シタルトキハ死亡ノ當時其父カ日本人タリシコトヲ要シ、苟モ此條件ヲ具備スル以上ハ其子ノ出生地カ内國タルト外國タルトヲ問ハス日本人ナリトス（國籍法第一條）。

ロ　懷胎ノ當時父カ日本人ナリシトキ

父カ生來ノ日本人ニアラスシテ入夫婚姻又ハ養子縁組ニ因リテ日本人ト爲リタル者ナル場合ニ若シ其父カ子ノ出生前ニ離婚又ハ離縁ニ因リテ日本ノ國籍ヲ失ヒ外國人ト爲リ其後ニ妻タリシ者ヨリ生レタル子モ其懷胎當時父カ日本人ナリシトキハ其子ハ日本人トス。但シ父母共ニ日本ノ國籍ヲ失ヒタル場合ハ出生當時ノ父ノ國籍ヲ標準トシ若シ又母カ子ノ出生前ニ復籍シタルトキハ懷胎當時ノ父ノ國籍ニ依ルモノトス（同法第二條）。而シテ婚姻又ハ縁組ノ取消ノ場合ニ付テハ規定ナキヲ以テ本條ヲ類推解釋スルモノトス。

二　母ノ血統ニ依ル場合

出生ノ當時母カ日本人ナリシトキ

私生子卽チ父ノ知レサル子又ハ父カ判明スルモ何レノ國籍ヲモ有セサル者ナルトキハ父ノ血統主義ニ依リテ國籍ヲ定ムルコトヲ得サルカ故ニ、此場合ニハ母ノ血統主義ニ依リ其母カ日本人ナルトキハ其子ヲ日本人トス（同法第三條）。

第二　出生地主義ニ依ル場合

我國ニ於テ出生シタル子ノ父母共ニ知レサル棄兒又ハ國籍ナキ者ノ子ハ日本人トス（同法第四條）。

蓋シ我國ニ於テ生レタル子ノ父母共ニ知レサル場合卽チ棄兒又ハ父母共ニ明カナルモ國籍ヲ有セサル場合ニハ父又ハ母ノ血統主義ニ依リテ其子ノ國籍ヲ定ムルコトヲ得ス。此場合ニ若シ血統主義ノミヲ採ルトキハ無國籍人ト爲ルニ至ルヘシ。然ルニ人類ハ必ス何レカ一定ノ國籍ヲ有スヘキヲ必要トスルカ故ニ此場合ハ出生地主義ヲ採リ其子ヲ日本人ト爲セリ。

第二款　傳來的取得

國籍ノ傳來的取得トハ從前所屬ノ國籍ヲ喪失シテ新タニ他ノ國籍ヲ取得スル場合ヲ謂ヒ其原因三アリ。

一　親族關係ニ伴フ取得原因(或ハ法律ノ規定ニ依ル取得ノ原因ト稱ス)

二　歸化(或ハ個人ノ自由意思ニ依ル國籍取得ト稱ス)

三　國家併合又ハ領土割讓ノ結果(或ハ國際法上ノ原因ニ依ル國籍取得ト稱ス)

第一項　親族關係ノ發生ニ伴フ國籍取得

親族關係ノ發生ニ伴ヒ外國人カ我國籍ヲ取得スル場合ヲ細別シテ婚姻、入夫婚姻、養子緣組及認知ノ四トス。

一　婚姻

外國人タル女子カ日本人ノ妻ト爲リタルトキハ其妻ハ日本ノ國籍ヲ取得ス（國籍法第五條第一號）。是レ婚姻ハ家族制度ノ根本ニシテ夫婦ハ同居ノ義務ヲ有スルヲ以テ若シ一家ノ成立ヲ完フセントセハ夫婦カ同一ノ國籍ヲ有スルコトヲ必要トスルカ爲メナリ。

二　入夫婚姻

入夫婚姻ノ場合ニ於テハ夫カ妻ノ家ニ入リ我國籍ヲ取得スルモノトス（同條第二號）。蓋シ若シ其夫ニ日本人タルノ國籍ヲ取得セシメサルトキハ日本ノ家ニ入リタル夫カ尚ホ外國人タル結果ヲ來シ其家族制度ヲ維持スルコトヲ得サルカ故ナリ。然レトモ斯ノ如クスルトキハ外國人ノ男子カ我國籍ヲ容易ニ取得スルノ虞アルニ至ルヲ以テ、立法者ハ一ノ制限ヲ設ケ外國人ヲ入夫トスル者ハ豫メ內務大臣ノ許可ヲ要スルコトト爲セリ。而シテ內務大臣ハ其外國人カ引續キ一年以上日本ニ住所又ハ居所ヲ有シ且品行端正ナル者ニアラサレハ此許可ヲ與フルコトヲ得サルモノトセリ（明治三一年法律第二一號）。

三　認知

日本人タル父又ハ母ニ依リテ認知セラレタル者ハ日本ノ國籍ヲ取得ス（同條第三號）。然レトモ私生子ハ出生地主義ニ依リテ其出生地國ノ國籍ヲ取得スルコトアリ、或ハ母ノ血統主義ニ依リ母ノ國籍ヲ取得スルコトアリ、又更ニ其父ノ認知ニ因リテ新國籍ヲ取得スルモノアレハ三箇ノ國籍ヲ取得スル機會アリトス。故ニ國籍抵觸ヲ防ク爲メ外國人タル私生子カ認知ニ因リテ日本人タル國籍ヲ取得スルニハ國籍法第六條ニ依リ左ノ條件ヲ要スルコトトセリ。

（一）私生子カ其本國法ニ從ヒテ尙ホ未成年者タルコト

（二）外國人ノ妻ニアラサルコト

（三）父母ノ中先ツ認知ヲ爲シタル者カ日本人ナルコト

（四）父母カ同時ニ認知ヲ爲シタルトキハ父カ日本人ナルコト

四　養子

外國人カ日本人ノ養子ト爲リタルトキハ當然我國籍ヲ取得スルコトヲ規定セリ（同條第四號）。是レ入夫婚姻ト同一ノ理由ニシテ此場合モ亦入夫婚姻ノ場合ト同一ノ法律ニ依リ內務大臣ノ許可ヲ要ス。

第二項　歸化

第一　歸化ノ意義

歸化トハ外國人ノ意思ニ基キ國家カ特別ノ行政處分ニ依リ我國籍ノ取得ヲ爲ス場合ヲ謂フ。故ニ歸化ハ第一外國人ノ任意ノ意思ニ基クコト第二歸化出願ニ對シ我國カ特別ノ行政處分ヲ以テ之ヲ許可スルニ因リテ成立スルモノナリ。故ニ我國ノ歸化ハ或國ノ如ク一定ノ年限間內國ニ住居スル者ニ對シ國家カ强制的ニ國籍ヲ付與スルモノニアラス又歸化スル者ト國家ノ契約ニ依ルモノニアラス。

第二　歸化ノ要件

歸化ノ要件ニハ形式的要件ト實質的要件トアリ。形式的要件ハ內務大臣ノ許可ニシテ實質的要件ハ日本人タルニ適スルヤ否ヤノ標準ニシテ國籍法第七條以下ニ之ヲ規定セリ。而シテ形式的要件ニ付テハ別ニ說明スルコトナキヲ以テ以下實質要件ヲ說明スヘシ。

(甲)　原則歸化要件ノ原則ハ國籍法第七條ニ規定セルモノニシテ左ノ如シ。

1　年齡要件トシテ歸化出願者ハ滿二十歲以上ニシテ其本國法ニ從ヒ行爲能力アルコトヲ要ス。滿二十歲ハ我國ノ年齡ニ關スル行爲能力ナルカ故ニ我國ノ成年以上ニ達シタル者ニアラサレハ歸化スルコトヲ得サルノミナラス本國法ニ依リ行爲能力者タルヲ要ス。然レトモ本國法ニ依リ行爲能力アリテ二十歲以上ナルトキ我國ノ禁治產者、準禁治產者ニ該ル者ト雖モ歸化シ得ルモノナリ。

2　住所要件トシテ引續キ五年以上日本ニ住所ヲ有スルコトヲ要ス。

是レ一面ニ於テハ我國カ歸化スヘキ外國人ノ素行等ヲ知ルト同時ニ歸化スヘキ外國人ニ我國ノ民情風俗ヲ知ラシメ輕卒ナル歸化ヲ防カンカ爲メナリ。

3 品行要件トシテ品行端正ナルコトヲ要ス。

4 自治要件トシテ獨立ノ生計ヲ營ムニ足ルヘキ資産又ハ技能アルコトヲ要ス。

5 國籍不牴觸ノ要件トシテ歸化スヘキ者ハ國籍ヲ有セス又ハ日本ノ國籍ノ取得ニ因リテ其國籍ヲ失フヘキコトヲ要ス。

是レ我國ニ歸化シ我國ノ國籍ヲ取得スルニ拘ハラス尙ホ其本國ニ於テ國籍ヲ喪失セサルモノトスレハ茲ニ國籍ノ牴觸ヲ來スカ故ニ斯ル困難ヲ避クルカ爲メニ此條件ヲ必要トスルナリ。從ツテ歸化ヲ出願スル外國人ハ無國籍人タルコト卽チ何レノ國籍ヲモ有セサルコトヲ證明シ、或ハ其既ニ有スル外國ノ國籍ヲ歸化ニ因リテ喪失スヘキコトヲ證明シ、若シ其本國ノ法律カ斯ル國籍喪失ヲ認メサルトキハ本國官廳ヨリ其國籍ヲ脫スヘキ許可ヲ得タルコトヲ證明セサルヘカラス。

(乙) 例外

イ 積極的例外

外國人ノ妻ハ夫ト共ニスルニアラサレハ歸化ヲ爲スコトヲ得サル特別ノ要件ヲ必要トス(同法第八條)。茲ニ夫ト共ニト云ヘルハ夫ノ歸化ナキニ拘ハラス妻ノミ單獨ニ我國ニ歸化スルコトヲ許サヽルヲ謂フ。故ニ夫ト同時ニ妻カ歸化スル場合トハ夫ノ歸化ノ妻ニ及ホス效果トシテ妻カ我國籍ヲ取得スル場合及夫ヨリ後ニ妻カ歸化スル場合ヲ謂フモノニシテ此等ノ場合ニ付テハ國籍法第十四條ニ規定スル所ニシテ歸化ニ關スル一切ノ條件ヲ具備セサル場合ニ於テモ尙ホ我國ニ歸化スルコトヲ得ルモノナリ。

ロ　消極的例外

特別ノ事情アル外國人ニ付テハ普通要件ヲ必要トセサル例外アリ。

1　住所要件ヲ缺ク場合(同法第九條)

此場合ハ(一)父又ハ母ノ日本人タリシ者(二)妻ノ日本人タリシ者(三)日本ニ於テ生レタル者(四)引續キ十年以上日本ニ居所ヲ有スル者ナルトキハ五年以上日本ニ住所ヲ有セサルモ歸化スルコトヲ得但シ其中(一)乃至(三)ニ揭ケタル者ハ現ニ我國ニ住所ヲ有シ且三年以上日本ニ居所ヲ有スルトキハ歸化ヲ爲スコトヲ得。然レトモ(三)ニ揭ケタル者ニ付テハ其者ノ父又ハ母カ日本ニ於テ生レタル者ナルトキハ此三年以上居所ヲ有スヘキ制限ニモ從フコトヲ要セサルナリ。

2 住所要件、能力要件、自活要件ノ三要件ヲ缺ク場合（同法第一〇條）

此場合ハ歸化ヲ請求スル外國人ノ父又ハ母カ現在日本人即チ日本ノ國籍ヲ有シ且其外國人カ現ニ我國ニ住所ヲ有スル者ナルトキハ五年以上ノ住所、本國法ノ能力竝ニ獨立自營ノ資力ノ三條件ヲ必要トセス、苟モ品行端正ニシテ我國籍取得ノ爲メニ國籍牴觸ノ虞ナキ以上ハ假令獨立自營ノ資力ヲ有セサルモ尙ホ我國ニ歸化スルコトヲ得ヘシ。

3 四個ノ全要件ヲ缺ク場合ニ於テモ日本ニ特別ノ功勞アル外國人ハ內務大臣ハ勅裁ヲ經テ歸化ノ許可ヲ爲スコトヲ得（同法第一一條）

第三 歸化ノ效力

一 一般的效力（歸化人自身ニ對スル效力）

歸化ハ其許可アリタル時ヨリ外國人ヲシテ日本國籍ヲ得セシムルモノトス（同法第一二條）。其效力發生時期ニ關シテ諸主義アレトモ我國籍法第十二條第一項ニ於テハ歸化ハ之ヲ官報ニ告示スルコトヲ要ストシ、且同條第二項ニ於テハ其告示アリタル後ニ非サレハ之ヲ以テ善意ノ第三者ニ對抗スルコトヲ得スト規定スルヲ以テ、內務大臣ノ許可アリタル時ヨリ效力ヲ生シ官報ノ告示ハ必要條件ニ非スシテ唯善意ノ第三者ニ對スル對抗要件ニ過キサルモノト解セサルヘカラス。

二　特別效力

1　妻ニ對スル效力

日本ノ國籍ヲ取得スル者ノ妻ハ夫ト共ニ日本ノ國籍ヲ取得ス（同法第一三條）。然レトモ妻ノ本國法ニ反對ノ規定アルトキハ此限ニ在ラス（同條第二項）。

是レ妻カ夫ト共ニ國籍ヲ取得スルハ夫妻國籍ヲ同シクスルノ趣旨ニ出ツト雖モ、本國法ニ反對ノ規定アルトキハ國籍ノ牴觸ヲ避クルカ爲メニ之ヲ適用セサルコトトセシナリ。然レトモ國籍法第十四條ニ依リ日本ノ國籍ヲ取得シタル者ノ妻カ本國法ニ反對ノ規定アル爲メ日本ノ國籍ヲ取得セサリシトキニ於テハ其出願ニ依リ無條件ニテ歸化ヲ許可セラルルモノトス。

2　子ニ及ホス效力

日本ノ國籍ヲ取得スル者ノ子カ本國法ニ依リテ未成年者ナルトキハ父又ハ母ト共ニ日本ノ國籍ヲ取得ス。然レトモ子ノ本國法ニ反對ノ規定アルトキハ此限ニ在ラス（同法第一五條）。

然レトモ何レノ國ニ於テモ親ノ歸化ノ效力カ其未成年ノ子ニ及ハスト明言スルモノナキカ故ニ反對ノ規定トハ何ヲ意味スルカ不明ナリ。若シ諸國ノ認ムル解除條件附國籍取得即チ未成年ノ子カ成年ニ達シタル後其自由意思ニ依リテ父又ハ母ノ舊國籍ヲ選擇セシムルコトヲ謂フモノトセハ我國籍法ニ違反スヘキカ故ニ、寧ロ之ヲ削除シテ絶對的ニ我國籍ヲ取得セシムルカ又ハ解除條件附國籍取得ヲ認ムルヲ可トス。而シテ國籍ノ取得ヲ未成年者ノミニ限リタルハ行爲能力アル成年者ノ國籍變更ハ其自由意思ニ委ネント欲スルニ由ル。

第四　歸化人等ノ權利ノ制限

歸化人、歸化人ノ子ニシテ日本ノ國籍ヲ取得シタル者及日本人ノ養子又ハ入夫ト爲リタル者ハ左ニ掲クル權利ヲ有セス（同法第一六條）。

1　國務大臣ト爲ルコト
2　樞密院ノ議長、副議長又ハ顧問官ト爲ルコト
3　宮內勅任官ト爲ルコト
4　特命全權公使ト爲ルコト
5　陸海軍ノ將官ト爲ルコト
6　大審院長、會計檢査院長又ハ行政裁判所長官ト爲ルコト
7　帝國議會ノ議員ト爲ルコト

然レトモ特別ノ功勞アルノ故ヲ以テ第十一條ニ依リテ歸化ヲ許シタル者ニ付テハ國籍取得ノ時ヨリ五年ノ後、其他ノ者ニ付テハ十年ノ後内務大臣勅裁ヲ得テ此制限ヲ解除スルコトヲ得(同法第一七條)。

第三項　國家ノ併合又ハ領土割讓ニ因ル國籍取得

第一　國家ノ併合

國家ノ併合ハ一國カ他國ノ主權全部ヲ吸收シテ自己ノ主權ヲ行フモノナリ。故ニ一國カ他國ヲ併合シタルトキハ併合セラルル國ニ國籍ヲ有スル人民ハ當然併合シタル國ノ國籍ヲ取得スルモノニシテ其住所カ併合セラルル國ニ在ルヤ否ヤヲ問ハス又併合セラルル國民カ併合スヘキ國ノ國籍ヲ取得スル意思アルヤ否ヤヲ問ハサルモノトス。或ハ征服ニ因ル併合ノ場合ハ人民ノ意思ヲ問ハサルモ條約ニ因ル併合ノ場合ハ人民ノ意思ニ因ル國籍取得ナリト云フ者アルモ、併合條約ハ國家ノ爲スモノニシテ條約ノ結果被併合國ノ國權ノ範圍ニ併合者タル國ノ國權ハ當然行ハルルヲ以テ人民ノ意思如何ヲ問ハス國籍取得ヲ來スト云ハサルヘカラス。

第二　領土割讓

一　領土割讓ノ意義

領土割讓トハ當事國ノ條約ニ因リ一國領土ノ一部ヲ他國ニ讓渡スルヲ謂フ。其原因ハ賣買、交換、贈與ニ因ルト講和條約ニ因ルトヲ問ハス。

二　領土割讓ニ因ル國籍變更ノ理由

領土割讓ハ割讓セラレタル土地ノ上ニ行ハルル國家主權ノ割讓ナルヲ以テ、其土地ニ於テ讓渡國ノ主權ニ服シタル人民ハ當然讓受國ノ主權ニ服シ讓受國ノ國籍ヲ取得スルニ至ルモノナリ。然レトモ割讓條約ニ依リ國籍選擇ノ自由ヲ許スヲ通常トセリ。是レ住民ノ自由ヲ尊重スル精神ニ出テタルモノニシテ、此選擇權ハ讓受國ヨリ見ルトキハ當然取得スヘキ國籍ノ解除ヲ來シ讓渡國ヨリ見ルトキハ領土割讓ニ因リ國籍ヲ喪失シタル者ヲシテ舊國籍ヲ回復セシムルニ當リ歸化或ハ國籍回復ノ手續ヲ免除シ引續キ舊國籍ヲ保有スルモノト看做ス便宜處分ナリ。

三　國籍變更ヲ來スヘキ者ノ範圍

イ　第三國ノ住民

第三國ノ人民ハ割讓地ニ住所ヲ有スル場合ニ於テモ其國籍ニ變更ヲ來サザルハ當然トス。

ロ　讓渡國ノ住民

割讓地ト割讓國人民トノ關係ハ之ヲ四種ニ區別スルコトヲ得。（一）割讓地ニ住所ヲ有スルモ其地ニ本籍（茲ニ本籍トハ國民カ領土內ニ於ケル一定ノ地ニ所屬スル關係ナリ）ヲ有セサル者

（二）割讓地ニ本籍ヲ有スルモ其地ニ住所ヲ有セサル者（三）割讓地ニ本籍及住所共併有スル者（四）割讓地ニ居所ノミヲ有シ本籍及住所ヲ有セサル者是レナリ。以上ノ内最後ノ割讓地ニ居所ノミヲ有スル者ハ割讓ニ因リテ何等ノ變更ニ關係ナキコト明カナルモ前三者ニ付テハ其孰レカ國籍ヲ變更スルヤニ付學說岐ル。

1　本籍說

此說ハ割讓地ニ本籍ヲ有スル者ハ國籍ヲ變更シ其者カ割讓地ニ住所ヲ有スルヤ否ヤヲ問ハサルモノトス。

2　住所說

此說ハ割讓地ニ住所ヲ有スル者ノミヲ以テ新國籍ノ取得者ト爲ス。

3　住所及本籍兼備說

此說ハ割讓地ニ住所及本籍ヲ併有スル者ヲ以テ新國籍ノ取得者ト爲ス。

4　住所又ハ本籍說

此說ハ割讓地ニ住所ヲ有スルカ又ハ本籍ヲ有スルカ孰レカ其一ヲ有スルトキハ新國籍ヲ取得スルモノト爲ス。

要スルニ今日ノ國籍法及國内法ニ於テハ未タ一定ノ原則ヲ立ツルニ至ラサルヲ以テ、領土割讓ノ場合ニ如何ナル住民カ國籍ヲ變更スヘキヤハ割讓條約締結當時ノ狀態ト當事國ノ國情ニ基キ割讓條約ヲ以テ之ヲ明定スルヲ要ス。而シテ條約ニ依リ明定シタルトキハ之ニ從ヒテ國籍ノ變更ヲ來スコト明カナリト雖モ若シ條約ニ依リ明定セサルトキハ前揭學說ノ內最後ノ住所又ハ本籍說ニ依ルヲ可トス、何トナレハ割讓地ニ本籍又ハ住所ヲ有スル者ハ其地ニ於テ一般的ニ讓渡國ノ國籍ニ服シ居レルモノナレハナリ。

第三節　國籍ノ喪失

第一　國籍喪失ノ原因

一　親族關係ノ發生ニ基ク國籍喪失

（一）　婚姻　　日本ノ女カ外國人ト婚姻ヲ爲シ夫ノ國籍ヲ取得シタルトキハ日本ノ國籍ヲ失フ（同法第一八條）。故ニ日本ノ女カ外國人ノ妻ト爲ルモ夫ノ國籍ヲ取得セサル場合又ハ夫カ無國籍人ナル場合ハ我國籍ヲ失ハサルモノトス。

（二）　離婚又ハ離緣　　婚姻又ハ養子緣組ニ因リ日本ノ國籍ヲ取得シタル者ハ離婚又ハ離緣ノ

場合ニ於テ其外國ノ國籍ヲ有スヘキトキニ限リ日本ノ國籍ヲ失フ(同法第一九條)。外國ノ國籍ヲ有スヘキコトヲ條件トセルハ無國籍人ヲ生スルヲ避クルノ趣旨ニ出ツルモノナリ。

(三) 認知　日本人タル子カ認知ニ因リテ外國ノ國籍ヲ取得シタルトキハ日本ノ國籍ヲ失フ但シ日本人ノ妻又ハ入夫若クハ養子ト爲リタル者ハ此限ニ在ラス(同法第二三條)。是レ國籍法第三條ノ棄兒及國籍法第四條ノ私生子ヲ外國人カ認知スル場合ニ關スル規定ニシテ國籍ノ積極的衝突ヲ避クルノ趣旨ナリ。

二　自己ノ志望ニ依ル國籍喪失

自己ノ志望ニ依リテ外國ノ國籍ヲ取得シタル者カ日本ノ國籍ヲ喪失スルコトハ國籍法第二十條ニ規定スル所ニシテ日本人カ外國ニ歸化シ、外國ノ國籍ヲ選擇シ又ハ外國ノ國籍ヲ回復スル等ノ場合ヲ謂フモノニシテ、單ニ或法律關係ノ結果トシテ又ハ外國ノ法律規定ノミニ依リテ外國ノ國籍ヲ取得スル場合ニハ我國籍ヲ失フコトナシ。

三　在外出生ニ基ク國籍喪失(大正十三年法律十九號ヲ以テ改正追加)

大正十三年勅令第二百六十二號ヲ以テ指定シタル亞米利加合衆國、亞爾然丁國、伯剌亞爾國、加奈陀、智利國及秘露國ノ五箇國ニ於テ生レタルカ爲メ其國ノ國籍ヲ取得シタル日本人ハ其國ノ國籍ト日本ノ國籍ト二重ノ國籍ヲ有シ不都合ヲ生スルコトアルヲ以テ此場合ハ特ニ日本ノ國籍ヲ留保スルノ意思ヲ表示セサルトキハ出生ノ時ニ遡リテ日本ノ國籍ヲ失フコトトセリ（同法第二〇條ノ二）。是レ血統主義ノ大例外ニシテ出生地主義ヲ採ル國トノ衝突ヲ避ケタルモノナリ。然レトモ右五箇國以外ノ國ニ於テ生レタル日本人ハ其國カ出生地主義ナルトキハ依然二重國籍トナルモノナリ。

而シテ前記五箇國ニ於テ生レタル日本人カ日本ノ國籍ヲ留保シタルトキハ是レ亦二重國籍アリト雖モ本人ノ利益ヲ考ヘ出生地國ニ住所ヲ有スルノキハ其志望ニ依リ日本ノ國籍ヲ離脱スルコトヲ得ルノミナラス、前記勅令ニ依リ指定スル前ニ於テ右五箇國ニ於テ生レタル日本人ヲモ其國ニ住所アルトキハ日本ノ國籍ノ離脱ヲ許スモノトス（同條第二、三項）。

然ラハ前項記載ノ五箇國以外ノ外國ニ於テ生レタル日本人ニシテ其國ノ國籍ヲ取得スルトキハ永久ニ二重國籍ヲ有スルヤト云フニ此場合ト雖モ其者ノ利益ヲ保護スル必要アルヲ以テ、內務大臣ノ許可ヲ得ルトキハ日本ノ國籍ヲ離脱スルコト得セシメタリ（同法第二〇條ノ三）。故ニ前項ノ場合ト異ナル所ハ內務大臣ノ許可ヲ得ル一點ニ在リ。

第二　國籍喪失ノ效果

一　本人ニ及ホス效果

國籍喪失ノ原因アルトキハ日本臣民タル資格ヲ失ヒテ外國人ト爲ル。從ッテ公法上ノ權利ハ總テ之ヲ喪失スレトモ私法上ノ權利ハ之ヲ直チニ喪失スヘキモノニ非ス。從ッテ日本人ニ非サレハ享有スルコトヲ得サル權利ニ對シテハ一年ノ猶豫期間ヲ與ヘ其期間内ニ之ヲ日本人ニ讓渡セサル場合ニ限リ家督相續人之ヲ相續スヘキモノトス（民法第九九〇條）。

二　妻ニ及ホス效力

日本ノ國籍ヲ失ヒタル男子ノ妻カ其者ノ國籍ヲ取得シタルトキハ日本ノ國籍ヲ失フ（國籍法第二一條）。然レトモ離婚又ハ離縁ニ因リテ日本ノ國籍ヲ失ヒタル男子ノ妻ハ日本ノ國籍ヲ失ハス。只夫ノ離縁ノ場合ニ妻カ離婚ヲ爲サスシテ其家ヲ去リタル場合ハ其妻ハ夫ノ國籍ヲ取得スルカ故ニ日本ノ國籍ヲ失フモノトス（國籍法第二二條）。

三　子ニ及ホス效果

日本ノ國籍ヲ失ヒタル者ノ子カ其者ノ國籍ヲ取得シタルトキハ我國籍ヲ失フ（同法第二一條）。然レトモ離婚又ハ離縁ニ因リテ我國籍ヲ失ヒタル者ノ子ハ父ニ從ヒテ其家ヲ去リタル場合ヲ除ク外我國籍ヲ失フコトナシ（同法第二二條）。而シテ本條ニ付左ノ二點ヲ注意スヘシ。

1　子ニ關シ成年、未成年ヲ區別セサルモノナリ。然レトモ外國人カ我國ニ歸化スル場合ニ比シテ權衡ヲ失ス（同法第一五條參照）。

2　子カ日本人ノ妻、入夫又ハ養子ト爲リタルトキハ理論上之ヲ除外スヘキモノトス。此點ニ付國籍法第二十三條ノ認知ノ場合ニ明文存シ本條ノ場合ニ明文ナキモ類推スヘキモノトス。

第三　國籍喪失及其效果ニ對スル制限

前第一ノ原因ニ因リ本人及其妻子ノ國籍喪失ヲ來スト雖モ日本ノ秩序維持ノ爲メ國籍法第二十四條ハ之ニ二大制限ヲ加ヘタリ。卽チ（一）滿十七歲以上ノ男子ハ兵役ノ義務ニ服シタルカ又ハ之ニ服スルノ義務ナキトキニアラサレハ日本ノ國籍ヲ失ハス。（二）現ニ文武ノ官職ヲ帶フル者ハ其官職ヲ失ヒタル後ニアラサレハ日本ノ國籍ヲ失ハスト爲セリ。

第四節　國籍ノ囘復

國籍囘復トハ一旦外國人ト爲リタル者カ再ヒ舊國籍ヲ取得スルコトヲ謂フ。我國籍法ニ於テハ此場合ニハ普通歸化ノ手續ニ依ルコトナク輕易ノ方法ニ依ラシム。是レ多數ノ諸國ニ於テ認メラルル所ナルカ獨リ英國ニ於テハ歸化ノ手續ニ依ルモノトス。我國ノ國籍囘復ノ條件效力ハ左ノ如シ。

第一 國籍囘復ノ條件

一 婚姻ニ因リテ國籍ヲ喪失シタル者ノ國籍囘復ノ條件（國籍法第二五條）

（一） 婚姻關係ノ消滅シタルコト離婚又ハ死亡ヲ必要トス。

（二） 日本ニ住所ヲ有スルコト

（三） 本人自身ノ意思ヲ以テ爲スコトヲ要シ法定代理人ニ依リ爲スコトヲ得ス。

（四） 內務大臣ノ許可アルコト

二 自己ノ志望ニ因ル國籍喪失者又ハ在外出生ニ基ク國籍喪失者ノ國籍囘復ノ條件（同法第二六條）

（一） 自己ノ志望ニ因ル國籍喪失者又ハ在外出生ニ基ク國籍喪失者ナルコト

但第十六條ニ揭ケタル歸化人、歸化人ノ子ニシテ日本ノ國籍ヲ取得シタル者及日本人ノ養子又ハ入夫ト爲リタルニ因リテ日本ノ國籍ヲ取得シタル者ハ元外國人タリシ者ナルカ故ニ其後日本ノ國籍ヲ喪失シタルトキハ再ヒ歸化ノ方法ニ依ルニ非サレハ我國籍ヲ取得スルヲ得ス。蓋シ囘復ノ方法ヲ許ストキハ之ニ依リテ第十六條ノ制限ヲ免ルルノ結果ヲ生スレハナリ（同法第二六條但書）。

（二） 日本ニ住所ヲ有スルコト

（三）内務大臣ノ許可アルコト

（四）本人自身ニ同復ノ申請ヲ爲スコト

但國籍離脫ニ因リテ我國籍ヲ失ヒタル者ノ國籍同復ニ付テハ其同復者カ十五年未滿ナルトキハ其同復申請ハ日本ノ國籍離脫ノ際其者ノ屬セシ家ニ在ル父、父之ヲ爲スコト能ハサルトキハ祖父、祖父之ヲ爲スコト能ハサルトキハ祖母ヨリ之ヲ爲スコトヲ要シ本人自ラ爲スコトヲ得ス。

第二　國籍同復ノ效力

一　一般效果

國籍ノ同復許可セラルルトキハ許可ノ時ヨリ再ヒ日本ノ國籍ヲ取得ス。但此效力ハ遡及效ヲ有スルコトナク將來ニ對スルノミナリ。

然レトモ國籍ノ同復許可セラルルトキハ其權利義務ニ關シ何等制限ヲ受クル所ナキカ故ニ、在來ノ日本人ト毫モ異ナル所ナシ。是レ歸化ニ於ケルト大ニ其效果ヲ異ニスル點ナリ。

二　妻及子ニ對スル效果

1　妻ニ對スル效力　　夫妻ハ其國籍ヲ同シクスルノ主義ニ依リ夫ノ國籍同復ノ效果ハ其妻ニ

モ及フ。但シ妻カ生來ノ外國人ナルトキハ夫ノ歸化ノ場合ト同シク國籍法第二十七條ノ規定ニ依リ第十三條、第十四條ヲ準用セラルル結果トシテ妻ハ新タニ我國籍ヲ取得スルナリ。

2　子ニ對スル效力　國籍囘復ノ效力ハ子ニ及フヲ原則トスレトモ區別シテ論スルヲ要ス。卽チ國籍囘復者カ我國籍ヲ喪失スル前ニ生ミタル子ハ父ノ國籍囘復ト共ニ其國籍ヲ囘復スレトモ、父ノ國籍喪失後ニ生レタル子ハ國籍ヲ囘復スルニ非ス國籍法第二十七條ノ規定ニ依リ第十五條ヲ準用セラルル結果トシテ新タニ我國籍ヲ取得スルモノトス。故ニ後ノ場合ニ國籍ヲ取得スルハ未成年ノ子ニ限リ成年ノ子ハ同法第十條ニ從ヒ歸化ノ形式ヲ履ムコトヲ要ス。

第五節　國籍牴觸ト本國法

第一款　國籍牴觸ノ意義及原因

第一　國籍牴觸ノ意義

國籍ノ牴觸ニ二種アリ、重國籍及無國籍是レナリ。重國籍トハ一人ニテ二個以上ノ國籍ヲ有スル場合ニシテ、無國籍トハ全ク國籍ヲ有セサルモノヲ謂フ。此重國籍及無國籍ヲ生スルハ各國國籍法ノ牴觸スル結果ニシテ重國籍ハ之ヲ積極的國籍ノ牴觸トモ稱シ又無國籍ハ之ヲ消極的國籍ノ牴觸ト稱ス。此等積極又ハ消極ノ國籍牴觸アルトキハ當事者ノ本國法ヲ適用スヘキ場合ニ當リ何國ノ法律カ其本國法ナリヤヲ定ムルニアラサレハ涉外的私法關係ノ解決ヲ爲スコト能ハス、玆ニ於テカ國際私法上國籍牴觸ノ解決ヲ要スルモノトス。

第二　國籍牴觸ノ原因

國籍牴觸ノ原因ハ各國ノ立法ニ於テ國籍ノ得喪ニ關スル主義相同シカラサルニ在リ。左ニ之ヲ分說スヘシ。

（甲）　積極的國籍牴觸ノ原因

第一ハ國籍ノ本來取得ニ關シ何レモ其據ル所ノ原則ノ不一致ナルニ基クモノナリ。例ヘハ我國籍法第一條ニ曰ク子ハ出生ノ時其父カ日本人ナルトキハ之ヲ日本人トス但シ其出生前ニ死亡シタル父カ死亡ノ時日本人ナリシトキ亦同シト此條文ハ卽チ血統主義ヲ採リタルモノニシテ、若シ又父カ子ノ出生前離婚又ハ離緣ニ因リ日本ノ國籍ヲ失ヒタルトキモ尙ホ懷胎當時父カ日本人タリシ場合ハ其子ハ日本人ナリ（同法第二條）。此原則ハ出生地ノ國內ナルト外國ナルトヲ問ハサルモノトス。然ルニ南米諸國ノ如キハ父母ノ國籍如何ヲ問ハス其領土內ニ生レタルモノヲ總テ自國人ト爲スノ出生地主義ヲ採ルヲ以テ、日本人カ南米ニ在リテ子ヲ生メハ其子ハ我國法ニ依リ日本人タルト共ニ出生地法ニ依リ南米ノ國籍ヲモ取得スルニ至ル。更ニ佛蘭西ノ如キハ血統主義ト出生地主義トヲ折衷シ外國人カ自國ノ領土內ニテ子ヲ生メハ其子ハ血統主義ニ依リ父母ノ國籍ヲ取得セシムルモ、其子カ佛國內ニ成長居住シテ更ニ子ヲ生メハ卽チ父母ノ國籍ニ依ラスシテ佛國ノ國籍ニ編入ス。然ルニ我國法ハ外國居住ノ長短若クハ直系、親等ノ遠近ニ因ル國籍ノ變更ヲ認メサルヲ以テ爰ニ又一ノ牴觸ヲ生スルモノト謂フヘシ。斯ノ如ク出生ト同時ニ二重國籍ヲ生スルハ本人ニ取リテ不利益ナルコトアルヲ以テ、大正十三年國籍法ノ改正ニ依リ既ニ述ヘタル如ク亞米利加合衆國、亞爾然丁國、伯剌亞爾國、加奈陀、智利國及秘露ノ五箇國內ニ於テ生レタル日本人ノ子カ出生地ノ國籍ヲ取得スル場合ニ於テ特ニ日本ノ國籍ヲ留保スルノ意思ヲ表示セサルトキハ日本ノ國籍ヲ失フコトトシ積極的衝突ヲ避ケタリト雖モ此等ノ國ニ於テ生レタル日本人ノ子ト雖モ日本ノ國籍ヲ留保スル意思ヲ表示シタルトキハ依然トシテ二重國籍者ナルノミナラス、以上列記セル以外ノ出生地主義ヲ採ル外國ニ於テ生レタル日本人ノ子ハ常ニ二重國籍ヲ有スルコトトナルモノナリ。

第二ハ親族法ニ於ケル各國規定ノ異ナルニ依リ積極的國籍牴觸ヲ來スモノナリ。卽チ養子及入夫婚姻ニ依ル日本ノ國籍取得ハ前ニ述ヘタル如ク家族制度ノ結果ナリ。然ルニ歐米諸國ニ於テハ入夫ノ制度ヲ認メス且養子ヲ認ムルモ養子ニ因ル國籍變更ヲ認メサルヲ以テ、外國人カ日本人タル女戸主ノ入夫ト爲リ又ハ養子ト爲ルトキハ我國法ハ其入夫又ハ養子ニ國籍ヲ與フルモ其本國法ハ其國籍ノ喪失ヲ來ササルコトアリテ玆ニ積極的牴觸ヲ來スモノナリ。

第三ニ國籍ノ積極的牴觸ヲ來スハ歸化ナリ。歸化ハ我國法ニ於テハ歸化ニ因リ本國法上其國籍ヲ失フ場合ニアラサレハ歸化ヲ許シテ我國籍ヲ與フルコトナキモ、從來ノ國籍喪失ヲ條件トセスシテ歸化ヲ許ス國ト他國ニ歸化スルモ從來ノ國籍ヲ喪失セサル國トノ間ニ爲シタル歸化ハ積極的國籍ノ牴觸ヲ生ス。

(乙) 消極的ノ國籍牴觸即チ無國籍ノ發生モ亦內外法ノ不一致ニ因ルモノナリ。例ヘハ日本ノ女子カ外國人ト婚姻シタルトキハ當然日本ノ國籍ヲ失フモ（國籍法第一八條）、和蘭又ハ南米諸國ニ於テハ自國民カ外國ノ女ヲ妻トシテ迎フルモ其妻カ自國ノ國籍ヲ取得スルコトハ之ヲ認メサルカ故ニ、斯ル場合ニハ無國籍者ヲ發生セシメ又ハ歸化ノ場合ニ於テ一旦成立シタル歸化カ國外居住其他ノ理由ニ因リ歸化國ノ法律ニ依リ無效ニ歸シタル場合ニ我國法ハ其當然ノ復籍ヲ認メサルヲ以テ玆ニ消極的牴觸ヲ來スカ如キ場合アリ。然レトモ出生屆ナキ爲メ生スル戸籍上ノ無籍者ハ其實質上ニ於テハ國籍ヲ有スルモ只戸籍上本籍不明ナルニ過キサルモノニシテ此場合ヲ無國籍ト混同スヘカラス。

積極的衝突ノ一例トシテ某新聞記事ヲ參考ノ爲メ掲クレハ左ノ如シ。

日本人の米國人が一年間に四千二百餘人二重國籍問題解決の結果驚いた外務當局

現在在米十七萬の同胞が歸化權なきため、土地所有權大統領選擧權を付與されず、それがため少なからぬ不便を感じて居り、かつ米國で生れた日本人の子供は米國の國籍法で當然米國人であると同時に、日本の國籍法によつて日本人でもあり、いはゆる、二重國籍者の悲哀をなめさせられてゐたが、この不便を除くため大正十三年十二月一日から改正國籍法がわが國に施行された結果、この二重國籍問題を解決し得て、米國に生れた日本人の子供は日本の國籍を留保するの特別の意思を在米日本官憲に表示せなければ日本の國籍を失ふことになつた、ところがその後一年間の外務省の調べによると米國本土に生れた日本人の子供六千三十九人のうち、あくまで大和魂をもつてゐると誇り得る日本人でありたいと希望したものは、その中のわづか三割の千七百八十三人殘りの四千二百五十六人は、永久に米國人として日本と縁を切ることになつた、この現象はこれをきつかけに今後ます〳〵增加する傾向であり外務當局も日本人であるよりも米國人である方が利益であるといふこともあらうが、要するに時勢の反映であると今更驚いてゐる、なほ出生によらず日本國籍を永久に離脱するものも、逐年增加の傾向があり、大正六年に九人、同七年、十二人、同八年に十三人、同九年に二十九人であつたものが、大正十年には百十七人、同十一年には三百三十七人、同十三年には千八百十三人となつてゐる。

第二款　國籍牴觸ニ於ケル本國法

第一　積極的國籍牴觸ト本國法

一　日本及外國ノ積極的國籍牴觸ノ場合

日本及外國ニ二重ノ國籍ヲ有スル者ハ常ニ日本人ナリト爲スヘキモノニシテ此場合ニ於ケル本國法ハ日本ノ法律ナリ。其者カ出生ト同時ニ本來國籍ヲ取得シタル場合ナルト傳來取得ノ場合ナルトヲ問ハス。又傳來取得ニ於テ日本ノ國籍取得ト他ノ國籍取得トノ前後ニ依リテ區別スヘキモノニアラス、且本來取得タルト傳來取得タルトニ拘ハラス住所カ日本ニ在ルヤ否ヤヲモ之ヲ論セス日本人ナリトス。法例第二十七條第一項但書ハ傳來取得ノ場合ニ此原則ヲ規定シタルモ本來取得ニ於テモ此原則ヲ適用スヘキモノナリ。蓋シ國籍法ハ絶對的公序ニ關スル規定ナルヲ以テ我國籍法ノ規定ニ依リ日本ノ國籍ヲ取得シタル者ハ絶對的ニ日本人タルコトヲ必要トスレハナリ。故ニ日本及外國ノ國籍牴觸セル場合ニ於テ本國法トハ常ニ日本ノ法律ナリ。例ヘハ佛國ニ於テ生レタル日本人ノ子ニシテ出生ト同時ニ佛國ノ國籍ヲ取得スルモノアルモ其者ハ同時ニ日本ノ國籍ヲモ取得シ二重國籍者ナリト雖モ日本國ハ其者ヲ日本人トシ其者ノ本國法トハ日本ノ法律ナリ。

二　外國間ノ積極的國籍牴觸

イ　本來牴觸(同時牴觸)ノ場合

1　一方ニ住所アルトキハ住所國ニ國籍アルモノトシ住所國ノ法律ヲ本國法ト爲ス。例ヘハ血統主義ノ獨逸人カ出生地主義ノ米國ニ於テ子ヲ生ミタル場合ニ日本ハ其子ヲ以テ何國人ト爲スヘキカ。此場合ハ其者ノ住所ハ米國ニシテ米國ハ其者ニ最モ關係深キヲ以テ其者ヲ住所地タル米國人ト認メ米國法ヲ以テ其者ノ本國法ト爲スモノナリ。而シテ住所ハ變更シ得ヘキモノナルヲ以テ若シ住所ニ變更アリシトキハ法律關係發生當時ノ住所國ノ法律ヲ以テ本國法トス。

2　衝突國雙方ニ住所ナキトキハ更ニ他ノ標準ニ依リ國籍ヲ確定セサルヘカラス。其標準ニ付現ニ住居スル第三國ノ法律ニ依ルヘシト主張スルモノト牴觸國雙方ノ内我國ト同一主義又之ニ近キモノニ依ルヘシト爲スモノアリ。後ノ說ヲ可トス。

ロ　傳來牴觸(異時牴觸)ノ場合

國籍ノ異時牴觸ノ場合ニ於テハ後法ハ前法ニ優ルノ格言ニ依リ最後ニ國籍ヲ取得シタル國ノ法律ヲ以テ其者ノ本國法ト爲スヘキモノニシテ、我法例第二十七條第一項本文モ亦此原則ヲ採リ同條ニ於テ當事者ノ本國法ニ依ルヘキ場合ニ於テ其當事者カ二箇以上ノ國籍ヲ有スルトキハ最後ニ取得シタル國籍ニ依リテ其本國法ヲ定ムト爲セリ。

第二　消極的國籍牴觸ト本國法

消極的ノ國籍牴觸卽チ無國籍ノ場合ニ於テハ其當事者ハ元來本國ナルモノヲ有セサルヲ以テ。本國法ノ適用ヲ受クヘキ根據ヲ有セサルモノトス。斯ル場合ニ於テハ其當事者自身カ選擇シタル生活ノ本據卽チ住所ハ其本國タルノ性質ヲ有スルモノト云ハサルヘカラス。蓋シ住所ヲ有スル地ノ法律ノ保護ノ下ニ立ツヲ以テ其當事者ノ意思ナリト解釋セサルヲ得サレハナリ。若シ又無國籍人ニシテ何レノ國ニモ住所ヲ有セサルトキハ住所ニ代ハルヘキ居所地ヲ以テ其者ノ本國トシテ其國ノ法律ヲ本國法ト爲スヘキモノナリ。我法例第二十七條ニ於テモ此理ニ依リ國籍ヲ有セサル者ニ付テハ其住所地法ヲ以テ本國法ト看做シ其住所カ知レサルトキハ居所地法ニ依ルト爲セリ。

第三　一國數法ニ因ル本國法ノ牴觸

一國數法トハ一國家內ニ其法域ヲ異ニスル數個ノ法律カ行ハルル場合ニシテ、此場合ニ於テハ當事者ノ國籍ハ初メヨリ一定シテ國籍ノ牴觸ナルモノナシト雖モ其國內ニ數個ノ法律カ行ハルルトキハ本國法トシテ何レノ法律ヲ適用スヘキヤノ牴觸問題ヲ生ス。例ヘハ瑞西、北米合衆國ノ如ク各州獨立ニ法律ノ行ハルル場合ニ米國法ヲ以テ本國法ナリト定メタル場合ハ何州ノ法律ニ依ルヘキカハ疑ヲ生スルモノナリ。依テ斯ノ如ク一國數法ノ場合ニ於テハ當事者ノ屬スル地方ノ法律ヲ以テ本國法ト爲スヘキモノニシテ法例第二十七條第三項ニ其旨ヲ明定セリ。而シテ同條項ニ其者ノ屬スル地方ノ法律トハ其者ニ支配力ヲ及ホスヘキ法律ヲ謂フモノニシテ、其者カ其地方ニ本籍又ハ住所ヲ有スルヤ否ヤハ標準ト爲スコトヲ得ス。宜シク其國ノ公法私法ノ規定ニ依リテ何レノ法律カ其者ニ支配ヲ及ホスモノナリヤヲ定ムヘキモノトス。

第六節　住所牴觸ト住所地法

第一　住所牴觸ノ原因

住所ノ何タルヤハ各國ノ法律ニ依リテ定マルモノニシテ各國法律ニ依リ當事者ノ住所ノ唯一ナル

コトニ爭ナキトキハ住所地法トハ其住所ニ行ハルル法律ナルコト明カナリ。然レトモ住所ニ付テモ各國ノ法制ヲ異ニスルカ故ニ積極的牴觸及消極的牴觸ヲ生スルコトアリ。卽チ英米ニ於テハ子ハ父母ノ住所妻ハ夫ノ住所ヲ以テ其住所ト爲スコトヲ規定セル法定住所ト各人カ獨立自由ニ定ムル選定住所ノ二種ヲ認メ各人ハ必ス住所ヲ有シ其住所ハ右二種ノ內何レカノ一個ニシテ一度定マリタル住所ハ他ニ新住所ヲ取得スルニアラサレハ前住所ヲ失フコトナシトシ、獨逸法系ノ諸國ハ單ニ生活ノ本據ヲ以テ住所トスルモ一人ニテ同時ニ二個以上ノ住所ヲ有シ又ハ一個ヲモ有セサルコトヲ認メ、我國ハ獨逸ト同シク生活ノ本據ヲ以テ住所トシ住所ナキ場合ハ之ヲ認ムルモ同時ニ二個以上ノ住所ヲ認メス。斯ノ如ク住所ニ付各國ノ法制ヲ異ニスルカ故ニ英米人カ我國ニ來リ生活ノ本據ヲ有シ住所ヲ取得スルモ。本國ニ於テ之ヲ住所變更ノ原因ト爲サザルトキハ茲ニ其者ハ我國及英米ニ二重ノ住所ヲ有シ積極的牴觸ヲ生ス。之ニ反シ住所ヲ有セサル日本人カ英米ニ到リテ尙ホ住所ヲ有セサルトキハ消極的牴觸ヲ生スルカ如シ。

第二　住所牴觸ト住所地法ノ確定

住所ノ積極的異時牴觸ノ場合ハ法例第二十八條第二項ニ依リ第二十七條第一項第三項ヲ準用シ國籍ノ積極的牴觸ノ場合ト同一方法ニ依リ住所地ヲ定ムルコトヲ規定ス。故ニ二個以上ノ住所取得ニ付其前後アルトキハ最後ノ住所ニ依リ住所地法ヲ定メ、若シ日本ニ住所アル場合ニ於テハ取得ノ前後ヲ問ハス日本ノ法律ヲ以テ住所地法トシ、一國數法ノ場合ハ其者カ現ニ住居スル地方ノ法律ヲ以テ住所地法トス。

住所ノ積極的同時牴觸ニ付テハ何等ノ規定ナキモ國籍ノ同時牴觸ノ場合ト同様ニ解スヘキモノトス。

住所ノ消極的牴觸ノ場合ハ國籍ノ消極的牴觸ノ場合ニ住所地法ヲ適用スルカ如ク居所地ノ法律ヲ以テ住所地法ノ消極的牴觸ヲ補フヘキモノニシテ法例第二十八條第一項ニ之ヲ規定セリ。

第七節　法人ノ國籍牴觸ト準據法

法人ニ付テモ渉外的私法關係ヲ解決スルニ付其本國法ヲ適用スヘキ場合起ルモノトス、例ヘハ日本人カ外國ニ於テ外國法人ト取引シタルトキ其外國法人ニ權利能力アリヤ、行爲能力アリヤハ其外國法人ノ本國法ニ依リ定ムヘキモノナリ。然ルニ外國ノ準據法主義ニ基キ設立シタル外國法人カ日本ニ於テ商業ヲ營ムヲ以テ主タル目的トスルトキハ商法第二百五十八條ニ依リ日本法人ノ資格(國籍)ヲ取得スルカ故ニ玆ニ法人ノ積極的國籍牴觸ヲ來スコトアルハ既ニ一言シタルコトアルカ如シ。然レトモ法人ノ消極的國籍牴觸ハ想像スルヲ得ス。
而シテ法人ノ積極的國籍牴觸ノ解決ハ自然人ノ牴觸問題ノ解決ニ準シテ之ヲ定ムレハ可ナリ。

第二編　國際民法

第一章　總則

第一節　私權ノ主體

第一款　權利能力

第一　權利能力ノ有無

權利能力トハ私權ヲ享有シ義務ヲ負擔シ得ヘキ資格ヲ謂ヒ、權利能力ニ付國際私法上攻究スヘキ事項ハ(一)内外人ハ凡テ權利能力アリヤ否ヤ(二)權利能力ノ有無ハ何國ノ法律ニ依リテ定ムヘキカ(三)外國人ハ内國ニ於テモ權利能力アリヤ否ヤノ問題ナリ。

第一ノ點ニ付テハ今日ノ文化生活上内外人ハ總テ權利能力アルコト各國ニ於テ認ムル所ナリ。故ニ或外國人カ有スル物權、債權其他ノ私權ハ其外國人カ本國ニ在ルト他國ニ在ルトヲ問ハス各國ハ之ヲ認容スヘキモノナリ。之ヲ外國人ノ一般的權利能力ノ原則ト稱ス。然レトモ其一般的權利能力ノ有無ハ何國ノ法律ニ依リ定マルヤノ第二ノ問題ニ對シテハ國際公法ニ依リ認ムルモノニアラス、依然國際私法ノ原則ニ依リ外國人ハ本國民法ニ依リ其者ニ權利能力ヲ認ムルヤ否ヤニ依リ定マルモノニシテ其本國法ニ依リテ認メタル一般的權利能力ハ各國ニ於テ之ヲ尊重認容スヘキモノト爲ス國際私法上ノ原則ニ基クカ爲メニシテ決シテ國際公法ニ基クモノニアラス又其權利能力ヲ認メタル本國法ノ效果ニ他國カ羈束セラルルモノニアラス。而シテ內外人カ一般的權利能力ヲ有スト爲スハ各國共成文法ヲ以テ規定セザレトモ民法上當然ノ原則トセルモノナリ。

更ニ第三ノ問題トシテ一般的權利能力ヲ有スル外國人ハ常ニ內國ニ於テ內國人ト同樣ニ各種ノ個個ノ權利ヲ取得シ得ルヤ否ヤノ問題ヲ生シ之ヲ個別的權利能力又ハ特別的權利能力ノ問題トシ此ノ特別的權利能力ニ付テハ一般的權利能力ニ關スル原則以外更ニ準則ヲ定ムルコトヲ得ヘシ。例ヘハ我國ハ永代借地權ト稱スル日本人ノ享有シ得サル一種ノ權利享有ヲ積極的ニ外國人ニ認メタルコトアルト同時ニ民法第二條ニ依リ外國人ハ消極的ニ法令又ハ條約ニ依リ我國ニ於テ享有シ得ヘキ權利ヲ禁止スルコトヲ得ルモノト定メタリ。而シテ如何ナル權利ニ付外國人ノ享有ヲ禁止セルヤハ前編ニ於テ述ヘタル如シ。斯ノ如ク外國人カ內國ニ於テ享有シ得ヘキ特別的權利能力ニ付テハ各國共多ク成文法ヲ以テ規定セリ。例ヘハ外國人カ日本ニ於テ享有シ得ヘキ特別的權利能力ハ日本ノ民法第二條ニ依リテ定マルカ如ク甲外國人カ乙外國ニ於テ取得享有シ得ル特別的權利能力如何ハ乙國ノ法律ニ依リ定ムヘキモノトス。

第二　權利能力ノ始期

權利能力ノ始期ヲ定ムル準據法ハ本國法ナリ。

蓋シ我民法第一條ハ私權ノ享有ハ出生ニ始マルト規定シ權利能力ノ始期ハ出生ノ完了ニ在リトセリ。然ルニ佛、伊ハ出生ノ上生存能力アルコトヲ權利能力ノ始期トシ、西班牙ノ如キハ母體ヨリ分離シタル後二十四時間ノ經過ヲ以テ人格發生ノ要件トシ。又胎兒ニ付西班牙、伊太利ハ一般的ニ胎兒ノ利益トナルヘキ總テノ事項ニ付胎兒ハ人格ヲ有ストシ、日本、佛國ニ於テハ特定ノ事項ニ限リ胎兒ノ權利能力ヲ認メタリ。故ニ日本ニ在ル西班牙人ノ胎兒ニ物品ヲ贈與シタルトキ西班牙法ニ依レハ胎兒ノ利益ナルヲ以テ贈與ヲ受クル權利能力アリトセラレ。日本民法ニ依レハ損害賠償及相續以外ノ事項ナルヲ以テ胎兒ニ其贈與ヲ受クル權利能力ナシトセラレ玆ニ何レノ法律ヲ適用スヘキヤノ牴觸問題ヲ生ス。其他權利能力ノ始期ニ關スル各國法律ノ異ナルニ因リ適用法規ノ牴觸問題ヲ生スル場合ニ於テハ本國法ニ依リテ之ヲ定メサルヘカラス。何トナレハ一般的權利能力ハ本國法ニ依リテ定マリ他國ハ之ヲ認容スルノ原則ヲ採ル以上ハ其始期モ亦本國法ニ依ルコト當然ナレハナリ、但シ胎兒ハ未タ國籍ヲ有セサルカ故ニ胎兒ノ本國法トハ母ノ本國法ニ依ルヘキモノトス。

第三　權利能力ノ終期

一　死亡

人ノ死亡カ權利能力ノ終期ナルコト當然ニシテ又死亡ハ一ノ事實ナルカ故ニ死亡ノ時期ニ關スル各國ノ法律ニ差異ナシ、從テ人ノ自然的死亡ノ時期ニ付テハ法律ノ牴觸問題ヲ生セス。然レトモ死亡ノ原因ハ自殺、他殺其他ノ死亡等アリテ其原因ヲ異ニスルニ因リテ法律關係ニ差異ヲ生スルコトアリ。例ヘハ人カ他人ニ殺害セラレタルトキハ其子ハ加害者ニ對シ損害賠償ノ請求權ヲ取得シ、保險契約ニ於テ被保險者ノ自殺ハ保險者ニ於テ保險金支拂義務ヲ免ルルカ如シ。斯ノ如キ死亡ノ原因ノ有無、效力等ニ付テハ其法律關係ニ適用スヘキ法律ヲ以テ定ムルコト當然ナリ。例ヘハ外國人カ日本法律ニ依ルヘキ保險契約ヲ爲シタルトキ被保險者ノ死亡カ自殺ナリヤ否ヤハ日本法律ニ依リ定マルカ如シ。

二　失踪宣告

失踪宣告ハ宣告當時ニ於ケル權利關係ニ付死亡ト同一ニ看做サレ宣告前ノ權利能力ノ終期ナリ。然リト雖モ宣告後ニ於テモ其者カ生存スルトキハ新タニ權利義務ヲ有スルコトヲ得ルノミナラス各國ノ失踪宣告ニ關スル實體的國際私法ハ複雜ナルヲ以テ次款ニ之ヲ述フヘシ。

第二款　失踪宣告

失踪宣告ハ生死不明ノ者ニ關スル私法關係ヲ永ク不確定ノ狀態ニ放置スルニ因リテ生スル不利益ヲ避クル爲メ一定ノ條件ノ下ニ其者ヨリ私法關係ヲ離脫セシムル制度ニシテ各國皆此制度ヲ設ケサルハナシ、然レトモ其內容相同シカラサルノミナラス一國ニ於テ爲シタル失踪宣告ノ效力ハ他國ニ於テ之ヲ認ムルヤ否ヤ及外國人ニ對シ失踪宣告ヲ爲シ得ルヤ否ヤ等ノ國際私法上ノ問題ヲ生ス。

第一　各國制度ノ差異

一　死亡推定主義

此主義ヲ採ルモノハ獨逸法系ニシテ卽チ人カ一定ノ期間生死不明ナルトキハ申立ニ因リ裁判所ハ其者ヲ死亡者ト看做シ宣告ニ因リテ相續ハ開始シ親族關係ハ消滅スルモノト爲スニ在リ、獨。

墺、和及我國ハ此主義ナリ。

二　非死亡推定主義

此主義ハ死亡ヲ推定セサル主義ニシテ佛國法系ト英國法系トニ差異アリ。

イ　英國法系

此法系ニ屬スルモノハ（第一期）不在者カ七年間生死不明ナルトキハ一應相續人ヲシテ相續財產ニ付收益權ノミヲ與ヘ（第二期）其後六箇年ヲ經テ相續人ハ不在者ノ動產所有權ヲ取得シ（第三期）其後六箇年ヲ經テ不動產ヲ取得スルモノト爲スモ、死亡セリトハ推定セス、故ニ婚姻關係ハ繼續ス。

ロ　佛國法系

此法系ニ屬スルモノハ（第一期）不在者ノ財產管理ヲ爲サシメ（第二期）其後四年間生死不明ナルトキ又ハ不在者カ管理人ヲ置キテ生死不明ノ場合ハ十箇年經過ノ後不在ノ宣告ヲ爲シ、推定相續人ヲシテ假ニ不在者ノ財產ヲ占有セシメ（第三期）其後三十箇年ニシテ全部ノ財產權ヲ相續人ニ移轉セシムルモノニシテ佛、白、伊、西等ノ諸國ノ採レル主義ナリ。

第二　失踪宣告ノ管轄權

失踪宣告ハ本國裁判所ニ於テ管轄スルヲ原則トス、何トナレハ失踪宣告ハ人格ノ喪失ニ關スレハナリ。然レトモ外國ニ關係アル特定ノ事項ノミニ關シテハ外國モ亦失踪宣告ヲ爲シテ其國ニ關係スル私法關係ヲ適當ノ時期ニ確定スル必要アリ。今我國ヲ標準トシテ其管轄ヲ說明スレハ左ノ如シ。

一　原則トシテ本國ノ管轄スヘキモノナリ。

我國ハ日本人ニ對シテ本國ナルヲ以テ失踪宣告ノ管轄アルハ當然ナリ（民法第三〇條以下、人事訴訟手續法第七〇條以下）。

二　例外トシテ外國人ニ對シ失踪宣告ヲ爲シ得ル場合アリ。

我國ハ左ノ場合ニ於テ外國人ニ對シ失踪宣告ヲ爲スコトヲ得。

外國人ノ日本ニ在ル財產及日本ノ法律ニ依ルヘキ法律關係ニ付テハ外國人ノ生死不明ノ場合ニ日本ハ其外國人ニ對シ失踪宣告ヲ爲シ得ヘシ（法例第六條）。

イ　理由

蓋シ失踪宣告ノ目的ハ前ニ述ヘタル如ク失踪者ノ利益ヲ保護スルヨリハ寧ロ第三者ノ利益ヲ保護シ不確定ナル法律關係ヲ適當ノ時期ニ確定セシムルニ在ルヲ以テ、此必要ヲ生シタル國ニ於テ本國管轄權ノ原則ニ對スル例外ヲ許ササルヘカラサレハナリ。

四　場合

外國人ニ對スル失踪宣告ハ例外ナルヲ以テ左ノ場合ニ限ルモノトス。

1　外國人ノ財産カ日本ニ在ル場合

法例第六條ニ所謂日本ニ在ル財産トハ何ソ、是レ學理ニ依リ定ムヘキモノニシテ左ノ如シ。

い　物權　外國人ノ有スル財産カ物權ナルトキハ其物ノ所在カ日本領土内ニ在ルトキハ日本ニ在ル物權ナリ。而シテ日本ニ存在スルヤ否ヤハ失踪宣告請求ノ當時ヲ以テ標準トス、故ニ其請求以後動産ノ所在カ移轉スルモ失踪宣告ヲ爲シ得ヘキモノナリ。

ろ　債權　債權ノ所在地如何ニ付テハ債權者住所地説、債務者住所地説、債務履行地説及債權ノ所在地ハ債權者ノ住所地ニシテ債務ノ所在地ハ債務者ノ所在地ナリトノ説等アルモ我民事訴訟法第十七條ハ債務者（第三債務者）ノ住所地説ヲ採用セルヲ以テ法例ノ解釋トシテモ失踪宣告請求當時債務者カ日本ニ住所ヲ有シタルトキハ其債權ハ日本ニ在ルモノトシテ其權利者タル外國人ニ對シ失踪宣告ヲ爲シ得ルモノトス。

更ニ債權カ擔保ヲ有スルトキ其擔保權ノミモ亦一個ノ財産ナリ、故ニ物上擔保ナルトキハ其物カ日本ニ存在スルヤ否ヤニ依リ又保證債務ナルトキハ一個ノ債權トシテ前ニ述ヘタル所ニ從ヒ日本ニ在ルヤ否ヤヲ定ムルモノニシテ主タル債權ノ所在地ニ依リ定ムヘキニアラス。

而シテ無記名債權ハ動産ト看做サルルカ故ニ證書ノ所在地カ日本ナルトキハ日本ニ在ル財産ナルモ其他ノ債權ハ證書ノ所在地ヲ以テ標準ト爲スヲ得ス。

は　智能權　著作權、特許權、意匠權、商標權、實用新案權等ハ其登錄カ日本ナルトキハ日本ニ在ル財産トス。

2　外國人カ日本ノ法律ニ依ルヘキ法律關係ノ當事者タル場合

日本ノ法律ニ依ルヘキ法律關係トハ外國人カ日本ノ法律ニ依リテ支配セラルヘキ法律關係ノ當事者ナルコトヲ謂フ、卽チ左ノ如シ。

い　財産關係　例ヘハ日本ノ生命保險會社カ外國人ヲ被保險者トシテ日本ニ於テ契約ヲ爲シ又ハ外國人カ日本ノ法律ニ依リテ他ノ外國人ニ死因贈與ヲ爲シタル場合ノ如キハ日本ノ法律ニ依ルヘキ外國人ノ財産上ノ法律關係ナリ。而シテ日本ノ法律ニ依ルヘキ財産上ノ法律關係ハ同時ニ日本ニ在ル財産ナルコト多キモ必スシモ然ラサルコトアリ。例ヘハ日本ニ於テ消費貸借上ノ債務ヲ負擔シタル外國人カ其後外國ニ住所ヲ移轉シタルトキハ日本ニ在ル財産ニアラス。然レトモ法例第七條第二項ニ依リ行爲地法タル日本ノ法律ニ依リ其成立效力ヲ定ムヘキモノナルヲ以テ其消費貸借上ノ關係ハ日本ノ法律ニ依ルヘキ法律關係ナリトス。

ろ　身分關係　例ヘハ外國人タル男子カ日本ニ歸化スルトモ其妻カ日本ノ國籍ヲ取得セサルコトアルハ國籍法第十三條第二項ニ規定シ此場合ニ於テモ夫婦ノ法律關係ハ夫ノ本國法タル日本ノ法律ニ依ルモノナルカ故ニ、外國人タル妻ハ依然外國人タルニ拘ラス其夫婦關係ニ付テハ日本ノ法律ニ依ルヘキモノナルヲ以テ右外國人タル妻ニ對シ夫婦關係ヲ消滅セシムヘキ失踪宣告ヲ爲シ得ルカ如シ。

以上１２ノ場合ニ於テハ外國人ニ對シ我國ハ失踪宣告ヲ爲シ得ルモノニシテ、失踪宣告ヲ受クヘキ外國人カ日本ニ住所又ハ居所ヲ有シタルコトハ要件ニアラス。蓋シ外國人ニ對スル失踪宣告ハ前ニモ述ヘタル如ク日本ニ於ケル法律關係ヲ確定、保護スルヲ目的トスルモノナレハ外國人ノ住所、居所ハ其關スル所ニアラス。

三　外國ハ日本人ニ對シテ我法例ノ規定ト同一ノ場合ニ失踪宣告ヲ爲スコトヲ得ルヤ。

イ　消極說

曰ク法例ハ外國人ニ對シ我國カ失踪宣告ヲ爲シ得ルコトハ認ムルモ日本人ニ對スル外國ノ失踪宣告ヲ認メタル規定ニアラサルヲ以テ、日本人ニ對スル外國ノ爲シタル失踪宣告ハ之ヲ認ムヘキモノニアラス。是レ失踪宣告ノ管轄ハ本國ヲ原則トシ法例第六條ハ日本ノ利益ノ爲メニ特ニ設ケタルニ過キス、故ニ外國ノ利益ノ爲メニ日本人ニ對シ宣告ヲ爲シ得ルコトヲ認ムヘカラスト。

ロ　積極説

曰ク法例第六條ト同一ノ場合ニ日本人ニ對シ外國ノ失踪宣告ヲ認ムルモ我國ニ於ケル財産又ハ我國ニ於ケル法律關係ニ何等影響ナキヲ以テ、我國ニ於テ外國人ニ失踪宣告ヲ爲シ得ル以上ハ公平ノ原則ニ依リ外國ニモ日本人ニ對スル宣告ヲ認メサルヘカラスト云フニ在リテ、此説ヲ可トス。

第三　失踪宣告ノ要件及效力

一　要件

1　日本カ日本人ニ對シ爲ス失踪宣告ノ要件ハ全ク國内法ニ依ルモノニシテ國際私法上ノ問題ヲ生セス。

2 日本カ外國人ニ對シ失踪宣告ヲ爲ス場合ノ要件ニ付テハ國際私法上ノ問題ヲ生ス。例ヘハ佛國人ニ對シ我國カ失踪宣告ヲ爲スニハ佛國法ニ依リ不在者ノ財產管理ヲ始メタル後四年間生死不明ナルヲ要件トシテ不在ノ宣告ヲ爲スヘキヤ又ハ日本民法ニ依リ七年間生死不明ナルコトヲ要件トシテ失踪宣告ヲ爲スヘキヤノ問題ヲ生ス。此點ニ付佛、伊ニ於テハ原則トシテ被宣告者ノ本國法ニ依ルヘシト主張スル者アリト雖モ此場合ハ宣告國ノ法律ニ依リ要件ヲ定ムヘキモノナリ。何トナレハ外國人ニ對スル失踪ノ宣告ハ其本國法ニ於テ失踪制度アルヤ否ヤ又斯ル場合ニ外國人ノ本國ニ於テ失踪ヲ宣告シ得ルヤ否ヤニ拘ハラス、我國ニ於テ之ヲ宣告スルノ必要アルカ爲メナルヲ以テ其要件ハ我國ノ法律ニ依ルヘキモノトス。從テ

3 外國カ日本人ニ對シテ失踪宣告ヲ爲ス場合モ亦其要件ハ外國法ニ依ルモノトス。

4 外國カ外國人ニ對シテ失踪宣告ヲ爲ス要件ハ日本カ日本人又ハ外國人ニ對シテ爲ス場合ト同シク宣告國ノ法律ニ依ルヘキモノトス。

二 效力

1 我國カ(イ)日本人ニ對シテ爲シタル失踪宣告及(ロ)外國人ニ對シテ爲シタル失踪宣告ハ日本ノ法律ニ依ル效力卽チ死亡シタルモノト看做ス效力アルモノニシテ外國人ノ本國法ニ依ル

ヘキモノニアラス。但其效力ヲ外國カ認ムルヤ否ヤハ外國ノ國際私法ニ依リテ定マルモノニシテ我國ノ國際私法ニハ關係ナシ。

2 外國カ(イ)日本人ニ對シテ爲シタル失踪宣告及(ロ)外國人ニ對シテ爲シタル宣告及其效力ヲ我國ニ於テ認ムルヤ否ヤハ我國ノ國際私法上ノ問題ニシテ積極消極ノ兩說アリト雖モ外國ニ於ケル失踪宣告ノ制度ヲ我國ニ於テ認容スル以上ハ宣告シタル國ノ法律ニ基ク宣告及宣告國ノ法律ニ依リテ生スル效力ハ我國ニ於テ認メサルヘカラス。例ヘハ日本ニ財產ヲ有スル外國人カ外國ニ於テ失踪宣告ヲ受ケ其相續人ヨリ日本ニ在ル財產ノ相續手續ヲ求メタルトキハ之ヲ許スヘキモノトス。但外國ニ於テ失踪宣告ヲ受ケタル者ト雖モ現ニ我國ニ於テ生存スル場合ハ外國ノ宣告カ取消サレタルト否トニ拘ハラス外國ノ宣告ノ效力ヲ認ムヘキモノニアラス、蓋シ之ヲ認ムルハ我國ノ公安ニ害アレハナリ。

第三款　行爲能力

行爲能力トハ完全ナル效力ヲ有スヘキ法律行爲ヲ成立セシメ得ヘキ適格ヲ謂フ。故ニ行爲能力ハ前款ニ述ヘタル權利能力及不法行爲ノ責任ヲ負擔スルニ足ル責任能力ト異ナル。而シテ行爲能力ナキヲ行爲無能力ト云ヒ、行爲無能力ハ之ヲ分ツテ絶對行爲無能力ト限定行爲無能力トニ分チ、絶對行爲無能力ハ全然法律行爲ヲ爲シ得ル能力ナキモノニシテ、限定行爲無能力ハ不完全ナル效力發生ノ法律行爲ヲ爲シ得ル能力ナリ。要スルニ人ノ能力ヲ區別スレハ行爲能力(完全能力)、限定無能力及絶對無能力ノ三ト爲スコトヲ得ヘキモノニシテ、限定無能力ハ不完全ナル法律行爲ヲ爲シ得ル能力ナルヲ以テ之ヲ限定能力者ト稱スルモ可ナリ。又之ヲ制限能力、制限無能力ト云フモ其意義ハ同一ナリ。而シテ此等行爲能力、行爲無能力ハ之ヲ正確ニ言ヘハ法律行爲能力、法律行爲無能力ト云フヘキモノナルモ行爲能力ハ權利能力、責任能力等ニ比シ法律上ノ問題多キヲ以テ之ヲ略シテ單ニ能力、無能力ト稱スルヲ通常トス。

而シテ人ハ一般ニ行爲能力アルヲ原則トスルカ故ニ各國何レモ無能力ノ種類ヲ規定シ無能力ニ非サル限リ能力者ト爲セリ。我國ニ於テハ未成年者、禁治産者、準禁治産者及妻ヲ以テ限定行爲無能力者トシ絶對行爲無能力者ヲ認メス。故ニ我國ニ於ケル能力者トハ禁治産者、準禁治産者、妻ニ非サル成年以上ノ者ナリト云フコトヲ得ヘシ。各國ニ於テモ此等ノ者ヲ以テ無能力者ト爲スコト同一ナリト雖モ幾歲ヲ以テ成年ト爲スヤ、如何ナル原因アル者ヲ以テ禁治産者、準禁治産者ト爲スヤ又ハ此等ノ者ノ無能力ノ限度ハ絶對無能力ナリヤ限定無能力ナリヤ等ニ付テハ各國其規定ヲ異ニスルモノアルカ故ニ異國人間ノ法律行爲ニ付何國ノ規定ニ從ヒ能力ヲ定ムルヤノ國際私法上ノ問題ヲ生ス。本款ニ於テ之ヲ説明スヘシ。

第一項　未成年

第一　年齢能力ニ關スル各國法律ノ差異

今各國ノ年齢能力ノ規定ヲ見ルニ滿二十五歳西班牙、滿二十四歳丁抹、滿二十三歳和蘭、滿二十二歳あるぜんちん、滿二十一歳英、佛、白、伊、葡、瑞典、米、獨、滿二十歳日本、瑞西、滿十八歳かりぽるにあ、滿十六歳土耳古、滿十五歳ぺるしや等ノ如ク各國ニ於テ成年年齢ヲ異ニシ、瑞西ノ如ク日本ト同シク滿二十歳ヲ以テ成年トスル國ニ於テモ十八歳以上ノ者ハ本人ノ承諾及父母ノ同意ニ因リ後見監督官廳ヨリ成年者ノ宣告ヲ爲シ得ルカ如キ日本ニ認メサル制度アリ（瑞西民法第一五條）。又未成年者ヲ以テ單ニ限定無能力者ト爲ス國アルト同時ニ未成年者ヲ分ツテ七歳以下ハ絶對無能力者トシ七歳以上ハ限定無能力者ト爲ス獨逸國ノ如キ制度モ存在ス。故ニ外國人例ヘハ滿二十歳ノ英佛人カ爲シタル法律行爲ヲ日本ニ於テ判斷スル場合ハ日本ノ法律ニ依リ成年者ナリト爲スヘキカ又ハ本國法ニ依リテ未成年者ナリト爲スヘキカ又七歳以下ノ獨逸人ノ法律行爲ヲ判斷スルニハ日本ノ法律ニ依リ限定無能力ト爲スカ本國法ニ依リ絶對無能力ト爲スヘキカ等ノ國際私法上ノ問題ヲ生ス。

之ニ關シ從來左ノ如キ諸主義アリ。

第二 諸主義

一 效力發生地主義　此主義ハ法律行爲ノ效力發生地ノ法律ニ依リ能力ヲ定ムト爲スニ在リ。

二 住所地法主義　此主義ハ當事者ノ住所地ノ法律ヲ以テ年齡能力ヲ定ムト爲スニ在リ。

三 行爲地法主義　此主義ハ行爲地ノ法律ニ依リテ人ノ年齡能力ヲ定ムト爲スニ在リ。例ヘハ英、佛、西人等カ日本ニ於テ法律行爲ヲ爲ストキハ日本ノ法律ニ依リテ成年ナリヤ否ヤヲ定ムルカ如シ。

四 本國法主義　此主義ハ當事者ノ本國法ニ依リテ年齡能力ヲ定ムト爲スニ在リ。

以上ノ四主義中住所地法主義ヲ主張スル者ハ曰ク百般ノ法律關係發生地ハ生活ノ中心タル住所タルヲ通常トスルカ故ニ、當事者ハ其地ノ法律ニ從フ意思ナリト認メ住所地法ヲ適用スヘシト云フニ在リ。然レトモ住所ヲ有セサル者又ハ二個以上ノ住所ヲ有スル者アリテ此等ノ場合ニ於テハ適用スヘキ法律ナキコトトナルノミナラス、當事者ハ自由ニ自己ノ利益ナル處ニ住所ヲ變更シテ第三者ヲ害スルコトアルヲ以テ、住所地法主義ハ採用スヘカラス。又行爲地法主義ハ行爲地ニ於ケル取引保護ニハ有利ナルモ人種、民情、風俗ヲ異ニスル他國人モ皆同一年齡ヲ以テ同一ノ精神發達ヲ爲セルモノト爲スノ缺點アリ。元來人ノ年齡ニ依リ能力ヲ區別スル所以ノモノハ人ノ精神及身體發育ノ狀態ニ由來スルモノニシテ人種、民情、風俗、氣候等ニ因リ能力ノ發達ヲ異ニスルカ故ニ各國ハ皆其國民ノ爲メニ適當ナル能力ヲ定メ決シテ人情、風俗ヲ異ニスル他國人ノ爲メニ定メタルモノニアラス。故ニ年齡ニ依ル能力ハ各人ノ本國法ニ依ルヲ正當トス。

第三 我國ノ主義

我法例第三條ニ依レハ人ノ能力ハ其本國法ニ依リテ之ヲ定ム。若シ外國人カ日本ニ於テ法律行爲ヲ爲シタル場合ニ於テ其外國人カ本國法ニ依レハ無能力者タルヘキトキト雖モ日本ノ法律ニ依レハ能力者タルヘキトキハ本國法ニ依ラスシテ之ヲ能力者ト看做スモノトス。但親族法又ハ相續法ノ規定ニ依ルヘキ法律行爲及外國ニ在ル不動產ニ關スル法律行爲ニ付テハ斯ノ如ク看做スコトナシトセリ。

而シテ本條ハ汎ク人ノ能力云々ト規定セルモ禁治產者、準禁治產者及妻ノ能力ニ付テハ法例第四條、第五條、第十四條ノ規定ニ依リ定ムヘキモノナルヲ以テ、結局本條ハ年齡ニ關スル能力ノミニ適用セラルルモノナリ。依テ本條ニ依リ年齡ニ關スル能力ノ準據法ヲ說明スルコト左ノ如シ。

一 成年、未成年ノ區別

A　原則　成年、未成年ノ區別ハ本國法ニ依ル。而シテ其者ノ本國法トハ法律行爲當時ノ本國法ナリ。

B　例外　日本國内ニ於ケル外國未成年者ノ法律行爲アリシ場合ニ其者カ日本法律ニ依リ成年者(二十歳以上)ナルトキハ之ヲ能力者ト看做ス(法例第三條第二項)。是レ日本國内ニ於ケル取引保護ノ爲メニ外國未成年者ノ利益ヲ犧牲ニ供シタルモノナリ。然レトモ此例外モ法例第三條第三項ノ場合ニ於テハ適用ナキヲ以テ法例第三條第二項第三項ヲ解說スレハ左ノ如キ條件ニ從フモノナリ。

1　外國人ノ法律行爲ナルコトヲ要ス。

其法律行爲カ契約ナルト單獨行爲ナルトヲ問ハス又相手方カ善意ナリヤ惡意ナリヤニ拘ハラサルモノトス。但シ左ノ事項ニ關スル法律行爲ハ之ヲ含マス。

イ　親族法ノ規定ニ依ルヘキ法律行爲

親族法ノ規定ニ依ルヘキ法律行爲トハ婚姻行爲、私生子認知行爲、養子緣組行爲等ナリ。故ニ十八歳以上ヲ以テ婚姻能力トスル國ノ十七歳ノ外國婦人カ日本ニ於テ婚姻セントスルモ十五歳ヲ以テ婚姻能力ト爲ス我民法ヲ以テ律スルコトヲ得ス。

ロ　相續法ノ規定ニ依ルヘキ法律行爲

相續法ノ規定ニ依ルヘキ法律行爲トハ相續ノ承認、拋棄又ハ遺言ヲ爲スカ如キ行爲ナリ。

ハ　外國ニ在ル不動産ニ關スル法律行爲

玆ニ外國ニ在ル不動産ニ關スル法律行爲トハ外國ニ在ル不動産上ノ物權ヲ取得シ、移轉シ、消滅セシメ又ハ他物權ヲ設定スルカ如キ物權行爲ハ勿論不動産ノ賃貸借ヲ登記スルカ如キ債權行爲モ之ヲ含ムモノト解セサルヘカラス。何トナレハ不動産ニ關スル行爲ト規定シタルヲ以テ不動産ニ關スル登記ヲ要スル物權的行爲ト解スヘキヲ正當トスレハナリ。

以上ノ三者ハ孰レモ外國人ノ私權中最モ重大ナルモノニ屬スルカ故ニ之ヲ尊重シテ行爲地ノ取引保護主義ヲ適用セス、原則タル本國法又ハ特別ノ規定アル場合ハ之ニ據ラシムルコトト爲セルモノナリ。

2　外國人カ日本領土内ニ於テ爲シタル法律行爲タルコトヲ要ス。

法律行爲ノ全部カ日本領土内ニ於テ行ハレタル場合ハ勿論日本領土内ト外國領土トニ跨ル法律行爲ハ法例第九條ニ依リテ日本國内ノ行爲ナリヤ否ヤヲ定ムヘキモノナリ。故ニ外國人ノ通知ヲ發シタル地カ日本ナルトキハ其通知ハ日本ニ於テ爲シタル法律行爲ニシテ、又契約ナルトキハ申込ヲ發シタル地ノ日本ナルトキ若シ申込ヲ受ケタル者カ承諾ヲ爲シタル當時申込ノ發信地ヲ知ラサリシトキハ申込者タル外國人ノ住所カ日本ニ在リシトキニ於テ日本ニ於テ爲シタル法律行爲ナリトス。要スルニ法例第三條第二項ハ外國人カ日本ニ於テ爲シタル法律行爲ノ場合ナルヲ以テ、其反對ニ日本人タル無能力者カ外國ニ於テ法律行爲ヲ爲シタル場合ニ外國法ニ依リ能力者タルトキト雖モ本項ノ適用ナク依然無能力者ナリ。又或外國人カ他ノ外國ニ於テ法律行爲ヲ爲シタル場合モ亦本國法ニ依ルモノナリ。

3　外國人カ本國法ニ依リ無能力者ニシテ日本ノ法律ニ依リ能力者タルコトヲ要ス。

外國人カ本國法ニ依リ無能力者ニシテ日本ノ法律ニ依リ能力者タル場合如何ヲ知ラント欲セハ先ツ無能力者ト能力者トノ區別ヲ明カニスルコトヲ要ス。而シテ本條ニ於ケル無能力者ト云ヒ能力者ト云フハ年齢ニ關スル能力問題タルヤ明カナリト雖モ年齢ニ關スル能力問題ハ既ニ述ヘタル如ク之ヲ明確ニ區別セハ絶對無能力者、限定能力者（限定無能力者）及完全能力者ノ三者ニ區別スヘキモノニシテ絶對無能力者ノ行爲ハ之ヲ無效トシ、限定能力者ノ行爲ハ之ヲ取消シ得ヘキ效力アリ、完全能力者ノ行爲ハ之ヲ有效ト爲スモノナリ。然ルニ我國ニ於テハ絶對無能力者ナルモノナク限定能力者ノコトヲ無能力者ト云ヒ完全能力者ノコトヲ能力者ト云ヘリ。從テ外國人カ本國法ニ依リ限定能力者トシテ其者ノ行爲ヲ取消シ得ヘキ場合ニ我民法上ヨリセハ取消シ得サル二十歳以上ノ完全能力者タルトキハ法例第三條第二項ノ適用アリテ我日本國内ニ於テ爲シタル法律行爲ハ之ヲ取消シ得サルコト明カナルモ、外國人カ本國法ニ依リ絶對無能力者トシテ其者ノ行爲ハ無效ナルモ我民法上ヨリセハ限定能力者（我民法ノ所謂無能力者）トシテ其者ノ行爲ハ取消シ得ヘキニ過キサル場合ニ、其者カ我國ニ於テ法律行爲ヲ爲シタルトキハ其者ハ我國ノ所謂能力者ニアラサルカ故ニ法例第三條第二項ノ適用ナク、依然本國法ニ依リ絶對無能力者トシテ其行爲ハ無效ナラスヤノ疑アルモ、法例第三條第二項ニ本國法ニ依リテ無能力者ナル外國人カ日本ノ法律ニ依リ能力者ナリト規定セルハ外國人本國ノ能力規定ト日本ノ能力規定トヲ比較シテ日本ノ能力規定カ本國ノ能力規定ヨリモ能力ノ多キモノト爲ス場合ヲ謂フモノト解スルヲ正確ナリト爲スカ故ニ、外國人カ本國法ニ依リ絶對無能力者ニシテ日本ノ法律ニ依リ限定能力者タル場合モ亦法例第三條第二項ニ依リ日本ノ限定能力者ト看做スヘキモノナリ。從テ二十歳以下ノ外國人ニシテ本國法ニ依レハ絶對無能力者トシテ其者ノ行爲ヲ無效トスルモ其者カ日本ニ於テ法律行爲ヲ爲ストキハ制限能力者トシテ其者ノ行爲ハ取消シ得ヘキ效力ヲ有スルモノト解セサルヘカラス。例ヘハ獨逸ハ七歳以下ノ者ハ絶對的無能力者ニシテ其者ノ法律行爲ハ無效ナルニ反シ、日本民法ニ依レハ七歳以下ノ者ト雖モ常ニ絶對的無能力者ニアラス意思能力アル以上ハ其者ノ行爲ハ之ヲ取消シ得ヘキニ過キス。卽チ日本ノ法律ニ依レハ七歳以下ノ者モ制限的能力者ナルヲ以テ意思能力アル七歳以下ノ獨逸人カ日本ニ於テ法律行爲ヲ爲シタルトキハ獨逸法ニ依リテ其法律行爲ヲ無效ト爲スヘキモノニアラス、日本法律ニ依リ取消シ得ヘキ效力ヲ有スルモノト爲ササルヘカラス。故ニ法例第三條第二項ニ日本ノ法律ニ依ル能力者トハ單ニ成年ト未成年トノミノ區別ニアラス外國ノ本國法ニ依ル能力ヨリハ日本ノ法律ニ依リ能力ノ程度高キ場合ヲ謂フモノナリ。

二 未成年者ノ行爲ノ效力

1 外國未成年者ノ行爲ノ效力モ亦成年、未成年ヲ區別スル準據法ニ依ル。

法例第三條ハ人ノ能力ハ本國法ニ依ル又能力者ト看做スト規定シタルカ故ニ單ニ成年、未成年ヲ區別スル標準ノミヲ定メタルモノト解シ未成年者ノ爲シタル法律行爲ノ效力ハ法例第七條ニ依ルヘキヤノ疑アルモ、法例第三條ハ成年、未成年ノ區別ノミナラス外國未成年者ノ爲シタル行爲ノ效力ヲモ併セ規定シタルモノト解セサルヘカラス。故ニ未成年者ノ爲シタル行爲カ無效ナリヤ取消シ得ヘキニ過キサルヤ又ハ相手方カ取消ノ有無ヲ催告スル權利アリヤ否ヤ等未成年者ノ行爲ノ效力ハ皆前ニ述ヘタル準據法ニ依ルモノトス。從テ外國未成年者カ外國ニ於テ爲シタル行爲ヲ日本ニ於テ取消シ又ハ追認シ或ハ相手方カ取消スヤ否ヤヲ催告スルハ皆未成年者ノ本國法ニ從ヒテ之ヲ爲シ又當事者雙方カ異國ノ各未成年者ニ屬シ各本國法ヲ異ニスルトキニ於テハ各當事者ニ付各本國法ノ效力ヲ生スルモノニシテ法例第七條ニ依リ其效力ヲ定ムヘキモノニアラス。例ヘハ取消權ノ消滅時效ヲ以テ行爲ノ時ヨリ十年トセル國ニ屬スル外國未成年者ノ行爲カ日本ニ於テ時效ノ完成セルヤ否ヤノ問題ヲ生シタル場合ハ日本民法ニ依リ二十年ヲ經過セルコトヲ要セス本國法ニ依リ十年ヲ經過セハ足ルモノト爲スカ如シ。

2 詐術ヲ用ヒタル場合ノ行爲ハ有效トス。

玆ニ問題ト爲ルハ外國未成年者カ日本ニ於テ法律行爲ヲ爲シタルトキ日本民法ニ於テモ未成年者ナル場合ニ其未成年者カ能力者ナリト信セシムヘキ詐術ヲ用ヒタル場合ハ民法第二十條ニ依リ其法律行爲ハ完全ナル效力アリト爲スヘキヤ否ヤ是レナリ。例ヘハ十八歳ヲ以テ成年トスル國ノ國籍ヲ有スル十七歳ノ者カ我國ニ於テ本國法ニ依ル成年者十九歳ナリト信セシムヘキ詐術ヲ用ヒテ法律行爲ヲ爲シ又ハ二十二歳ヲ以テ成年ト爲ス國ノ國籍ヲ有スル十九歳ノ者カ日本ノ成年卽チ二十歳ナリト信セシムヘキ詐術ヲ用ヒタルトキハ其法律行爲ヲ完全ナル效力アルモノト爲スヘキヤ。思フニ法例第三條第二項ハ日本ノ法律ニ依リ成年者タル場合ニ適用スルモノニシテ、前例ノ場合ハ日本ノ法律ニ依ルモ尙未成年者ナルヲ以テ法例第三條第二項ノ適用ナキ觀アルモ、民法第二十條ハ日本ノ無能力者ニ關シテモ取引保護ノ爲メニ無能力者ノ保護ヲ犧牲ニ供シタル强行規定ナルヲ以テ法例第三十條ニ依リ本國法ヲ適用セスシテ我民法第二十條ヲ適用シテ取消シ得ヘカラサルモノト爲ササルヘカラス。

三 國籍變更ト年齡能力トノ關係

1 一般的ニハ年齡能力ハ國籍變更ニ伴ヒテ變更ス。獨逸民法施行法第二項ハ一度成年タル者ハ永久成年タルコトヲ定メタルカ故ニ他國人カ獨逸人ト爲リタル場合ニ獨逸法ノ規定ニ依リ成年年齡ニ達セサルモ前所屬國法ニ依リ成年タリシ者ハ依然成年トシテ取扱ハルルモ、我國ニハ此ノ如キ明文ナキヲ以テ他國ノ成年者カ我國籍ヲ取得シ我民法ニ依リ未成年ナルトキハ之ヲ未成年ト爲スヘキモノナリ。

2 然レトモ或法律行爲カ未成年中ニ爲サレタルヤ否ヤノ具體的問題ハ法律行爲當時ノ本國法ニ依リ能力ヲ定ム。

法律行爲能力アリヤ否ヤハ行爲當時ヲ標準トスルコトハ動カスヘカラサル原則ナルヲ以テ行

爲當時本國法ニ依リテ未成年者ナリシトキハ其後國籍ヲ變更シ後ノ國ニ於テハ其年齡ヲ以テ成年者ト爲ス場合モ之ニ依リテ其者ノ行爲ヲ成年者ノ行爲ナリト爲スコトヲ得ズ。例ヘハ二十一歲ヲ以テ成年トスル國ノ國籍ヲ有シタル二十歲ノ者カ法律行爲ヲ爲シタル後二十歲ヲ以テ成年トスル國ノ國籍ヲ取得スルモ其法律行爲ハ未成年者ノ爲シタルモノトスルカ如シ。

第二項　禁治産者及準禁治産者

第一　各國制度ノ差異

一　日本　我民法ニ於テハ心神喪失ノ常況ニ在ル者ニ付裁判所ハ禁治産ノ宣告ヲ爲スコトヲ得ヘク、禁治産者ノ行爲ハ凡テ之ヲ取消スコトヲ得トシ又心神耗弱者、聾者、啞者、盲者及浪費者ハ準禁治産者トシ或種ノ行爲ヲ爲ス場合ニ保佐人ノ同意ナキトキハ之ヲ取消スコトヲ得トセリ(民法第七條乃至第一三條)。

二　獨逸　ハ精神病者、精神耗弱者、浪費者及飮酒ノ慣行ニ因リ其財產ヲ管理スル能力ナク自己又ハ家族ヲ困窮ニ陷ラシムルノ危險アリ或ハ他人ノ安寧ヲ害スルノ虞アル者ハ禁治産ノ宣告ヲ爲スコトヲ得トシ。此外ニ準禁治産ナルモノヲ認メサレトモ、禁治産者中精神病ニ因ル者ノ行爲ハ無效トシ、其他ノ禁治産者ノ行爲ハ取消シ得ヘキモノトセリ。

三　佛國、伊太利　ハ精神病者、白痴者ハ禁治產ノ宣告ヲ爲シ其行爲ハ取消スコトヲ得ヘク精神耗弱者ハ準禁治產者トシ或種ノ行爲能力ヲ制限シ保佐人ノ同意ヲ要スルモノトセリ。

四　英國　ハ精神病者、白痴者ハ精神病監督官ノ決定ニ依リ其行爲能力ヲ剝奪シ其行爲ヲ無效トシ浪費者ハ行爲能力ヲ制限スルコトトセリ。

第二　禁治產、準禁治產宣告ノ管轄

一　原則トシテ本國ヲ以テ宣告ノ管轄トス。

蓋シ禁治產、準禁治產ノ宣告ハ人ノ能力ヲ剝奪シ場合ニ依リテハ其者ノ身體自由ヲ束縛シ監禁スルノ效力ヲ生スルコトアルカ如ク人事上重大ナル效力ヲ生スルカ故ニ、人民主權ヲ有スル本國ヲ以テ管轄ノ原則ト爲スモノナリ。

二　例外トシテ日本ニ住所又ハ居所ヲ有スル外國人ニ禁治產、準禁治產ノ宣告ヲ爲シ得ヘシ（法例第四條第二項第五條）。

イ　理由

蓋シ禁治產、準禁治產宣告ノ制度ハ本人ノ利益ヲ保護スルト同時ニ第三者ノ利益ヲ保護シ併セテ社會ノ公安ヲ維持スル必要ヨリ設ケラレタルモノナルカ故ニ、我國內ニ居住スル外國人ニ對シテ禁治産又ハ準禁治産ヲ宣告シテ我國ニ於ケル第三者ヲ保護シ我國ノ公安ヲ維持スルニ必要アルトキハ之カ宣告ヲ爲シ得ヘキモノト爲サヽルヘカラス。且本人保護ノ點ヨリスルモ我國ニ居住スル外國人ハ其本國官廳ニ於テ禁治産、準禁治産宣告ノ原因アリヤ否ヤヲ知ルコト困難ナルヲ以テ、我國ニ於テ宣告ノ管轄權ナシトセハ之カ原因アル本人ハ往々保護セラレサルコトアルヲ以テ寧ロ我國ニ宣告ノ管轄アリトスルヲ本人保護ノ趣旨ニモ合スルモノナリ。然レトモ外國人ニ對スル禁治産及準禁治産ノ宣告ハ濫リニ之ヲ爲スコトヲ得ス左ノ要件ヲ必要トスルモノナリ。

ロ　要　件

外國人ニ對シ日本カ禁治産、準禁治産ノ宣告ヲ爲スハ例外ナルヲ以テ左ノ要件ヲ具備スル場合ニ限ルモノトス。

1　外國人カ日本ニ住所又ハ居所ヲ有スルコト

是レ日本ノ公安、秩序維持ノ爲メニ外國人ニ對スル禁治産、準禁治産ヲ宣告スルモノナルカ故ニ、日本ハ住所又ハ居所ナキ外國人ニ對シテ之カ宣告ヲ爲ス必要ナク、外國人ニ對スル禁治産又ハ準禁治産ノ宣告ヲ爲スニハ日本ニ住所、居所ヲ有スル外國人ニ限ルモノト爲シタルナリ。併シ其外國人ハ外國ノ未成年者タルト外國ニ於テ既ニ禁治產又ハ準禁治產ノ宣告ヲ受ケタル者ナルトヲ問ハス日本ニ於テ宣告スルコトヲ得ヘシ。何トナレハ外國法ニ依ル無能力ト日本ノ法律ニ依ル無能力トニ效力上ノ差異アレハナリ。

2　本國法ニ依リ禁治產、準禁治產ノ原因アルコト

本國法ニ依リ其原因ナキニ拘ハラス外國人ニ對シ禁治產、準禁治產ノ宣告ヲ爲スハ外國人ノ人權ヲ無視スルノ虞アルヲ以テ。日本ニ於テ宣告スル場合ニ於テモ本國法ニ依リ禁治產、準禁治產原因アルコトヲ要スルモノトス。

3　日本ノ法律ニ依ルモ其原因アルコト

日本ニ於テ外國人ニ對シ禁治產、準禁治產ノ宣告ヲ爲スニハ本國法ニ依リ其原因アルコトヲ要スルモ、本國法ニ依ル原因カ日本ニ於テ之ヲ禁治產、準禁治產ノ原因トシテ認メサルモノナルトキハ日本ハ其外國人ニ對シ之ヲ宣告スルコトヲ得ス。是レ日本ニ於テ其原因ヲ認メサル以上ハ外國法ニ依ル原因アルモ日本ノ公安ヲ害スルコトナケレハナリ。

三　日本人ニ對スル外國ノ宣告

外國カ日本人ニ對シ禁治產、準禁治產ノ宣告ヲ爲シ得ルヤ否ヤハ失踪宣告ニ於テ說明シタルト

同樣ニ一般的原則トシテハ之ヲ認メサルモ、日本カ外國人ニ對シテ宣告スルト同一ノ場合ニ於テハ日本人ニ對スル外國ノ宣告モ亦之ヲ認ムヘキモノトス。

第三　宣告ノ原因

宣告ノ管轄ヲ說明スルニ當リ日本ニ住所又ハ居所ヲ有スル外國人ニ對スル禁治產、準禁治產ノ宣告ノ原因及日本人ニ對スル外國カ宣告ヲ爲ス場合ノ原因ハ雙方ノ原因アルコトヲ要スルハ既ニ述ヘタル所ナルカ、其他ノ場合ニ禁治產者、準禁治產者タルノ正當ナル原因アリタルヤ否ヤヲ判斷スル必要アリタルトキハ何國ノ法律ニ依ル原因アルヲ以テ正當ト爲スヤ、之ヲ解決スル爲メ法例第四條第一項及第五條ハ本國法ニ依ル原因アルコトヲ要スト爲セリ。故ニ外國人カ其本國ニ依リテ宣告ヲ受ケタル場合ハ勿論他ノ外國ニ於テ宣告ヲ受ケタル場合ニ於テモ本國法ノ原因アルコトヲ要スルモノナリ。從テ外國人カ本國法ニ依ル原因ノ爲メニ外國ニ於テ禁治產又ハ準禁治產ノ宣告ヲ受ケタルトキハ我國ニ於テモ之ヲ禁治產者、準禁治產者トシテ認ムヘキモノニシテ、我國ニ其原因ナキノ理由ヲ以テ其宣告ヲ否定スルコトヲ得ス。例ヘハ飲酒ノ慣行ヲ以テ禁治產ノ原因トスル獨逸カ獨逸人ニ對シテ禁治產ノ宣告ヲ爲シタル者モ我國ハ斯ノ如キコトヲ以テ禁治產ノ原因ト爲ササルノ故ヲ以テ其宣告ヲ否定スルコトヲ得サルモノナリ。

第四　宣告ノ效力

一　形式的效力

玆ニ禁治產、準禁治產宣告ノ形式的效力トハ日本ニ於テ爲シタル宣告ヲ外國ニ於テ認ムルヤ否ヤ及外國ノ爲シタル宣告ヲ日本ニ於テ認ムルヤ否ヤノ問題ナリ。此點ニ付テハ各國トモ禁治產準禁治產ノ制度ヲ認ムル以上ハ其制度ニ基キ爲シタル各國ノ宣告ハ互ニ之ヲ認ムヘキヤ勿論ナリ。

二　實質的效力

玆ニ實質的效力トハ禁治產、準禁治產宣告ニ因ル無能力ノ程度ハ何國ノ法律ニ依リ定ムヘキモノナリヤノ問題ナリ。此點ニ付テハ本國法主義ト宣告國法主義トアリ。本國法主義ニ依レハ何レノ國ニ於テ宣告セラルルモ其效力ハ本國法ニ依リテ定ムト爲シ、宣告國法主義ニ依レハ何國人ニ對スルヤヲ問ハス宣告シタル國ノ法律ニ依リテ效力ヲ定ムト爲スモノニシテ、我國ハ法例第四條第一項後段ニ於テ宣告ノ效力ハ宣告ヲ爲シタル國ノ法律ニ依ルト爲シ宣告國法主義ヲ採レリ。故ニ我國カ英國人タル精神病者、白痴者ニ對シテ禁治產ノ宣告ヲ爲スモ其效力ハ英國法ニ依リテ其者ノ行爲ヲ無效トスルコトナク我國民法ニ依リ取消シ得ヘキ效力アルニ過キス、又日本人又ハ佛國人カ英國ニ於テ禁治産ノ宣告ヲ受ケタルトキハ其者ノ行爲ハ取消シ得ヘキモノニアラス英國法ニ依リ無效トスヘキモノナリ、故ニ英國ニ於テ精神病者トシテ禁治産ノ宣告ヲ受ケタル英國人又ハ佛國人カ英國內ニ於テ法律行爲ヲ爲シタルコトニ付日本裁判所ニ於テ判斷スルトキハ其行爲ハ無效ナリト決定スヘキモノナリ。

斯ノ如ク英國其他禁治産者ノ行爲ヲ無效トスル絕對無能力主義ノ宣告ヲ受ケタル者カ外國ニ於テ爲シタル法律行爲ノ效力ヲ日本裁判所ニ於テ判斷スルトキハ宣告國ノ法律ニ依ル無效ノモノト判斷スヘキモノナリト雖モ、其絕對無能力ナル外國人カ日本ニ來リテ法律行爲ヲ爲シタルトキハ日本ニ於ケル取引保護ノ爲メ年齡能力ニ付テ述ヘタルカ如ク日本ノ法律ニ依ル制限能力者卽チ其者ノ行爲ハ取消シ得ヘキ行爲ニ過キストスト爲スノ必要ナキヤ否ヤノ問題ヲ生ス。惟フニ前ニ述ヘタル如ク未成年者ニシテ絕對無能力ナル外國人ト雖モ日本ニ來リテ法律行爲ヲ爲ストキハ法例第三條第二項ニ依リ制限能力者トシテ其者ノ行爲ヲ取消シ得ルニ過キサルト同樣ニ禁治産者ニ付テモ本國法ニ依リ絕對無能力ナルトキト雖モ日本ニ於テ法律行爲ヲ爲ストキハ法例第三條第二項ヲ類推シテ日本ノ法律ニ依ル制限能力者トシテ其者ノ行爲ハ取消シ得ルニ過キストス解セサルヘカラス。

然レトモ外國ノ禁治產者又ハ準禁治產者カ日本ニ於テ能力者タルコトヲ信セシムヘキ詐術ヲ用ヒテ法律行爲ヲ爲シタルトキハ完全ナル效力アルモノト爲サヽルヘカラス、是レ未成年者ノ場合ニ說明シタル如ク民法第二十條ハ强行規定ニシテ之ニ反スルハ日本ノ公序良俗ニ反スルカ故ニ法例第三十條ニ依リ此場合ノ效力ハ外國法ニ依ラス我民法第二十條ニ依ルコトト爲ルカ爲メナリ。

三 同一外國人ニ對スル數國ノ宣告アル場合ノ效力

1 其一カ日本ノ宣告ニ屬スルトキハ日本法律ニ依ル效力ヲ有ス。

2 數個ノ宣告カ總テ外國ナルトキハ最初ノ宣告ヲ爲シタル國ノ法律ニ依リ效力ヲ定ム。何トナレハ一度無能力タルコトノ定マリタル以上ハ更ニ無能力トスル餘地ナケレハナリ。但シ效力ヲ異ニスル數國ニ依リ宣告セラレタルトキハ宣告國內ニ於ケル法律行爲ニ關シテハ宣告國ノ效力アルモノトス。蓋シ宣告國ハ其國ノ公安ニ基キ宣告シタルモノナレハ其效力ハ之ヲ認ムヘキヲ正當トスレハナリ。

第三項 妻

第一 妻ノ能力ハ法例第十四條ニ依リ準據法ヲ定ム。

妻カ自己ノ財產ヲ處分シ又ハ自己ヲ法律關係ノ當事者ト爲ス行爲ニ付テハ或範圍ニ於テ之ヲ制限シ夫ノ許可ナクシテ此等ノ行爲ヲ爲シタルトキハ取消スコトヲ得トスル國アリ、又妻ノ行爲ニ付何等ノ制限ナキ國アリ。我國ニ於テハ妻ヲ一ノ無能力者トシ民法第十四條以下ニ之ヲ規定セリ。斯ノ如ク妻ノ法律行爲能力ニ付テモ各國ノ法律ニ差異アルヲ以テ妻ノ能力ニ關スル準據法ヲ定ムル必要アリ。此點ニ付我法例ハ妻ノ能力ノミニ關シ特別ノ規定ナキモ法例第十四條ニ於テ一般的ニ婚姻ノ效力ハ夫ノ本國法ニ依ルヘキコトヲ定メタルモノアリ、而シテ妻ノ行爲ニ夫ノ許可ヲ要スルヤ否ヤ及夫ノ許可ナキ妻ノ行爲ハ取消シ得ヘキヤ否ヤノ妻ノ能力問題ハ結局婚姻ノ一效力ニ過キサルヲ以テ同條ノ適用ニ依リテ妻ノ能力ニ關スル準據法ハ定マルモノトス。卽チ同條第一項ニ依レハ婚姻ノ效力ハ夫ノ本國法ニ依ルトアルヲ以テ、妻ノ能力ハ夫ノ本國法ニ依リテ定メ同條第二項ニ依レハ外國人カ日本ノ女戶主ト入夫婚姻ヲ爲シ又ハ日本人ノ壻養子ト爲リタルトキハ婚姻ノ效力ハ妻ノ本國卽チ日本ノ法律ニ依ルモノナルカ故ニ、此場合ニ於テハ妻ノ能力ハ日本ノ法律ニ依リ定ムヘキモノナリ。要スルニ同條ノ規定ニ依レハ第一、二項共大體妻ノ能力ハ妻ノ本國法ニ依ルコトト爲ルモノナリ。何トナレハ婚姻及壻養子ヲ爲ストキハ妻ハ夫ト國籍ヲ同シクスルニ至ルヲ以テ夫ノ本國法ハ卽チ妻ノ本國法ナレハナリ。然レトモ國籍法第十三條ノ場合ノ如ク外國人タル夫カ日本ノ國籍ヲ取得スルモ其妻カ日本ノ國籍ヲ取得セス依然外國人ナルコトアルヲ以テ、斯ノ如キ場合ノ妻ノ能力ハ妻ノ本國法ニ依ラス夫ノ本國法ニ依ルコトトナルモノナリ。外國人間ノ婚姻ニ於テ夫婦國籍ヲ異ニスル場合モ亦同シ。而シテ能力ノ有無ハ法律行爲ヲ爲シタル當時ヲ標準トスルカ故ニ妻ノ能力モ亦行爲當時ヲ以テ法例第十四條ニ依リ定ムヘキモノトス。

第二 外國人タル妻ノ日本ニ於ケル法律行爲ノ效力

日本ノ法律ニ認メサル行爲ノ制限ヲ受クル外國人ノ妻カ日本ニ於テ其行爲ヲ爲シタルトキノ效力如何。例ヘハ日本ノ法律ニ依レハ妻カ物ノ貸借ヲ爲スニ付テハ夫ノ許可ヲ要セサルコトハ民法第十四條ニ依リ明カナリ。然ルニ物ノ貸借ニ付テハ夫ノ許可ヲ要スル外國ノ法律ニ從フヘキ妻カ日本ニ於テ夫ノ許可ヲ得スシテ物ノ貸借ヲ爲シタルトキ之ヲ有效トスルヤ否ヤ、之ニ付議論アリ。消極說ハ法例ニ何等ノ規定ナキヲ以テ日本ノ法律ニ依リ之ヲ律スルコトヲ得ス依然夫ノ許可ヲ要スヘキモノト爲シ、積極說ハ法例第三條第二項ノ適用ニ依リ日本ノ法律ニ依リ有效ト爲スヘシト主張セリ。積極說ヲ可トスルモ其理由ハ法例第三條第二項ヲ適用スルニアラス同條項ノ類推解釋ニ基クモノナリ。蓋シ同條項ハ未成年者ニ關スル規定ナルヲ以テ妻ニ直接適用スルヲ得サレハナリ。

第三　妻ニアラサルコトヲ信セシムヘキ詐術ヲ用ヒ以テ日本ニ於テ爲シタル行爲ヲ有效トスルコトハ他ノ無能力者ノ場合ト同シ。

第四款　住所及不在

住所ノ何タルカ及之ニ關スル準據法ニ付テハ第一編第三章第六節ニ述ヘタルヲ以テ玆ニハ不在關係ニ付テノミ説明スヘシ。

第一　總説

不在トハ人カ從來ノ住所又ハ居所ヲ去ルヲ謂ヒ、日本ニ住所又ハ居所ヲ有シタル外國人カ日本ニ財産ヲ有シナカラ不在トナルトキ日本ハ其財産ニ對シ管理人ヲ置キ其他必要ナル處分ヲ爲シ得ルヤ否ヤ、又外國ニ於テ不在者ノ爲メニ爲シタル必要處分其他管理人ノ選任等ヲ我國ニ於テ認ムルヤ否ヤノ涉外的私法關係ヲ生スルコトアリ。斯ノ如キ不在關係ニ對スル涉外事項ニ適用スヘキ國際私法ノ規定ハ我法例中ニ存在セサルヲ以テ理論ニ依リ決スルコト左ノ如シ。

第二　不在者ノ財産管理ハ財産所在地法ニ依ルヘキモノトス。

蓋シ不在者カ其住所又ハ居所ニ財産ヲ殘シタル場合ニ於テ之ヲ管理スル者ナキトキ又ハ之ヲ管理スル者アルモ其管理宜シキヲ得サルトキハ其財産ヲ滅失又ハ毀損ニ至ラシムル虞アリ。斯ノ如キ結果ヲ生スルコトハ本人ノ爲メ不利益ナルコト論ヲ俟タス。又其財産ノ消長ニ利害關係ヲ有スル第三者ニ不利益ヲ生スルノミナラス、社會經濟上之ヲ放任スヘカラサルモノニシテ、此等三方面ノ利益ヲ計ルニ最モ密接ノ關係アルハ其財産所在地ナルヲ以テ不在者ノ財産管理ハ財産所在地法ニ依ルヘキモノト爲ササルヘカラス。此點ニ付或ハ不在者ノ從來ノ住所又ハ居所地法ニ依ルヘキモノニアラサルヤノ感アルモ既ニ本人カ不在ト爲リタル以上ハ從來ノ住所、居所ハ第三者及社會ニ對シテハ利害關係少ナキヲ以テ不在者ノ從來ノ住所、居所地法ニ依ルヘキモノニアラス。

第三 外國ニ於テ不在者ノ財産ニ對シ管理人ヲ選任シ其他必要處分ヲ爲シタルトキハ我國ニ於テ之ヲ認ムヘキモノトス。

第二節　私權ノ客體

私權ノ客體トハ權利者カ其支配力ヲ及ホスヘキ目的物ヲ謂フモノニシテ私權ノ客體ト爲リ得ヘキモノナリヤ否ヤハ當該法律關係ニ適用スヘキ國ノ法律ヲ以テ定ムヘキモノナリ。例ヘハ戶主權ノ客體ノ何タルヤハ家族制度ヲ認メタル國ノ法律ニ依リ定ムルモ家族制度ヲ認メサル國ニ於テハ戶主權ノ客體ナルモノナキカ如シ。而シテ私權ノ客體ハ權利ノ種類ニ依リテ其準據法モ異ナルヲ以テ一々之ヲ說明スルコトヲ得ス、後ニ各權利ヲ說明スル所ニ於テ必要ニ應シ之ヲ說明スルコトトシテ玆ニハ只民法總則中ニ規定スル物ニ付一言スヘシ。

物ノ何タルヤニ付テモ各國其法制ヲ異ニス、卽チ我國ニ於テハ物トハ有體物ニ限ルモ羅馬法系ニ於テハ物ヲ有體物及無體物トシ場所的存在ヲ有セサルモノモ物ト爲スカ故ニ權利及人ノ身體モ一ノ物トシテ物權ノ客體ト爲ルコトアリ、又動產、不動產ノ區別ニ付テモ我國ハ土地及其定著物ヲ以テ不動產トシ其他ノ物ヲ動產ト爲スモ佛國民法ハ土地及建物ノ外物ノ用方ニ依ル不動產ヲ認メ、用方ニ依ル不動產トハ土地又ハ建物ノ利用、便益若クハ裝飾ノ爲メ永久又ハ不定期間其土地又ハ建物ニ備ヘ付ケタル物體ヲ謂ヒ、獨逸民法ハ物ヲ區別シテ土地及動產トシ土地ニ定著シタル物ハ土地ノ構成分子ト爲スカ故ニ建物ハ土地ト別物ニアラスシテ土地ノ一部ニ過キサルコトトナリ、又我國民法ハ主物、從物ノ區別ヲ爲シ從物ハ動產、不動產ヲ問ハス主物ノ處分ニ從フモノトシ、瑞西民法ニ依レハ從物ハ主物ノ處分ニ從フモ從物ハ動產ニ限ルトセリ。故ニ物ニ關スル涉外的私法關係ニ於テ物ナリヤ否ヤ、動產ナリヤ不動產ナリヤ、主物ナリヤ從物ナリヤハ何國ノ法律ニ依リ定ムヘキヤ、此問題ニ對シ其涉外的私法關係カ物權關係ナルトキハ法例第十條ニ依リ物ノ所在地法ニ依リテ定ムヘキモ若シ債權關係例ヘハ佛國內ニ在ル建物ニ付日本ニ於テ貸借スルノ契約ヲ爲シタル場合ニ其建物ノ利用、便益ノ爲メニ備ヘ付ケタル建具類ハ日本民法ニ依リ從物トシテ當然貸借ノ目的物ノ內ニ包含セラルルヤ、又ハ佛國民法ニ依リ用方ニ依ル別個ノ不動產トシテ貸借ノ目的物中ニ含マサルヤ否ヤハ物ノ所在地法ニ依リ定ムヘキモノニアラス。債權ノ效力ヲ定ムヘキ法律ニ依リ定ムヘキモノナリ。故ニ斯ノ如キ場合ニ當事者カ日本民法ニ依リ效力ヲ定ムヘキモノト爲シタルトキハ其建具類ハ我民法ニ依ル從物ノ取扱ヲ受ケ其貸借ノ目的物中ニ含ムモノト爲ササルヘカラス。

第三節　私權ノ得喪變更原因

私權ノ得喪變更原因ハ之ヲ法律事實トモ稱シ其事實ニ事件ト人ノ行爲トアリ、事件ニ於テモ幾多ノ種類アリ又人ノ行爲モ法律行爲、不法行爲、事實行爲等ニ依リ其性質ヲ異ニスルカ故ニ私權ノ得喪變更原因ニ關シ民法總則ニ於テ一般的國際私法上ノ說明ヲ爲スヨリモ各論ニ於テ各場合ニ說明スルヲ適當トス。依テ各種ノ得喪原因ハ各場合ニ論スルコトトシ、總則ニ於テハ法律事實中最モ重要ナル法律行爲及時效ノ國際私法ニ付テノミ說明スヘシ。

第一款　涉外法律行爲

涉外的私法關係ハ物權、債權、智能權、親族及相續ニ關スル場合アリ。從テ涉外的私法關係ニ於ケル法律行爲モ此等各種ノ權利ニ關スルモノアルヲ以テ、法律行爲ニ關スル準據法ヲ定ムルニ付テハ總テニ共通スル一般的原則ヲ定ムルモノト各種ノ法律行爲ニ付各々特別ノ準據法ヲ定ムルコトヲ要スルモノトアリ。我法例亦此必要ニ依リ法例第七條乃至第九條ニ於テ法律行爲ニ關スル一般的國際私法上ノ規定ヲ爲スト同時ニ、物權及身分ニ關スル法律行爲ニ付テハ特別ノ規定ヲ爲シタルヲ以テ、此等特種ノ場合ハ各場合ニ說明スルコトトシ本款ニ於テハ一般的原則ヲ說明スヘシ。

第一項　法律行爲ノ成立及效力

法律行爲ノ成立要件ト效力トハ分離スヘカラサルモノニシテ法律行爲ノ成立要件ハ甲國ノ法律ニ從ヒ其效力ハ乙國ノ法律ニ從フト爲スコトハ法理上許スヘキモノニアラス。例ヘハ約因ヲ以テ契約要素トスル英國法ニ依リテ契約ノ成立要件ヲ定メ其效力ハ日本ノ法律ニ依ルト爲スカ如キ、又ハ特定物ノ卽時賣買ハ債權契約ノミニ因リテ物權移轉ノ效力アリトスル佛國民法ニ依リテ卽時賣買ノ成立要件ヲ定ムルニ拘ハラス、其效力ハ物權移轉ニ付債權契約ノ外尚物權行爲ヲ必要トスル國ノ法律ニ依リ定メントスルカ如キハ結局成立要件ヲ滿サスシテ法律上ノ效力ヲ得ントスルモノナレハ斯ノ如キ成立要件ト效力ヲ各別ノ法律ニ依ルコトハ之ヲ認ムヘカラサルモノナリ。故ニ法律行爲ノ成立要件及效力ハ同一ノ準據法ニ從フモノニシテ其準據法ハ左ノ如シ。

第一　當事者ノ任意選擇アル場合

契約自由ノ原則ハ一般ニ認メラルル所ナルヲ以テ涉外的私法關係ニ於テ如何ナル效力アル法律行爲ヲ爲スヤハ當事者ノ意思ニ任スルヲ可トス。從テ各國皆涉外的私法關係ニ於ケル法律行爲ノ成立效力ニ關スル準據法ハ當事者ノ任意選擇ニ從ヒ定ムルモノト爲スコトハ一般ニ認メラレタリ。例ヘハ日本國內ノ人ト米國內ノ人トノ間ニ賣買契約ヲ爲ストキ其成立要件及效力ニ關スル法律トシテ當事者ハ日米孰レカノ法律ヲ選ミ又ハ第三國ノ法律ヲ選ムコトヲ得ルカ如シ。只當事者ノ任意選擇ニ從フ原則ヲ認ムル立法例ニ在リテモ或ハ(一)佛國民法ノ如ク之ヲ消極的ニ認ムルモノアリ、或ハ(二)積極的ニ(イ)契約ノミニ付當事者ノ意思ニ從フト爲スモノアリ、(ロ)或ハ契約ノミニ限ラス廣ク法律行爲全體ニ之ヲ認ムルモノアリ。我法例第七條第一項ハ積極的一般的ニ法律行爲ノ成立效力ノ準據法ハ當事者ノ意思ニ從フモノト爲セリ。故ニ契約タルト單獨行爲タルトヲ問ハス明示默示ニ依リ涉外的法律行爲ノ準據法ハ當事者ノ任意選擇ニ依リ定ムルコトヲ得ヘシ。但旣ニ述ヘタルコトアル如ク單獨行爲ノ場合ニ於テ準據法ヲ定ムルハ相手方ノ承諾アルコトヲ要スルモノナリ。何トナレハ單獨行爲ヲ爲ス者ノ一方的意思ニ依リ任意ニ準據法ヲ定メ相手方カ之ニ羈束セラルルモノト爲スカ如キハ公序良俗ニ反スレハナリ。要スルニ渉外的法律行爲ハ契約タルト單獨行爲タルトヲ問ハサルモ準據法ノ選擇ハ必ス契約ヲ以テ爲ササルヘカラサルモノトス。

第二　當事者ノ意思不明ノ場合

法律行爲ノ成立效力ノ準據法ハ當事者ノ選擇意思ニ依ルヲ原則ト爲ス以上ハ其意思不明ノ場合ハ當事者ノ意思ヲ推測シタル準據法ニ依ルモノト爲スヘキモノニシテ此點ニ關シテ諸主義アリ。

一　諸主義

1　履行地法主義

此主義ノ理由ハ法律行爲ノ履行ハ其行爲ノ終局目的ナルヲ以テ當事者ハ法律行爲ノ成立效力ノ準據法ニ付履行地法ニ重キヲ置クモノト推定スヘシト云フニ在リ。然レトモ法律行爲ノ履行ハ當事者ノ豫期セサル外國ニ於テ發生スルコトアリ。例ヘハ當事者カ履行ノ場所ヲ債權者ノ住所ナリト定メタルトキ債權者カ履行期日ニ他國ニ滯在住所ヲ有スルニ至リタルカ如シ。或ハ履行地ハ二個以上アルコトアリ、例ヘハ日本人カ米國商人ニ物品ヲ賣ル契約ヲ爲シ其履行ハ米、佛、獨ニ在ル米國商人ノ各支店ニ引渡ス契約ヲ爲スカ如シ。或ハ履行地ハ法律行爲成立後初メテ定マルコトアリ。斯ノ如ク履行地ナルモノハ偶然ニシテ又一定セサルコトアルヲ以テ當事者ノ意思ハ履行地法ナリトノ推定ハ正當ニアラス。

2 債務者ノ住所地法主義

此主義ノ理由ハ法律行爲ノ大部分ハ債權關係ニシテ債權關係ハ概ネ債務者ノ利益ノ爲メニ設ケラレ、債務者ノ住所地法ハ債務者ニ最モ利益ナルヲ以テ法律行爲ノ成立效力ハ債務者ノ住所地法ニ依ルヲ當事者ノ意思ニ合スト云フニ在リ。然レトモ雙務契約及多數當事者ノ場合ハ二人以上ノ債務者アリテ何レノ債務者ノ住所地法ニ依ルヘキカ明カナラス、例ヘハ日本人カ米國人ヨリ物品ヲ買受クル契約ヲ爲ストキハ代金支拂ノ債務者ノ住所ハ日本ニシテ物品引渡ノ債務者ノ住所ハ米國ナルヲ以テ何レノ住所地法ニ依ルヤ明カナラサルカ如シ。又之ト反對ニ債務者カ全ク住所ヲ有セサルコトアリ。況ヤ債權法ハ債務者ノ利益ノミノ爲メニ設ケラレタルモノニアラサルカ故ニ此説モ正當ナラス。

3 行爲地法主義

此主義ハ法律行爲ノ成立效力ニ付何レノ法律ニ依ルコトト爲スヤ當事者ノ意思不明ノ場合ハ

當事者雙方ニ共通ナル法律ヲ以テ律スヘキ意思ナリト推定シ其共通ナル法律ハ行爲地法ナルヲ以テ行爲地法ニ依ルヘシト云フニ在リテ此説ハ最モ缺點少ナキモノトス。

二　我國ハ行爲地法主義ナリ。

法例第七條第二項ハ法律行爲ノ成立及效力ノ準據法ニ付當事者ノ意思分明ナラサルトキハ行爲地法ニ依ル旨ヲ規定シ行爲地法主義ヲ採レリ。而シテ行爲地カ一國內ナルトキハ何等ノ問題ナキモ行爲カ數國ニ亘リテ行ハレタルトキハ何レノ法律ヲ以テ行爲地法ト爲スヤヲ定ムル必要アリ。此點ニ付法例第九條ノ定ムル所左ノ如シ。

1　單獨行爲

法律ヲ異ニスル地ニ在ル者ニ對シテ爲シタル意思表示ハ其通知ヲ發シタル地ヲ以テ行爲地ト看做スモノナリ（法例第九條第一項）。通知ヲ發シタル地ノ法律トハ口頭、電話ヲ以テスルト書面ノ發送ヲ以テスルトヲ問ハス、意思表示ヲ相手方又ハ一般公衆ニ知ラシムヘキ方法ヲ採リタル地ノ法律ニシテ相手方カ發信地ヲ知ルト否トヲ問ハサルモノトス。斯ノ如ク單獨行爲ノ準據法ハ發信地ノ法律ナリト雖モ多クノ單獨行爲ハ基本行爲アルコトヲ前提トスルカ故ニ、斯ノ如キ場合ハ單獨行爲ノ行爲地如何ヲ問ハス基本行爲ノ準據法ニ從フヘキモノトス。例ヘハ外國ノ未成年者カ日本ノ法律ニ依ルヘキ賣買行爲ヲ爲シタルトキ其賣買ヲ追認スル單獨行爲又ハ取消ス單獨行爲ノ成立效力ハ行爲地法ニ依ルモノニアラスシテ未成年者ノ本國法ニ依ルモノナリ。又未成年者ノ本國法ニ依リテ之ヲ追認シタルトキハ賣買ノ效力ハ日本ノ法律ニ依ルカ故ニ其不履行アリタルトキ履行ノ催告ヲ爲シ又ハ賣買ヲ解除スル單獨行爲ハ是レ亦外國ニ於テ行フ場合ト雖モ行爲地法ニ依ルモノニアラス、日本ノ法律ニ依リ催告又ハ解除ノ成立效力ヲ定ムヘキモノナルカ如シ。故ニ單獨行爲ノ成立效力ヲ其發信地法ニ依リテ定ムル場合ハ何等ノ基本タル法律關係ナキ單純ナル單獨行爲ノ場合ニ限ルモノニシテ之カ適用ハ極メテ少ナキモノナリ。左ニ二三單獨行爲ノ準據法ヲ例説スヘシ。

イ 無能力者ニ對スル法定代理人ノ同意又ハ許可ハ無能力者ノ能力ニ適用スヘキ法律ニ依ル。法定代理人ノ同意又ハ許可ハ單獨行爲ナリト雖モ、其成立效力ノ準據法ヲ當事者ノ意思ニ任シ又ハ行爲地法ニ依ルヘキモノニアラス。無能力者ノ能力ニ適用スヘキ法律ヲ以テ準據法ト爲ササルヘカラス。何トナレハ同意又ハ許可ハ能力補充ニ過キサレハナリ。例ヘハ英國ノ未成年者ト其親權者タル米國人トカ日本ニ來リ其未成年者ノ行爲ニ親權者カ同意又ハ營業許可ノ行爲ヲ爲ス要件效力ハ行爲地タル日本法律又ハ親權者ノ本國法ニ依ルヘキモノニアラスシテ未成年者ノ本國タル英國法ニ依ラサルヘカラス。又禁治産者、準禁治産者ノ行爲ニ對スル後見人ノ同意ハ宣告ヲ爲シタル國ノ法律ニ依リ、妻ニ對スル夫ノ許可ハ夫ノ本國法ニ依ルヘキモノナリ。尙此點ノ詳細ハ親權ノ說明ヲ參照スヘシ。

尙玆ニ附加說明スヘキコトハ無能力者ノ爲シタル行爲ノ相手方カ爲ス追認催告ノ行爲ハ何國ノ法律ニ依ルヘキモノナリヤノ問題ナリ。例ヘハ米國未成年者ヨリ物品ヲ買受ケタル者カ日本ニ於テ米國未成年者ニ對シ追認スヘキヤ否ヤヲ催告スル行爲ノ如シ。此場合ニ於テモ其催告ノ要件效力ハ未成年者ノ本國法ニ依ルヘキモノニシテ行爲地タル日本ノ法律ニ依ルヘキモノニアラス。故ニ其催告期間ハ米國法ニ依ルニアラサレハ效力ナク又確答ナキ場合ノ效力ハ米國法ニ依ルモノトス。

ロ　假住所ノ選定ハ選定者カ之ニ法律上ノ效力ヲ生セシメント欲スル國ノ法律ニ依ル。例ヘハ日本ニ滯在スル米國人カ米國法ニ依ルヘキ法律關係ノ爲メニ假住所ヲ選定セントセハ米國法ニ依ル選定要件ヲ具備シテ之ヲ爲スコトヲ要シ、其要件ヲ具備スルトキハ其效力ハ米國法ニ依リテ定マルカ如シ。

ハ　法人總會ノ招集通知ハ法人ノ本國法ニ依ル。

例ヘハ英國ノ法人カ日本ニ於テ總會ノ招集通知ヲ發スル場合ト雖モ行爲地法タル日本ノ法律ニ依ルモノニアラス英國法ニ依ルカ如シ。

二　其他代理人ニ對スル本人ノ指圖(民法第一〇一條)・代理人ノ爲ス復代理人不適任ノ通知(民法第一〇五條)、無權代理ノ追認及追認ノ催告(民法第一一三條第一一四條)・期限又ハ時效ノ利益拋棄(民法第一三六條第一四六條)等ノ單獨行爲ハ何國ノ法律ニ依ルヘキヤニ付テモ各場合ニ依リ準據法ヲ定ムヘキモノニシテ常ニ當事者ノ意思及行爲地法ニ依ルモノト爲スコトヲ得ス。

2　契約

契約ノ成立及效力ハ申込ノ通知ヲ發シタル地ヲ其契約ノ行爲地ト看做シ、若シ其申込ヲ受ケタル者カ承諾ヲ爲シタル當時申込ノ發信地ヲ知ラサリシトキハ申込者ノ住所地ヲ行爲地ト看做ス(法例第九條第二項)。例ヘハ日本ニ旅行中ノ米人(米國ニ住所アリ)カ日本ヨリ英國ニ居ル人ニ對シ機械ノ注文ヲ發シタルトキハ日本ヲ以テ行爲地ト看做スモノナリ。然レトモ之ニ承諾ヲ爲シタル英國人カ日本ヨリ申込ヲ發シタルコトヲ知ラサリシトキハ申込者タル米國人ノ住所地タル米國ヲ以テ行爲地ト看做スモノナリ。

3　共同行爲

共同行爲ノ各發信地ヲ異ニスルトキハ共同行爲ヲ以テ數個ノ單獨行爲ト見ルモ契約ナリト見ルモ何レノ法律ヲ以テ準據法ト爲スヤニ付疑アリト雖モ、既ニ成立セル會社ノ總會、親族會等ノ決議ノ如キハ決議ノ場所如何ニ拘ハラス既存團體ニ適用スヘキ準據法ニ從ヒ、新設會社設立申込ノ如キハ發起人ノ定メタル準據法ニ依ルモノナルヲ以テ共同行爲ニ付テハ當事者ノ意思不明ニ因リ行爲地法ヲ適用スル場合ナシト云フコトヲ得ヘシ。

以上述ヘタル行爲地法ニ依ル場合ハ行爲後其地ノ法律ニ變更アルモ行爲當時ノ法律ヲ以テ行爲地法ト爲スヤ勿論ナリ。

第三　心裡留保、虛僞行爲、錯誤、詐欺、强迫ニ基キテ當事者カ法律行爲ノ成立效力ニ關スル準據法ヲ選定シタル場合ノ效力

イ　準據法ヲ選定スルコトニ付心裡留保、虛僞、錯誤、詐欺又ハ强迫アリタル場合

例ヘハ米國ニ於テ爲ス法律行爲ノ準據法ヲ當事者カ定ムルニ當リ其選定ニ付心裡留保、虛僞、錯誤、詐欺、强迫等ニ因リ日本ノ法律ニ依ルコトヲ定メタル如キ場合ハ其法律行爲ノ效力ハ直チニ日本ノ法律ニ依ルモノト爲スヲ得ス、斯ノ如キ場合ハ先ツ第一ニ其選定カ無效ナリヤ、取消シ得ヘキモノナリヤヲ日本ノ法律ニ依リテ決スヘキモノナリ。何トナレハ無效ナリヤ、取消シ得ヘ

キ行爲ナリヤニ關スル日本ノ規定ハ强行法ナルヲ以テ當事者ノ意思其他ニ拘束セラルルコトナク日本法律ヲ適用シテ解決スヘキモノナレハナリ。而シテ其結果日本法律ニ依リ心裡留保乃至强迫ニ基ク準據法ノ選定カ無效ナルカ又ハ取消サレタルトキハ準據法ノ選定ナキコトトナルヲ以テ之ヲ意思不明ノ場合トシ行爲地法タル米國法ニ依リ法律行爲ノ成立效力ヲ定ムヘキモノナリ。然レトモ若シ詐欺、强迫ニ基クモ之ヲ取消サザル間ハ其選定ニ從ヒ日本法律ニ依リテ成立效力ヲ定ムヘキモノナリ。例ヘハ米國ニ於テ動產ヲ賣買シ其效力ハ錯誤ニ因リテ日本ノ法律ニ依ルモノト爲シタルトキ要素ノ錯誤アラハ日本ノ法律ニ依ルト爲シタルコトハ無效ナルヲ以テ其結果當事者カ賣買ノ準據法ヲ定メサリシコトトナリ賣買ノ效力ハ行爲地法タル米國法ニ依ルカ如ク、又其賣買ニ付詐欺ニ因リ日本ノ法律ニ依ルト爲シタル場合ニ日本ノ法律ニ依ルト爲シタルコトヲ取消サザル間ハ日本ノ法律ニ依リテ其賣買ノ效力ヲ定ムルモ之ヲ取消シタルトキハ賣買ノ效力ハ行爲地法タル米國法ニ依ルモノト爲ササルヘカラサルカ如シ。

ロ　準據法ノ選定ハ瑕疵ナキモ法律行爲ノ内容ニ付心裡留保、虛僞、錯誤、詐欺又ハ强迫アリタル場合

此場合ニ於ケル法律行爲カ無效ナリヤ、取消シ得ヘキモノナリヤハ選定サレタル法律ニ依リテ

定ムレハ可ナリ。例ヘハ米、佛ニ渉ル賣買ニ付日本ノ法律ニ依ルコトヲ定メタルトキ其賣買ニ錯誤アリヤ否ヤハ日本ノ法律ニ依リテ決スヘキカ如シ。

第二項　法律行爲ノ方式

法律行爲ノ方式トハ法律ヲ以テ法律行爲ヲ爲ス方法ヲ限定シ、其方法ニ適合セサル法律行爲ハ如何ニ明確ニ意思ノ存在ヲ認識セシムルコトヲ得ルモ法律行爲トシテ成立セサルモノナリ。即チ方式ヲ定メタル法律行爲ノ成立ハ其方式ヲ要件ト爲スモノナリ。斯ノ如ク方式ハ嚴格ナル意義トシテハ成立要件ナルモ國際私法上ニ所謂方式トハ嚴格ナル意義ノ成立要件ノミナラス對抗要件タル方式ヲモ含ムモノナリ。而シテ其方式ハ法律行爲ノ成立及效力ノ準據法ニ從ヘハ足ルモノナリヤ否ヤニ付(一)行爲地法主義(二)行爲地法ヲ原則トシ例外トシテ法律行爲ノ效力ヲ定ムル法律ニ依ルモ有效ナリトスル主義(三)法律行爲ノ效力ヲ定ムル法律ニ依ルモ行爲地法ニ依ルモ有效ナリト爲ス主義等アリ。我國ハ法例第八條ヲ以テ最後ノ主義ヲ採レルコト左ノ如シ。

第一　法律行爲ノ方式ハ其行爲ノ效力ヲ定ムル法律ニ依ル(法例第八條第一項)。

第二　行爲地法ニ依リタル方式ハ前項ニ拘ハラス之ヲ有效トス(同條第二項)。

蓋シ外國ノ法律ニ依リテ行爲ノ效力カ定マル場合ハ常ニ外國ノ法律ニ定メタル方式ニ依ラサルヘ

カラストセハ外國人カ我國ニ於テ本國ノ要式行爲ヲ行ハントスルモ之ヲ行フコト能ハサルコトアリ。例ヘハ或國ノ法律ニ於テ公證人又ハ身分取扱吏ノ立會ヲ要スル法律行爲ハ其國ノ人民カ我國ニ來リテ其行爲ヲ爲サントスルモ我國ニ身分取扱吏ナク又我國ノ公證人ハ其國ノ公證人ト性質ヲ異ニスル場合アリテ其外國人ハ日本ニ於テ法律行爲ヲ爲スコト能ハサルニ至ルモノナリ。日本人カ外國ニ於テ日本ノ要式行爲ヲ爲サントスル場合亦同シ。故ニ斯ル實際上ノ不便ヲ除キ何レノ國ニ於テモ容易ニ法律行爲ヲ爲スコトヲ得セシムル爲メ行爲地法ニ依ル方式モ亦有效ト爲ス必要アルカ爲メ同條第二項ヲ設ケタル所以ナリ。然レトモ物權ヲ設定又ハ處分スル行爲及其他登記スヘキ權利ヲ設定又ハ處分スル行爲ハ目的物ノ所在地法ノ方式ニ依ルニアラサレハ所在地ノ公安ヲ害スルヲ以テ此等ノ行爲ハ行爲地法ノ方式ニ依ルコトヲ得サルモノトス。而シテ茲ニ物權以外ノ登記スヘキ權利トハ我國ノ不動產買戻權及不動產賃貸借ノ如キ是レナリ。

第三　逃式的行爲ノ效力

本國法ニ規定セル方式ヲ逃ルルカ爲メ外國ニ至リテ其方式ニ從ヒ法律行爲ヲ爲スモ其行爲ノ方式ハ行爲地法ニ依リタルモノトシテ有效ナリヤ否ヤ。或ハ之ヲ無效ナリトスル主義アルモ我國ハ斯ル制限ヲ認メサルモノナリ。蓋シ當事者ノ意思ノ自由ヲ認メテ行爲地法ノ方式ニ依ルコトヲ許シタル以上ハ內國ノ方式ヲ逃レテ外國ノ行爲地ノ方式ニ依ルモ此事ヲ以テ直チニ之ヲ無效トシ又ハ禁止スル必要ナケレハナリ。

第三項　代理、無效、取消、條件及期限

第一　代理

一　授權行爲

代理權ヲ授與スル行爲ハ單獨行爲說ヲ採ルト契約說ヲ採ルトニ拘ハラス法律行爲ナルヲ以テ授權行爲ノ成立、效力及方式ハ總テ前二項ニ述ヘタル原則ニ依リ其準據法ヲ定メ其法律ニ依リテ代理權ノ範圍ハ定マルモノトス。故ニ單獨行爲ヲ以テ代理權ノ授與ノ效力ヲ生スル國ヨリ契約主義ノ國ニ在ル者ニ授權ノ通知ヲ發スレハ其通知ノミニ因リテ代理權ハ發生スルモ契約主義ノ國ニ在ル者ヨリ單獨行爲主義ノ國ニ在ル者ニ授權ノ通知ヲ發スレハ通知ヲ發シタル國ヲ行爲地法トシテ適用セラレ承諾ノ意思表示アルニアラサレハ代理權ハ發生セサルモノトス。

二　代理行爲

代理人ノ爲ス代理行爲モ法律行爲ナルヲ以テ一般法律行爲ノ原則ニ依リテ準據法ヲ定ムルモノトス。卽チ外國人ノ代理人カ日本ニ於テ法律行爲ヲ爲ス場合ニ其效力ヲ何レノ法律ニ依ルモノ

ト爲スヤハ代理人及相手方ノ意思ニ依リテ定メ其意思不明ノトキハ行爲地法タル日本ノ法律ニ依ルヘキモノトス。但本人タル外國人カ本國法ニ依リテ效力ヲ定ムヘキコトヲ代理人ニ命シタルニ拘ハラス代理人カ日本ノ法律ニ依ルヘキコトヲ定メタルトキハ其代理行爲ハ權限外ノ行爲ナルヲ以テ本人ニ代理權アリト信スヘキ正當ノ事由アリヤ否ヤニ依リ日本ノ法律ニ依リ效力ヲ定ムヘキヤ又ハ全ク無權代理ト爲ルヤ分ルルモノトス。

第二　無效

無效行爲ナリヤ否ヤノ準據法ハ一樣ニ論スルヲ得ス。蓋シ人ノ能力ニ依ル無效(獨逸ハ七歲以下ノ者及精神病ニ因ル禁治產者ノ行爲ハ無效トシ英國ハ禁治產者ノ行爲ハ無效トス)ハ能力ヲ定ムヘキ國ノ法律ニ依リ定ムルカ如キコトアレハナリ。然レトモ一般法律行爲ニ於テハ當事者カ其成立效力ニ適用セント欲シタル國ノ法律ニ依リテ定メ若シ其意思不明ノトキハ行爲地法ニ依リテ定ムヘキモノナリ。而シテ外國法ニ依リテ無效ナル行爲ヲ日本法律ニ依リテ追認シタルトキハ日本法律ニ依リテ效力ヲ定ムヘキ新タナル行爲ヲ爲シタルモノト看做シ、日本法律ニ依リテ無效ナル行爲ヲ外國法律ニ依リテ追認シタルトキハ其外國法カ無效行爲ノ追認ヲ認ムルヤ否ヤニ依リテ追認行爲ノ成立及效力ハ定マルモノトス。

第三、取消

取消シ得ヘキ行爲ナリヤ否ヤハ其原因ヲ定ムヘキ法律ニ依ルモノナリ。故ニ無能力者タルカ爲メノ取消シ得ヘキ行爲ハ無能力者ナリヤ否ヤヲ定ムル法律ニ依ラサルヘカラス。例ヘハ未成年者ナリヤ否ヤヲ定ムルハ本國法ナルヲ以テ未成年者ノ行爲トシテ取消シ得ヘキモノナリヤ否ヤハ本國法ニ依リテ定メ、禁治產者、準禁治產者ノ行爲トシテ取消シ得ヘキヤ否ヤハ其宣告ヲ爲シタル國ノ法律ニ依リテ定メ、妻ノ行爲トシテ取消シ得ヘキヤ否ヤハ夫ノ本國法ニ依リテ定ムヘキカ如シ。又意思表示ノ瑕疵ニ因ル取消シ得ヘキ行爲ハ意思表示ノ成立效力ノ準據法ニ依ルモノナリ、例ヘハ外國人カ外國ニ於テ詐欺、强迫ニ基キ日本法律ニ依リテ效力ヲ定ムヘキモノト爲シタルトキハ日本法律ニ依リ取消シ得ヘキヤ否ヤ及其取消、追認ノ效力ヲ定ムヘキカ如シ。

以上ノ如ク取消シ得ヘキ行爲ノ效力ハ各原因ニ依リテ其準據法ヲ異ニスルカ故ニ取消シ得ヘキ行爲ノ追認、取消ノ如キハ皆取消シ得ヘキ行爲タルヤ否ヤヲ定ムル法律ニ從フモノナリ。故ニ外國法ニ依リテ取消シ得ヘキ行爲ヲ追認シ又ハ取消スハ當事者ノ意思又ハ行爲地法トシテ日本法律ニ依リ其成立效力ヲ定ムルコトヲ得ス。例ヘハ七歲以上ノ獨逸未成年者ノ爲シタル行爲ノ追認又ハ取消ハ之ヲ日本ニ於テ爲ストキト雖モ獨逸法ニ從ヒ之ヲ爲スヘキモノニシテ日本法律ニ依ルコトヲ得サルカ如シ。

第四　條件及期限

條件及期限ハ法律行爲ノ附款ニ過キサルヲ以テ條件及期限ノ何タルヤ及其效力等ハ條件又ハ期限附法律行爲ノ成立效力ヲ定ムヘキ法律ニ依ルモノナリ。例ヘハ日本ノ法律ニ依ルヘキ法律行爲ノ條件ナルトキハ日本ノ法律ニ依リテ其法律行爲ハ條件成就ノ時ニ遡リテ效力ヲ發生シ條件ノ不成就カ確定セル停止條件附法律行爲又ハ不法、不能ノ條件ヲ附シタル法律行爲ハ之ヲ無效トスルカ如シ。

第二款　時效

時效ハ一定期間權利ノ行使又ハ不行使ニ因ル權利ノ得喪ニシテ之ニ取得時效ト消滅時效トアリ。

第一　消滅時效

消滅時效ハ既存權利ヲ消滅セシムル原因ナルヲ以テ既存權利ノ效力ヲ定ムル準據法ニ從フモノナリ。從テ消滅時效ニ關スル一般的準據法ヲ定ムルコトヲ得ス各種ノ權利ノ效力ヲ定ムル法律ニ依リ之ヲ定ムルモノナリ。我法例ニ於テモ一般的規定ヲ設ケサルカ故ニ後ニ各種ノ權利ヲ說明スル場合ニ之ヲ論スヘシ。只總則ニ於テ消滅時效ニ付說明ヲ要スヘキモノハ取消シ得ヘキ法律行爲ノ取消權ノ消滅時效ナリ。卽チ取消權ノ消滅時效ハ取消シ得ヘキ法律行爲ノ效力ヲ定ムル法律ニ依ルヘキモノニアラス、取消シ得ヘキ法律行爲ナリヤ否ヤヲ定ムル原因ヲ決スル法律ニ依ルモノト爲スヘキモノナリ。例ヘハ甲國ノ未成年者カ乙國ノ法律ニ依ルヘキ法律行爲ヲ爲シタルトキハ取消權ノ消滅時效ハ乙國ノ法律ニ依ルニアラス甲國ノ法律ニ依ルカ如シ。是レ取消權ハ取消シ得ヘキ法律行爲ノ效力ニアラス能力ニ關スル效果ナレハナリ。

第二　取得時效

取得時效ハ消滅時效ト異ナリ既存權利ニ關係ナク權利ヲ行使スル一ノ事實ニ因リテ原始的ニ權利ヲ取得スルモノナルカ故ニ、必スシモ既存權利ニ適用スル法律ト同一ノ法律ニ依ルノ必要ナキカ如キモ取得時效ナルモノハ物權タルト債權タルトヲ問ハス他人ノ權利義務ニ關係スルコト重大ナルヲ以テ是レ亦一般的ニ定ムルコトヲ得ス。各種ノ權利ニ付準據法ヲ定ムヘキモノナリ。

第三　時效停止ノ原因

時效ノ進行完成ヲ停止スル原因ノ何タルヤ及停止期間ハ時效ノ效力ヲ定ムル法律ニ依ルヘキモノナルモ其原因事實ノ存在スルヤ否ヤハ必スシモ時效ノ效力ヲ定ムル法律ト一致スヘキモノニアラ

ス。例ヘハ物權ノ取得時效ハ物ノ所在地法ニ依ルヘキモノニシテ其所在地カ日本ナルトキハ我民法第百六十一條ニ於ケル天災其他避クヘカラサル事變ノ爲メニ時效ノ完成ヲ停止スルモノニシテ其停止原因タル事實ノ存在セルヤ否ヤハ時效ニ適用スヘキ日本ノ法律ニ依リ定ムヘキヤ勿論ナリト雖モ．民法第百五十八條ニ於ケルカ如キ未成年者又ハ禁治產者タルノ故ヲ以テ時效ノ完成ヲ停止スル場合ノ如キハ未成年者、禁治產者タルコトカ停止原因ヲ爲スヤ否ヤハ時效ニ適用スヘキ法律ニ依リ定マルモ其者カ果シテ未成年者．禁治產者ナリヤ否ヤハ法例第三條．第四條ニ依リ未成年者ノ本國法及禁治產宣告國ノ法律ニ依リ定ムヘク．又民法第百六十條ニ定ムル相續財產ノ停止ニ付テモ相續財產ナリヤ否ヤ相續人カ確定シタルヤ否ヤ等ハ法例第二十五條ニ依リ被相續人ノ本國法ニ依リ定マルカ如シ。

第二章　涉外物權法

第一節　總　論

第一　物權ノ準據法ニ關スル二主義

甲　所在地法主義

此主義ハ動産、不動産ヲ問ハス物權ノ準據法ハ目的物ノ所在地法ニ依ルト爲スモノニシテ其根據ニ付意思推定說ト領土主權說トアリ。

一 意思推定說 此說ハさびに一派ノ主張スル所ニシテ、曰ク、物權ハ目的物ノ所在地ニ行クニアラサレハ最終ノ保護ヲ受クルコト能ハサルコトハ所有者ノ熟知スル所ナルヲ以テ所有者ハ目的物所在地ノ法律ニ從ヒテ物權ノ效力ヲ定ムルノ意思アルモノト看做スカ故ニ物權ハ目的物ノ所在地法ニ依ルヘキモノナリト。然レトモ物權ノ準據法ハ當事者ノ意思ニ反シテモ所在地法ニ依ルヘキ必要アルヲ以テ此說ハ正當ニアラス。

二 領土主權說 此說ハ多數學者ノ主張スル所ニシテ、曰ク、物權ハ物ヲ目的トスル權利ニシテ物ハ一定ノ場所ニ存在シ之カ增減變更ハ其所在地國ノ國民生活ニ重大ナル關係ヲ有スルカ故ニ所在地國ハ領土主權ニ依リテ物權ノ種類、效力ニ付嚴格ナル規定ヲ設ケ他國ノ法律ニ依ル效力ヲ認メサルカ故ニ所在地國ノ法律ニ依ラサルヘカラサルハ領土主義ノ結果ナリト。此說ヲ可トス。

乙 動產、不動產區別主義

此主義ハ不動產ノミハ所在地法ニ依ルモ動產ニ關スル物權ハ所有者ノ住所地法ニ依ルト云フニ

在リ。其理由トスル所ニ依レハ動產ハ永久的ニ一定ノ場所ヲ有セス其所有者ノ住所ニ從ヒテ其場所ヲ變更シ其所在地ヲ變更スル每ニ其上ニ存スル權利カ異ナル法律ニ依リテ支配セラルル結果ト爲ルハ畢竟所有者ノ意思ニ依リテ準據法ヲ定ムルコトヲ得ル債權關係ト異ナラサルヲ以テ動產ニ關スル物權ハ所有者ノ住所地法ニ依ルヘシト云フニ在リ。

然レトモ一切ノ動產ハ常ニ所有者ノ住所ニ從ツテ移轉スルモノニアラス又所有者ノ住所地法ニ依ルトスルモ住所ヲ異ニスル二人以上ノ共有關係、一人ニシテ二個以上ノ住所ヲ有スルトキ若クハ住所ヲ異ニスル者カ互ニ所有權ヲ主張スル場合等ニ於テハ住所地法主義ハ之ヲ實行スルコト能ハサルヲ以テ此區別主義ヲ採ルコト能ハサルモノトス。

第二　我國ハ所在地法主義ナリ。

我國ハ動產、不動產ヲ區別セス物權ニ關シテハ目的物ノ所在地法ニ依ルコトトシ尙ホ物權ニアラスト雖モ不動產賃貸借ノ如キ登記スルコトヲ得ル權利モ目的物ノ所在地法ニ依ルコトヲ法例第十條ニ定メタリ。

一　物權ノ種類、發生、內容、效力等總テ目的物ノ所在地法ニ依ル。

故ニ物權ノ目的物カ日本ニ存在スルトキハ假令外國ニ於テ契約スルトキト雖モ所有權、占有權、地上權、地役權、留置權、永小作權、質權、抵當權、先取特權ノ九種以外ニハ物權ヲ認メス。又其物權ノ內容、效力モ日本ノ法律ニ依リ定マルモノニシテ外國ノ法律ニ依ル效力ヲ許サヽルモノナリ。若シ右九種以外ノ物權ヲモ認ムル國ニ物カ存在スル場合ハ日本ニ於テ契約スルモ其物權ヲ設定スルコトヲ得ルモノニシテ其內容、效力ハ凡テ其國ノ法律ニ依リ定マルモノナリ。又物權的請求權ノ種類、內容等モ目的物ノ所在地法ニ依リ定メサルヘカラス。然レトモ不法行爲ヲ原因トスル請求ハ法例第十一條ニ依リ行爲地法ニ依ルモノトス。而シテ法例第十條ニ依レハ動產及不動產ニ關スル物權ト云ヘルヲ以テ同條ノ適用セラルル範圍ハ物權中動產、不動產ニ關スルモノニ限リ權利質ノ如キ權利ヲ目的トスル物權ニ適用ナキヤノ疑アルモ同條ニ依レハ物權以外ノ登記スヘキ權利ヲモ物權ト同一ノ準據法ニ依ルコトヲ定メタルコト及其準據法ハ物ノ所在地法ト云ハスシテ汎ク目的物ノ所在地法ト云ヘルヲ以テ動產及不動產以外ノ權利ニ關スル物權ヲモ同條ノ適用アルモノト解セサルヘカラス。從テ權利質及權利ヲ目的物トスル先取特權ニ付テモ其目的物ノ所在地法ニ依ルモノトス。尙ホ權利質及先取特權ニ付テハ後ニ詳說スヘシ。

二　物權ノ得喪原因ト所在地法トノ關係

物權ノ得喪原因モ目的物ノ所在地法ニ依ルモノナリ。然レトモ得喪原因ハ單ニ一時的ノ原因アリ。又繼續的ニ一定ノ時間ヲ要スルモノアリ。例ヘハ先占、埋藏物發見ノ如キハ一時的取得原因ニシテ時效取得又ハ時效消滅ノ如キハ其事實ハ繼續的ナリ。茲ニ於テカ原因事實ノ發生中ニ目的物ノ所在地ニ變更ヲ來スコトアルヲ以テ法例第十條第二項ハ物權ノ得喪ハ原因ノ完成シタル時ニ於ケル目的物ノ所在地法ニ依ルト爲セリ。然レトモ完成時ノ何時ナリヤハ更ニ研究ヲ要スルノミナラス得喪原因ハ各國必スシモ同一ニアラサルヲ以テ今少シク之ヲ説明スヘシ。

甲　法律行爲（物權行爲）ニ因ル物權ノ得喪

法律行爲ニ因ル物權ノ得喪トハ當事者カ所有權、占有權ヲ移轉スル行爲又ハ地上權ヲ設定シ質權、抵當權ヲ付與スル等一切ノ物權變動ヲ來ス法律行爲ヲ謂フモノニシテ其行爲ノ要件及效力ハ總テ物ノ所在地法ニ依ルヘキモノナリ。而シテ物ノ所在地法トハ法律行爲完成當時ノ所在地法タルコトヲ要スルモノナリ。茲ニ於テカ左ノ如キ結果ヲ生ス。

イ　物權行爲ト債權行爲トノ準據法關係

物權ノ得喪ヲ目的トスル法律行爲ハ之ヲ物權行爲ト云ヒ、物權行爲モ亦一ノ法律行爲ナリト雖モ一般法律行爲ノ準據法ニ關スル法例第七條乃至第九條ニ依ルモノニアラスシテ法例第十條第二項ニ依リ物權行爲ノ完成シタル當時ニ於ケル目的物ノ所在地法ニ依ルコト前述ノ如シ。

例ヘハ動産又ハ不動産ノ所有權ヲ移轉スル物權行爲ヲ甲國內ニ於テ完成スルモ其完成當時其動産又ハ不動産カ乙國ニ存在スルトキハ其所有權移轉ノ效果ハ行爲地タル甲國ノ法律ニ依リテ定ムヘキモノニアラス目的物ノ所在地タル乙國ノ法律ニ依リテ定ムヘキカ如シ。然レトモ目的物ノ所在地法ニ依ルハ物權ノ得喪原因タル物權行爲ニ限ルモノニシテ未タ物權得喪ノ原因ト爲ラサル債權行爲即チ物權ノ得喪ヲ目的トスル債權行爲ハ法律行爲一般ノ原則ニ依リ當事者ノ意思又ハ行爲地法ニ依ルモノナリ。從テ特定物ノ賣買ハ債權行爲ト物權行爲ト同時ニ完成スルヲ通常トスルモ所有權カ移轉シタルヤ否ヤ之ニ如何ナル從物カ存在スルヤ否ヤ其從物カ主物ノ處分ニ從フヤ否ヤ等ノ物權行爲ノ效力ニ付テハ物ノ所有地法ニ依リテ定メ瑕疵擔保、追奪擔保ノ義務アリヤ否ヤ等ノ債權的效力ハ當事者ノ意思又ハ行爲地法ニ依リテ之ヲ定ムルモノトス。例ヘハ甲國內ヨリ乙國內ノ者ニ對シ特定物ノ買受申込ヲ發シ乙國內ノ者之ヲ承諾シタルトキハ其賣買ト云フ債權行爲ノ成立效力ニ付當事者カ準據法ヲ定メサリシトキハ法例第七條第九條ニ依リ申込ノ通知ヲ發シタル甲國ヲ行爲地トシテ甲國ノ法律ニ依ルヘキモノナルヲ以テ、代金支拂ノ關係及瑕疵擔保、追奪擔保等ハ甲國ノ法律ニ依リ定マルモ、乙國內ヨリ承諾ヲ爲シタル當時其物カ乙國內ニ存在シタルトキハ其所有權ノ移轉及其從物ノ處分等ニ關スル物權關係ハ乙國ノ法律ニ依リ定マルカ如シ。

ロ　物權行爲完成ノ時期ト效力發生時期

物權行爲完成ノ時期ハ物權行爲ノ要件ヲ全部行ヒ終リタル時ナリ。故ニ我國及佛國ノ如ク物權的意思表示ノミヲ以テ物權ノ得喪原因ト爲ス國法ニ於テハ單獨行爲ハ其行爲ノ到達ノ時ヲ其物權行爲ノ完成ノ時トシ契約ナルトキハ承諾カ申込者ニ到達シタル時ヲ以テ其完成時期ト爲スヘキモノナリ。而シテ行爲ノ完成時期ハ通常行爲ノ效力發生時期ナルモ行爲ノ完成時期ト行爲ノ效力發生時期トヲ異ニスル場合アリ。例ヘハ契約行爲ノ完成時期ハ承諾カ申込者ニ到達シタル時ナルモ、我國ハ契約ノ效力發生時期ハ承諾ノ通知ヲ發シタル時ト爲セルカ如シ(民法第五二六條)。

斯ノ如キ場合ニ於テモ涉外的物權行爲ニ因リ準據法ハ行爲ノ完成時期ニ於ケル目的物ノ所在地法ナリト云ハサルヘカラス。例ヘハ日本國內ヨリ英國ニ機械ノ注文ヲ爲シ英國ヨリ承諾ノ通知ヲ發スルト同時ニ機械ヲ送付シ承諾ノ通知ト機械トカ同時ニ日本ニ到達シタルトキハ其契約ハ通知ヲ發シタル時成立シ其時機械ハ英國ニ存在スルモ、承諾行爲ノ完了ハ日本ニ到達シタル時ニシテ且機械カ日本ニ存在スル時ナルヲ以テ其機械ノ物權手續ハ日本ノ法律ニ依ルカ如シ。若シ獨逸ノ如ク物權行爲ヲ意思表示ノ外ニ登記又ハ引渡ヲ要件ト爲ストキハ登記又ハ引渡ノ完了ヲ以テ物權行爲ノ完成時ト爲スヘキモノナリ。

八 物權行爲中ニ物カ其所在ヲ變シタル場合

不動産ハ所在ヲ變スルコトナキモ動産ハ其所在ヲ變スルコトアルヲ以テ物權行爲中ニ動産ノ所在ヲ變シタルトキハ左ノ結果ヲ生ス。

a 意思表示ノミヲ物權行爲ノ要件トスル數國間ニ物カ移轉シタル場合ハ物權行爲ノ完成前ノ所在地如何ヲ問ハス完成當時ノ所在地法ニ依ル。

b 引渡ヲ要件トスル數國間ニ所在ヲ變シタル場合モ亦同シク引渡完了當時ノ所在地法ニ依ル。

c 意思表示ノミヲ要件トスル國ニ物カ存在スル間ニ所有權移轉契約ノ申込ヲ爲シタルノミニテ其後動産カ引渡ヲ要件トスル國ニ移リタルトキハ其國ノ法律ニ依ルカ故ニ承諾ヲ爲シタルノミニテハ效力ヲ生セス、引渡ノ完了アリテ初メテ所有權移轉ノ效力ヲ生ス。然レトモ意思表示ノミヲ要件トスル國ニ存在スル間ニ申込承諾ノ完了シタル以上ハ直ニ效力ヲ生スルカ故ニ假令其後引渡前ニ其物カ引渡ヲ要件トスル國ニ移ルモ其國ノ法律ニ依ルモノニアラス。

d　物カ引渡ヲ要件トスル國ニ存在スル間ニ意思表示ヲ完了シ其後引渡前ニ其物カ意思表示ノミヲ要件トスル國ニ移ルトキハ其國ノ法律ニ依レハ既ニ物權行爲ノ要件ハ充タサレ居ルヲ以テ引渡ヲ要セスシテ所有權ハ移轉ス。

e　一定ノ場所ニ復歸性ヲ有スル動產ハ物權行爲完成ノ時ニ於ケル永續的ニ復歸スル場所ノ法律ニ依ルモノトス。

例ヘハ犬猫等ノ家畜又ハ自働車乃至船舶、航空機等ハ其性質又ハ用方ニ從ヒテ移動セル間ハ物權行爲ノ完成ノ當時何レノ場所ニ在ルヤヲ論セス完成當時ニ於ケル永續的復歸ノ場所ノ法律ニ依ルモノトス。是レ其場所カ此等ノ物ノ所在地ニシテ、移動中ハ單ニ現在場所ノ異ナルニ過キサレハナリ(但船舶及航空機ノ永續的復歸ノ場所ハ國籍ニ依ルモノニシテ此點ハ後ニ述フヘシ)。

二　物權行爲完成當時ニ於ケル動產ノ所在場所ニ法律ノナキ場合及所在地不明ノ場合

a　所在場所ニ法律ナキ場合

公海中ノ船舶及空中ノ航空機ニ關スル物權行爲ハ前段ニ述ヘタル如ク永續的復歸ノ場所ノ

法律ニ依ルモ公海中ノ船舶内ニ在ル動産又ハ空中ノ航空機内ニ在ル動産ニ對スル物權行爲カ其公海中又ハ空中ニ在ル間ニ完成シタルトキハ其動産ノ在ル場所ニ行ハルル法律ナキヲ以テ法例第十條ニ依リ決スルコトヲ得ス理論ニ依リ決スル外ナシ。之ヲ理論ニ依リ決スルトキハ公海中ノ船舶又ハ空中ノ航空機内ハ領土ノ延長ナリトハ云ヘ其内ニ在ル動産ニ關スル物權行爲ノ如キハ領土主權ヲ害スル程度ニ至ラサルヲ以テ直チニ其船舶又ハ航空機ノ國籍法ニ依ルヘキモノト論スルヲ得ス。故ニ一般法律行爲ノ原則ニ依リ先ツ當事者ノ意思ニ依リ其準據法ヲ定メ若シ當事者ノ意思不明ノ場合ニ初メテ行爲地法ニ代ハルヘキ船舶又ハ航空機ノ國籍法ニ依ルモノト爲スヘシ。

b　所在地不明ノ場合

例ヘハ動産ノ地上運送中ニ物權行爲ノ完成シタル場合ノ如キハ所在地ナキニアラサルモ之ヲ知ルコト能ハサルコトアルヲ以テ其場合ハ所在地法ナキ（a）ノ場合ト同一ニ解スヘキモノナリ。

乙　法律行爲以外ノ原因

イ　先占、埋藏物發見、附合、混和、加工

此等ノ原因ニ因ル所有權取得ハ總テ此等ノ事實完成當時ノ所在地法ニ依ルコト明カナリ。尙詳細ハ所有權ヲ說明スル場合ニ之ヲ述フヘシ。

ロ　時效

A　不動產ニ關スル物權

不動產ニ關スル物權ノ取得時效及消滅時效ノ進行中ニ不動產カ其所在地ヲ變更スルコトハアリ得ヘカラサルヲ以テ時效完成當時ノ不動產ノ所在地法ハ時效進行當初ノ所在地法ニシテ不動產ノ所在地法ハ特定セルヲ以テ何等ノ問題ナシ。

B　動產ニ關スル物權

動產ニ關スル消滅時效ハ動產ノ先取特權及動產質權ニ關シ動產上ノ取得時效ハ所有權、質權ニ存シ其時效進行中ニ動產ノ所在地ヲ變スルコトアリ。此場合ニ於テモ我國ハ法例第十條第二項ニ依リ時效完成當時ノ物ノ所在地法ヲ以テ解決スヘキモノナルモ尙說明ヲ要スルモノアルヲ以テ左ニ之ヲ分說スヘシ。

1　主義

a　訴訟地法主義

此主義ハ時效ノ性質ヲ以テ證據問題ニ過キストスヨリ來ルモノナリ。卽チ消滅時效モ取得時效モ共ニ前所有者カ權利ヲ拋棄シタルモノト看做シ時效ノ完成ハ其拋棄ヲ證明スル一個ノ證據ニ過キストシ時效期間ノ經過シタル事實アラハ茲ニ物權ノ得喪ハ證明セラレタリト爲シ證明ハ訴訟問題ナルヲ以テ訴訟地法ニ依ルト云フニ在リ。

b　原因主義

此主義ハ時效ヲ以テ物權得喪ノ原因ト爲スモノニシテ更ニ分レテ二ト爲ル。

い　時效開始當時法主義

此主義ハ時效ノ進行開始當時ニ於ケル物ノ所在地法ニ依リ時效ノ成立效力ヲ定ムト爲スモノナリ。

ろ　時效完成當時法主義

此主義ハ時效完成當時ニ於ケル物ノ所在地法ニ依リ時效ノ成立效力ヲ定ムト爲スモノニシテ、其理由ハ時效ノ進行ヲ開始シタルノミニテハ將來權利ノ得喪ヲ來ス豫想アルニ過キスシテ完成時期ニアラサレハ時效ノ要件ヲ具備シタルヤ否ヤヲ定ムルコト能ハサルカ故ニ。完成當時ノ所在地法ニ依ル外ナシト云フニ在リ。

2 我國ハ完成當時法主義ナリ。

我國ハ法例第十條第二項ニ物權ノ得喪ハ其原因タル事實ノ完成シタル當時ニ於ケル目的物ノ所在地法ニ依ルト規定セルヲ以テ時效モ亦他ノ得喪原因ト同シク完成當時ニ於ケル目的物ノ所在地法ニ從フモノナリ。

而シテ時效完成當時法主義ニ依ルトキハ左ノ如キ結果ヲ生ス。

a 外國ノ所在地法ニ從ヒ既ニ時效完成シタルトキハ其後所在地ヲ變更スルモ確定セル權利ハ動カスコト能ハサルヲ以テ新所在地法ニ依レハ完成シ得ヘカラサル場合ニ於テモ既發ノ效力ハ之ヲ認メサルヘカラス。例ヘハ五年ヲ以テ取得時效ト爲ス國ニ於テ五年間物ノ占有ヲ繼續シタル者カ其十年ヲ以テ取得時效トスル國ニ來リ占有ハ前後ヲ通シテ七年ナル場合ニ新所在地法ニ依リテ未タ時效完成セスト主張スルヲ得サルカ如シ。

b 時效カ舊所在地法ニ從ヘハ未タ完成スヘカラサル場合ニ於テモ新所在地法ニ依リ完成セルトキハ得喪ノ效果ヲ生スルモノナリ。例ヘハ外國ニ於テハ物權取得ニ十年ノ占有ヲ條件トスルモ內國法カ二年ノ占有ヲ以テ足レリトスル場合ニ一年間外國ニ於テ占有ヲ繼續シタル後更ニ內國ニ於テ一年間之ヲ占有スルトキハ取得時效ノ完成スルカ如シ。

3 舊所在地法ニ依ルモ新所在地法ニ依ルモ未タ時效カ完成セサル場合ニ時效ノ完成セルヤ否ヤニ付爭ノ生シタルトキハ最後ノ所在地法卽チ爭ト爲リタル當時ニ於ケル所在地法ニ依ルヘキモノナリ。何トナレハ既ニ經過シタル權利ノ行使不行使ノ事實モ亦時效ノ一部的完成ナレハナリ。

ハ 他人ノ原始取得ニ因ル物權ノ喪失

他人カ取得時效其他ノ原因ニ因リ物權ヲ取得スルヤ否ヤハ其原因事實ノ完成時期ニ於ケル目的物ノ所在地法ニ依ルモノニシテ其結果前權利者ノ物權ヲ消滅セシムルモノトス。例ヘハ他人ノ物ニ加工シタルカ爲メニ加工者カ其物ノ所有權ヲ取得スルハ加工行爲ノ完成當時其物ノ所在スル國ノ法律ニ依ルカ如シ。

ニ 相續

相續ニ因ル物權ノ移轉ハ被相續人ノ本國法ニ依ルヘキコトハ法例第二十五條ノ解釋上疑ナキヲ以テ相續開始當時ニ於ケル目的物ノ所在地法ニ依ルヘキモノニアラス。但シ相續人ノ本國法ニ依ルヘキ關係ハ相續關係自體ノミナルヲ以テ之ヲ第三者ニ對抗スル條件等ハ目的物ノ所在地法ニ從ハサルヘカラサルモノトス。

三　物權以外ノ登記スヘキ權利モ目的物ノ所在地法ニ依ル。

物權以外ノ登記スヘキ權利トハ不動産ノ買戻權及賃貸借權等ニシテ、如何ナル權利カ登記スヘキ權利ナリヤハ目的物ノ所在地法ニ依リ定マルモ特許權、著作權等ノ登錄スヘキ權利及船舶登記又ハ商號ノ如キ商業登記ニ關スル權利ハ法例第十條ノ登記スヘキ權利ニ屬セサルモノナリ。然レトモ鑛業權、漁業權等ノ如ク物權ノ性質ヲ有スル權利ハ物權ノ原則ニ依リテ本條ノ適用アルヤ勿論ナルノミナラス、其他ノ登錄スヘキ權利モ多クハ對世的性質ヲ有シ物權ニ準スヘキモノナルヲ以テ、條約其他ノ法令ニ依リ特別ノ準據法ヲ定メタル以外ノ事項ニ付テハ物權ノ原則ヲ準用スヘキモノト解セサルヘカラス。故ニ登錄スヘキ權利ニ付テモ物權ノ性質ヲ有スルモノハ勿論其他ノ權利ニ付テモ物權各論ニ於テ說明シ船舶及商號ニ關スル權利ニ付テハ商事國際私法ノ編ニ於テ說明スルコトトシ以下少シク買戻權及賃借權ニ付說明スヘシ。

a　不動産買戻權

我民法第五百八十一條ニ依レハ不動産ノ賣買契約ト同時ニ買戻ノ特約ヲ登記シタルトキハ買戻ハ第三者ニ對シテモ其效力ヲ生スト爲セリ。故ニ買戻權ハ一個ノ債權ナリト雖モ其發生要件及效力ハ總テ目的物ノ所在地法ニ依ルモノニシテ行爲地法其他ノ法律ニ依ルコトヲ許サス。例ヘハ日本國內ノ不動產ニ付米國ニ於テ買戾契約ヲ爲ス場合ニ買戾期間ヲ十年以上ト定ムルモ我民法ハ第五百八十條ニ依リ十年ニ制限セルヲ以テ同條ニ依リ十年ニ短縮セラルルカ如シ然レトモ買戾權ヲ登記セサル場合ニ於テハ目的物ノ所在地法ニ依ルコトナキヲ以テ當事者ハ之ニ適用スヘキ準據法ヲ任意ニ選擇スルコトヲ得ヘク若シ其選擇ヲ爲サザルトキハ行爲地法ヲ準據法ト爲スヘキモノナリ。

b. 不動產賃借權

物ノ賃貸借ハ債權契約ナルヲ以テ特別ノ規定ナキ以上ハ動產ノ賃貸借ナルト不動產ノ賃貸借ナルトヲ問ハス其契約ニ關スル準據法ハ第一ニ當事者ノ意思ニ依リテ定メ意思不明ノ場合ハ行爲地法ニ依ルヘキモノト爲サザルヘカラス。然ルニ我民法第六百五條ニ依レハ不動產ノ賃貸借ハ之ヲ登記シタルトキハ爾後其不動產ニ付物權ヲ取得シタル者ニ對シテモ其效力ヲ生スト爲セルヲ以テ登記シタル不動產ノ賃借權ノ發生效力ハ總テ法例第十條ニ依リ目的物ノ所在地法ヲ以テ準據法ト爲スヘキモノナリ。而シテ此賃貸借ニ於テモ之ヲ登記セサルトキハ買戾權ト同樣ニ當事者ハ任意ニ其準據法ヲ定ムヘク若シ之ヲ定メサリシトキハ行爲地法ニ依ルモノトス。

第二節　物權各論

第一　占有權

占有關係ハ之ヲ一ノ事實ニ過キスト爲ス主義アリ又我國ノ如ク一ノ權利ナリト爲ス主義アリテ其何レナリヤハ物ノ所在地法ニ依リテ之ヲ決シ繼續的占有ニ因リ物權ノ得喪ヲ來ス場合ニ占有中物カ法律ヲ異ニスル國ニ移轉シタルトキハ新所在地法ニ依リテ定メ又占有中ノ保存費、必要費ノ償還請求權アリヤ否ヤモ亦新所在地法ニ依リ定ムヘキモノトス。

玆ニ問題ト爲ルハ占有ノ效力トシテ其果實ヲ取得スルハ果實ノ現在ノ所在地法ニ依ルモノナリヤ又ハ元本ヨリ果實カ分離スル當時ノ所在地法ニ依ルモノナリヤ是レナリ。曰ク果實ハ元本ヨリ分離スル當時ノ所在地法ニ依ルヘキモノナリ。何トナレハ分離當時ニ於テ既ニ之ヲ取得スルヤ否ヤ決定セラルルヲ以テ其後果實ノ所在カ變更スルモ既存權利關係ニ變更ヲ來ス謂レナケレハナリ。例ヘハ日本民法第百九十條ハ惡意ノ占有者ハ果實ヲ取得スルコトヲ得ス之ヲ返還スヘキモノト爲セルモ・某國ニ於テハ惡意ノ占有者モ果實ヲ取得シ得ルモノト爲ス場合ニ於テ其某國ニ於テ惡意ヲ以テ禽鳥ヲ占有シ雛子ヲ得タル後之ヲ日本ニ持チ來ルモ其雛子ヲ返還スル義務ナキカ如シ。

第二　所有權

一　總說

如何ナル物カ所有權ノ目的物ト爲リ得ルヤ又所有權ノ範圍、限界、所有權取得ノ方法卽チ無主物ノ先占、遺失物ノ拾得、埋藏物ノ發見、物ノ附合、混和、加工等ニ因リ所有權ヲ取得スルヤ否ヤハ皆物ノ所在地法ニ依リテ之ヲ定ム。

無主物ノ先占ハ先占ノ當時ニ於ケル其國ノ法律ニ依リ所有權ヲ取得スルヤ勿論ナリ。若シ其國ニ於テ所有ヲ禁シタル物例ヘハ保護鳥ヲ捕獲シタルトキハ其所有權ヲ取得スルコトヲ得スト雖モ其後之カ所有ヲ許ス外國ニ持チ來リタルトキハ其國ニ入リタル時ニ所有權ヲ取得スルコトトナルモノナリ。

遺失物ノ拾得ハ遺失當時ノ所在地法ニ依ルヤ、拾得當時ノ所在地法ニ依ルヤ又ハ屆出テタル地ノ法律ニ依ルヤ疑アリト雖モ拾得當時ノ所在地法ニ依ルモノト爲ササルヘカラス。何トナレハ拾得ナル事實カ所有權取得ノ原因ナレハナリ。

埋藏物ノ發見ニ因ル所有權取得モ發見當時ノ所在地法ニ依ルコト遺失物取得ト同一ナリ。但民法第二百四十一條ニ依レハ他人ノ物ノ中ニ於テ發見シタル埋藏物ハ發見者及其物ノ所有者折半シテ其所有權ヲ取得スト爲シ物ノ所有者モ亦埋藏物ノ所有權ヲ取得スルコトアリ。此場合ノ埋藏物取得ノ原因ハ發見ニアラスシテ自己ノ物ノ中ニ存在シタル事實ヲ原因トスルニ過キサルヲ以テ其者ノ取得ハ埋藏シタル物ノ所在地法ニ依ルモノナリ。然レトモ埋藏シタル物ノ所在地ト發見サレタル當時ノ埋藏物ノ所在地トハ同一ナルヲ以テ結果ニ於テハ發見者及埋藏シタル物ノ所有者トハ同一ノ法律ニ依リ埋藏物ヲ折半シテ所有權ヲ取得スルコトトナルモノナリ。

附合、混和ハ二物カ一體ト爲ルモノニシテ所在地ヲ異ニスルコトナキヲ以テ附合、混和ノ事實完成地ノ法律ニ依レハ可ナリ。

加工ニ付テモ加工完成當時ノ所在地法ニ依ルモノナリ。故ニ日本民法ニ於テハ加工物ノ所有權ハ材料ノ所有者ニ屬シ、獨逸ニ於テハ加工者ノ所有ニ屬スト爲セル場合ニ日本ニ於テ獨逸人カ加工スルモ加工物ノ所有權ハ材料ノ所有ニ屬シ獨逸ニ於テ加工セハ加工物ノ所有權ハ加工者ノ所有ニ屬スルモノナリ。

三　所有權取戻ノ訴

不動産所有權取戻ノ訴ノ管轄及之ニ適用スヘキ法律ハ專ラ所在地法ニ依ルヘキコト疑ナキモ動

產所有權ニ付テハ議論アリテ取戻ノ訴ノ管轄及之ニ適用スル法律ハ被告ノ住所地法及物ノ所在地法孰レニテモ可ナリト主張スル者アリト雖モ取戻訴權ハ債權ニアラスシテ一ノ物權的請求權ナルヲ以テ物權ニ關スル權利トシテ物ノ所在地法ニ依リ其地ニ管轄權アリト爲スヲ正當トス。

三　國ヲ異ニスル相隣地關係

國ヲ異ニスル相隣地ノ法律カ互ニ相異ナルトキハ雙方ノ土地ハ互ニ其所在地法ヲ適用スル結果雙方共法律ノ效力ハ制限セラルルモノナリ。例ヘハ甲ノ土地カ我國ナルトキハ其所有者カ其地ニ建物ヲ築造スルニ必要ナルトキハ隣地ヲ使用シ得ルモ隣地乙國ノ法律ニ於テ之カ使用ヲ認メサルトキハ甲ノ土地ニ於ケル隣地使用權ハ制限セラルルカ如シ。是レ目的物ノ各所在地法ニ依ル原則ノ衝突スルモノナリ。

四　共有關係

共有關係ニ於テモ共有物ノ所在地法ニ依ルモノナリ。從テ共有費用ノ負擔、持分ノ讓渡、管理、分割請求等總テ共有物ノ所在地法ニ依ルヘキナリ。

然ラハ共有物ノ所在地法トハ共有關係發生地ノ法律ナリヤ又ハ共有關係發生後共有物ノ所在ヲ變シタルトキハ更ニ其地ノ法律ヲ以テ共有關係ヲ定ムヘキヤ疑問ナリト雖モ各所在地ノ法律ニ

依ルヘキモノナルハ單一ナル所有權ノ場合ト同一ナリト解セサルヘカラス。

然レトモ分割禁止ノ特約ハ其後共有物ノ所在地ヲ變更スルモ特約ノ效力ヲ變スルモノニアラス。例ヘハ日本民法ハ五年以上ノ分割禁止ノ特約ヲ無效トスルニ拘ラス當事者カ八年間分割禁止ノ特約ヲ爲シ三年後ニ共有物ヲ外國ニ移シ其外國ハ十年間迄ハ分割禁止ヲ許スモノトスルモ八年間ノ分割禁止ノ特約ヲ有效ト爲スコトヲ得ス。何トナレハ日本ニ存在スル當時既ニ五年以上ノ特約ハ無效ナルコトニ確定シタルモノナレハナリ。

第三　地上權及永小作權

此等ノ權利ノ設定及效力モ其所在地法ニ依ル從テ地代及小作料ノ支拂義務ノ關係ハ勿論、地上權ノ抛棄又ハ永小作權消滅請求ノ如キ法律行爲モ法例第七條、第八條、第九條ニ依ルモノニアラス即チ行爲地ノ如何ヲ問ハス目的物ノ所在地法ニ依ルヘキモノトス。

第四　地役權

地役權モ設定行爲地ノ如何ヲ問ハス目的物ノ所在地法ニ依ルモノナリ。而シテ要役地ト承役地カ法律ヲ異ニスル國ニ存在スルトキハ承役地ノ法律ニ依ルヘキモノニシテ要役地ノ法律ニ依ルヘキモノニアラス。何トナレハ地役權ノ目的物ハ要役地ニアラスシテ承役地ナルヲ以テナリ。

第五　擔保物權

擔保物權トハ債權ノ履行ヲ確保スルカ爲メノ物權ナルヲ以テ其發生消滅ハ擔保物權個々ノ發生消滅ノ外主タル債權ノ發生消滅ト運命ヲ共ニスルモノナリ。從テ主タル債權ノ準據法ニ依リテ債權自體カ發生消滅スルトキハ擔保物權モ其影響ヲ受クルニ至ルヲ以テ斯ノ如ク主タル債權ノ變動ニ因リテ擔保物權ニ影響ヲ來ス場合ニ於ケル擔保物權ハ間接ニ主タル債權ノ準據法ニ支配セラルルノ結果ヲ生ス。例ヘハ主タル債權ノ準據法ニ依リテ其債權カ無效ナルトキハ其擔保ト爲シタル質權ハ目的物ノ所在地法ニ依リテ之ヲ無效原因ト爲ササルモ尚且質權設定ハ無效ナルカ如シ、依テ以下述フル所ハ擔保物權固有ノ準據法ニ付テ說明スルモノト知ルヘシ。

一　留置權

留置權ハ物ノ占有者カ其物ニ關シテ生シタル債權ヲ有スル場合ニ其物ヲ留置スル權利ニシテ我國ノ如ク之ヲ物權ト爲ス國ト債權ノ一效力ニ過キスト爲ス國トアリ。從テ之ヲ物權ト爲ス國ニ其物カ存在スルトキハ其物ニ關スル債權カ何レノ國ニ於テ發生シタルヤヲ問ハス留置權ヲ取得シ其效力ハ所在地法ニ依ルモ留置權ヲ以テ物權ト爲ササル國ニ物カ存在スルトキハ之ヲ物權トスル國ニ於テ債權カ發生シタリトスルモ留置權ヲ發生スルコトナク債權ニ適用スヘキ準據法ニ依リテ其效力ヲ定ムヘキモノナリ。故ニ之ヲ物權ト爲ス國ニ於テ留置權ヲ取得シタル後其權利者カ其物ヲ物權ト爲サヽル國ニ持チ來リシトキハ最早留置權ヲ主張スルコトヲ得ス。之ト反對ニ留置權ヲ物權ト爲サヽル國ニ於テ物ノ占有者カ其物ニ關シテ債權ヲ取得シ其後留置權ヲ物權ト爲ス國ニ其物ヲ持チ來リタルトキハ其國ノ法律ニ依リテ留置權ヲ主張スルコトヲ得ヘシ。又留置權ヲ以テ單ニ物ヲ留置シ得ル權利ニ過キスシテ之ヲ競賣スル權利ナキ國ニ於テ留置權ヲ取得シタル後競賣權ヲ認メタル國ニ其物ヲ持チ來ルトキハ所在地法トシテ競賣スルコトヲ得ヘシ。

二 先取特權

先取特權モ亦債權ノ一效力ニ過キスト爲ス國ト之ヲ物權ト爲ス國トアルヲ以テ留置權ニ於テ述ヘタルト同一ノ結果ヲ生スル外先取特權中一般ノ先取特權ハ債務者ノ總財產ノ上ニ生スルヲ以テ債務者カ數國ニ亘リテ財產ヲ所有スルトキハ各所在地國ノ法律ニ依リテ先取特權ノ效力ハ定マルモノナリ。從テ債務者ノ財產カ先取特權ヲ物權ト爲ス國ト債權ノ效力ニ過キスト爲ス國トニ存在スルトキハ物權主義ノ國ニ在ル物ニ付テハ其所在地國ノ法律ヲ適用シ債權主義ノ國ニ在ル物ニ付テハ主タル債權ノ準據法ヲ適用スヘキモノナリ。然レトモ留置權及先取特權ハ公益ニ關スルコト大ナルヲ以テ主タル債權ノ準據法ノ效力モ其物ノ所在地法ニ依リ制限セラルルコト多シト云ハサルヘカラス。

又一般ノ先取特權ハ債務者ノ總財産ノ上ニ存スルカ故ニ債務者ノ有スル債權其他物權以外ノ權利ノ上ニモ先取特權ヲ取得スルモノナリ。此場合ニ於ケル目的物ノ所在地トハ各權利ノ性質ニ依リ定ムヘキモノニシテ一概ニ論スルコトヲ得サレトモ債權ノ所在地カ債務者(第三債務者)ノ住所地ナルコトハ既ニ述ヘタル如シ。

三 質權

質權ハ留置權、先取特權ト異ナリ當事者ノ物權契約ニ因リテ發生スルモノナレトモ主タル債權ノ準據法ニ從フモノニアラス、目的物ノ所在地法ヲ適用スヘキコト留置權、先取特權ト同一ナリ。故ニ甲國ニ於テ賭博ヨリ生シタル債務ノ爲メ乙國內ニ於ケル不動産ニ對シ質權ヲ設定シタル場合ニ於テ甲國ニ於テハ斯ノ如キ質權ヲ有效トスルニ反シ乙國ニ於テハ之ヲ無效ナリトセハ乙國ノ法律ニ依リテ質權ハ發生セサルモノナリ。

質權設定ノ要件モ所在地法ニ依ルモノニシテ質權設定ノ要件ニ關シテハ日本ノ如ク物ノ引渡ヲ要スルモノアリ、又佛國ノ如ク書面ヲ要スルモノアリ、或ハ登記ヲ要スルモノアルヲ以テ所在地法ニ依ル要件ヲ具備スルニアラサレハ質權ハ發生セス。例ヘハ日本人ト獨逸人カ佛國ニ於テ質權ヲ設定セントセハ假令日本及獨逸ニ於テハ書面ヲ要セサルモ質權設定地タル佛國ニ於テハ書面ヲ要スルカ故ニ書面ヲ作成スルニアラサレハ質權ハ發生セス。而シテ書面ヲ要セサル日本ノ所在地ニ於テ書面ナク質權ヲ發生シタル以上ハ其後質物ヲ佛國ニ持チ行クモ質權カ無效ト爲ルモノニアラス。此點ハ留置權ト差異アリ、何トナレハ留置權ハ法律ノ規定ニ因リテ發生スルモ質權ハ契約ニ因リテ發生スレハナリ。然レトモ質權行使ノ手續ハ物ノ所在地法ニ依ラサルヘカラス。例ヘハ英米ニ於テハ質權ニ依リテ擔保セラレタル債務ヲ債務者カ履行セサルトキハ質權者ハ裁判所ニ請求スルヲ要セス、債務者ニ告知スルノミニテ之ヲ賣却スルコトヲ得ルニ反シ、日本ノ如キハ競賣法ニ依リ裁判所ニ競賣ノ申請ヲ爲スヘキモノナルヲ以テ英米ニ於テ質權ヲ取得シタル者カ日本ニ質物ヲ持チ來リテ其實行ヲ爲サントセハ裁判所ニ競賣申請ヲ爲ササルヘカラサルカ如シ。

最後ニ權利質ノ準據法ヲ考フルニ權利質カ物權ナリヤ債權ノ讓渡ナリヤハ議論アルモ權利質ハ權利者カ目的タル權利ヲ直接ニ支配シ得ヘキヲ以テ物權ノ性質ヲ有スルコト明カニシテ我民法モ亦之ヲ物權トセルカ故ニ權利質モ亦目的物ノ所在地法ニ依ルモノナリ。然ルニ法例第十條ハ動產及不動產ニ關スル物權ハ目的物ノ所在地法ニ依ルト規定シタルヲ以テ、動產、不動產ニ非サル權利ヲ目的トスル權利質ハ目的物ノ所在地法ヲ準據法トスルモノニアラサルヤノ感アルモ、法例第十條ハ總テノ物權ニ關スル準據法ハ目的物ノ所在地法ニ依ルモノト定メタルコトハ既ニ說明シタル所ニ依リ明カナリ。而シテ權利質中債權質ノ目的物ノ所在地トハ債務者ノ住所地ナルヲ以テ債權質ノ準據法ハ債務者(第三債務者)ノ住所地法ナリトス。例ヘハ甲國ニ住所ヲ有スル者カ乙國ニ住所ヲ有スル者ニ貸金ヲ爲シ甲國ニ在ル者カ其貸金債權ヲ丙國內ニ於テ丁國人ニ入質シタリトセハ其質權ニ適用スヘキ準據法ハ乙國ノ法律ニシテ甲國及丙國ノ法律ハ準據法ニアラス。又甲乙間ノ貸金關係ニ適用スヘキ法律ニ依ルヘキモノニモアラス。然レトモ地上權・永小作權其他ノ物權ニ質權ヲ設定シタルトキハ債務者ノ住所ナルモノナク入質セラルル權利ノ所在地ハ物ノ所在地ナルヲ以テ物權ノ入質ハ物ノ所在地法ニ依ルヘキモノナリ。

四　抵當權

抵當權ハ債務者又ハ第三者カ占有ヲ移サスシテ債務ノ擔保ニ供シタル物ニ付其債權者カ他ノ債權者ニ先チテ自己ノ債權ノ辨濟ヲ受クル權利ニシテ斯ノ如キ抵當權ヲ認ムル國ト之ヲ認メサル國トアリ。之ヲ認メサル國ニ於テハ條件附所有權移轉行爲ト爲スモノナリ。抵當權ヲ認ムル國ニ於テモ我國ノ如ク不動產ニ付テノミヲ之ヲ認ムルモノト動產ニ付テモ抵當權ヲ認ムル國アリ。

又抵當權ヲ認ムル國ニ於テ其發生原因ヲ我國ノ如ク契約ノミニ限ルモノト佛伊ノ如ク裁判上ノ抵當權・法律上ノ抵當權及契約上ノ抵當權ノ三種ト爲スモノ及白耳義ノ如ク法律上ノ抵當權、契約上ノ抵當權及遺言上ノ抵當權ノ三種ト爲スモノアレトモ、總テ目的物ノ所在地法ニ依リテ其發生效力ヲ定ムヘキモノナリ。或ハ法律上ノ抵當權ニ付テハ權利者ノ本國法及物ノ所在地法ヲ共ニ適用スヘシト論スルモノアリ。例ヘハ獨逸人タル被後見人カ佛國人タル後見人ノ財産ニ對シテ抵當權ヲ有スルヤ否ヤハ後見人ノ財産所在地タル佛國法ノミニ依ルヘキモノニアラス、佛國法及獨逸法ヲ共ニ適用スヘシト云フニ在リテ、其論據トシテ擧クル所ニ依レハ抵當權ヲ享有スヘキ人ノ本國法カ其權利ノ發生ヲ認メサルハ其人ニ對スル抵當權ヲ必要トセサルカ爲メナリト爲スニ在リ。然レトモ法律上ノ抵當權ニ付斯ノ如キ理由ヲ以テ權利者ノ本國法及物ノ所在地法ノ二個ノ法律ヲ適用スト爲ス以上ハ法律ノ規定ニ因リテ發生スル留置權、先取特權等モ亦權利者ノ本國法及物ノ所在地法ヲ共ニ適用スト爲ササルヘカラサルコトトナリ物權ハ物ノ所在地法ニ依ルトノ原則ヲ無視スルニ至ルヲ以テ此説ノ不當ナルヤ明カナリ。

五　鑛業權

鑛業權トハ鑛物ノ試掘權及採掘權ヲ謂フ（鑛業法第四條）モノニシテ日本ニ於テハ外國人ニ鑛業權ヲ許可

セス(同法第五條)ト雖モ、外國ノ鑛業權ヲ日本人又ハ他ノ外國人カ取得シ得ルヤ否ヤ及其内容效力等ハ目的物ノ所在地法ニ依ルヘキモノナリ。

六　漁業權

漁業權トハ營利ノ目的ヲ以テ水産動植物ノ採捕又ハ養殖ヲ業トスルコトヲ謂フモノニシテ(漁業法第一條)漁業權ハ之ヲ物權ト看做シ(同法第七條)入漁權ナルモノモ之ヲ物權ト看做ス(同法第三條)。故ニ漁業權及入漁權ハ目的物ノ所在地法ニ依リテ其發生、消滅、變更ニ關スル法則ヲ定ムヘキモノナリ。而シテ日本領土内ニ於ケル漁業權ハ鑛業權ト異ナリ外國人モ之ヲ享有スルコトヲ得ルモ其内容等ハ總テ日本法律ニ依ルモノナリ。

第三節　涉外準物權法

第一　著作權

一　著作權ノ性質

イ　物權説

此説ニ依レハ著作權ハ何人ニモ對抗シ得ヘキ權利ニシテ中間人ヲ要セサルカ故ニ物權ナリト

主張スレトモ物ヲ支配スル性質ナキヲ以テ物權ト爲スハ正當ニアラス。

ロ　特權說

此說ニ依レハ著作權ハ一般ノ人カ享有スルコトヲ得スシテ或種ノ人ニ限リ之ヲ享有シ得ル權利ナルヲ以テ特權ナリト主張スレトモ著作權モ之ヲ讓渡シ得ルカ故ニ特權ト爲スハ不可ナリ。

ハ　混合說

此說ハ著作權カ一般人ニ對スル點ヨリスルトキハ物權ニシテ、一定ノ人ニ對シテ權利ヲ行使シ得ル場合ハ債權ナリト主張スレトモ其意味不明ナリ。

ニ　特別權利說

此說ハ著作權ヲ以テ物權債權ニアフサル一種特別ノ私權ニ過キストト主張スルモノニシテ此說ヲ正當トス。然レトモ著作權カ對世的效力アル點ニ於テ物權ニ類似スルヲ以テ準物權ト爲シ涉外關係ノ準據ヲ考究スル必要アリ。

二　涉外著作權法

內國人ノ著作權ノ效力ハ內國ノ著作權法ニ依リ定マルモ外國人ノ著作權保護ハ何國ノ法律ニ依ルヘキカ、是レ涉外著作權法ヲ必要トスル所以ニシテ、日本ノ著作權法ニ依レハ外國人カ外國ニ於テ著作權ヲ得タルモノモ日本ニ於テハ日本ノ著作權法ニ從ヒテ保護シ又外國人カ日本ニ於テ初メテ著作物ヲ發行スル場合モ日本ノ著作權法ニ依リ日本人ト同一ニ取扱フモノトセリ（同法第二條八）。但同法ニ依レハ日本ノ著作權法ト異ナル條約アルトキハ其條約ヲ以テ渉外著作權ニ關スル法則トナスモノナリ。而シテ著作權ニ關シテハ明治四十三年文學的及美術的著作物保護修正ペルヌ條約アリ此條約ニ依レハ本國ニ於テ其著作物ヲ保護スルト否トヲ問ハス內國人ニ對シ保護スヘキ著作物ハ內外國人共同一ニ內國著作權法ニ依リテ內國ニ於テ保護セラルルモノナリ。尙詳細ハ左ノ條約文ヲ參照スヘシ。

參照　文學的及美術的著作物保護修正ペルヌ條約（明治四十三年九月八日條約第五號）

第一條　締盟國ハ文學的及美術的著作物ニ關シ著作者ノ權利ヲ保護セムカ爲同盟ヲ組織ス

第二條　「文學的及美術的著作物」ナル名稱ハ複製ノ方法若ハ形式ノ如何ヲ問ハス書籍小册子及其ノ他ノ文書、演劇脚本、樂譜入演劇脚本、登場カ文書其ノ他ノ方法ヲ以テ定メラレタル舞譜及無言劇《パントミーム》、文句入リ又ハ文句ナシノ樂譜、圖畫、油畫、建築、彫刻、銅版畫及石版畫ニ關スル著作物、圖解地圖、地理學、地文學、建築學若ハ科學ニ關スル圖畫及模型ノ如キ文藝學術若ハ美術ノ範圍ニ屬スル一切ノ製作物ヲ包含ス

翻譯、翻案、變曲其ノ他文學的若ハ美術的著作物ノ變形複製物竝異ナリタル著作物ノ編輯物ハ原作物ノ著作者ノ權利ヲ害セサル範圍內ニ於テ原著作物ト同一ニ保護セラルヘキモノトス

締盟國ハ前二項ニ規定セル著作物ノ保護ヲ爲スヘキ義務ヲ有ス

工業ニ應用シタル美術物ハ各國内國法ノ認ムル場合ニ於テ之ヲ保護スヘキモノトス

第三條　本條約ハ寫眞及之ト類似ノ方法ヲ以テ作リタル著作物ニ適用ス締盟國ハ之ヲ保護スヘキ義務ヲ有ス

第四條　同盟國ノ一ニ屬スル著作者ハ公ニセサル若ハ同盟國ノ一ニ於テ始メテ公ニシタル著作物ニ關シ著作物ノ本國以外ノ國ニ於テ其ノ國法カ内國人ニ現ニ許與シ若ハ將來許與スヘキ權利竝特ニ本條約ニ依リ許與セラレタル權利ヲ享有ス

右權利ノ享有及行使ハ何等方式ノ履行ヲ要セス其ノ享有及行使ハ著作物ノ本國ニ於ケル保護ノ存在ニ係ルコトナシ從テ本條約ニ定メタル規定ノ外保護ノ範圍竝權利防衛ノ爲著作者ニ擔保セラレタル救濟ノ方法ハ專ラ保護ノ要求セラルル國ノ法律ニ依ルヘキモノトス

公ニセサル著作物ニ關シテハ著作者ノ屬スル國ヲ以テ著作物ノ本國トシ公ニシタル著作物ニ關シテハ第一發行ノ國ヲ以テ本國トシ數箇ノ同盟國ニ於テ同時ニ公ニシタル著作物ニ關シテハ右諸國ノ中ニ付其國法ノ許與スル保護ノ期間最モ短キ國ヲ以テ其ノ本國トス同盟ニ屬セサル國ト同盟國トニ於テ同時ニ公ニシタル著作物ニ關シテハ同盟國ヲ以テ本國ト看做ス

公ニシタル著作物トハ本條約ノ意義ニ於テハ刊行シタル著作物ヲ云フ演劇脚本若ハ樂譜入演劇脚本ノ興行、音樂的著作物ノ演奏、美術的著作物ノ展覽及建築的著作物ノ建設ハ公ニスルノ意味ニアラサルモノトス

第五條　同盟國ニ屬スル著作者ニシテ他ノ同盟國ニ於テ始メテ其ノ著作物ヲ公ニシタルトキハ其ノ國ニ於テ内國著作者ト同一ノ權利ヲ有ス

第六條　同盟國ニ屬セサル著作者ニシテ同盟國ノ一ニ於テ始メテ其ノ著作物ヲ公ニシタルトキハ其ノ國ニ於テハ内國著作者ト同一ノ權利ヲ享有シ他ノ同盟國ニ於テ本條約ノ許與スル權利ヲ享有ス

第七條　本條約ニ依リ許與スル保證ノ期間ハ著作者ノ生存間及其ノ死後五十年トス

然レトモ同盟國ノ凡テカ前項ノ期間ヲ採用セサル場合ニ於テハ保護期間ハ保護ノ要求セラレタル國ノ法律ニ依ルヘキモノトス且著作物ノ本國ニ於テ定メタル期間ヲ超過スルコトヲ得ス從テ締盟國ハ自國ニ於ケル期間ニ合致スル範圍内ニアラサレハ前項ノ規定ヲ適用スルヲ要セス

寫眞著作物及寫眞ト類似ノ方法ヲ以テ作リタル著作物、遺著、無名若ハ變名著作物ニ關シテハ保護ノ期間ハ保護ノ要求セラレタル國ノ法律ニ依ルヘキモノトス但シ著作物ノ本國ニ於ケル期間ヲ超過スルコトヲ得ス

第八條　公ニセサル著作物ノ著作者ニシテ同盟國ノ一ニ屬スル者及同盟國ノ一ニ於テ始メテ公ニシタル著作物ノ著作者ハ原著作物ニ關スル權利ノ存續期間他ノ同盟國ニ於テ其ノ著作物ヲ翻譯シ若ハ翻譯セシムル特權ヲ享有ス

第九條　同盟國ノ一ニ於ケル新聞紙若ハ定期刊行物中ニ掲ケタル「ローマン、フォイユトン」「ヌーヴェル」及其ノ他目的ノ如何ヲ問ハス文藝學術若ハ美術ノ一切ノ著作物ハ著作者ノ承諾ヲ得ルニアラサレハ他國ニ於テ轉載スルコトヲ得ス

「ローマン、フォイユトン」「ヌーヴェル」以外ノ新聞紙ノ記事ハ轉載ヲ禁止スル明示ナキ場合ニ於テハ他ノ新聞紙ニ轉載スルコトヲ得但シ其ノ出所ヲ示スコトヲ要ス此ノ義務ニ對スル制裁ハ保護ノ要求セラレタル國ノ法律ニ依リテ之ヲ定ム

本條約ノ保護ハ時事ノ記事若ハ單ニ新聞ノ報道ニ過キサル雜報ニハ之ヲ適用セス

第十條　教科用ニ供シ又ハ科學的ノ性質ヲ有スル著作物發行ノ爲若ハ節用編輯ノ爲ニ文學的若ハ美術的著作物ヲ適法ニ拔萃スルノ權能ニ關シテハ同盟各國ノ法律及同盟國間ニ現存シ若ハ將來締結スヘキ特別ノ取極ニ準據スヘシ

第十一條　本條約ノ規定ハ公ニシタルモノト否トヲ問ハス演劇脚本若ハ樂譜入演劇脚本ノ興行及音樂的著作物ノ演

奏ニ之ヲ適用ス
演劇脚本若ハ樂譜入演劇脚本ノ著作者ハ原著作物ニ關スル其ノ權利ノ存續スル期間内ハ其ノ翻譯ノ許可ナキ興行ニ對シテ保護セラルルモノトス
本條ノ保護ヲ享有セシカ爲ニハ著作者ハ著作物發行ノ際其ノ興行又ハ演奏ヲ禁スルコトヲ明示スルヲ要ス
第十二條　翻案、變曲及小説若ハ詩歌ト演劇脚本トノ相互ノ變作等ノ如キ文學的若ハ美術的著作物ノ許可ナキ間接ノ剽窃ハ同一ノ形體若ハ其ノ他ノ形體ニ於テ單ニ主要ナラサル變更增補又ハ節約ヲ加ヘタル複製ニ過キスシテ新著作物タル性質ヲ具備セサル場合ニ於テハ本條約ヲ適用スヘキ不法複製中ニ包含セラルヘキモノトス
第十三條　音樂的著作物ノ著作者ハ左ノ事項ヲ許可スルノ特權ヲ有ス
一　音樂的著作物ヲ機械的ニ複製スルノ用ニ供スル機器ニ其著作物ヲ寫調スルコト
二　前號ノ機器ヲ以テ其著作物ヲ演奏スルコト
本條ノ適用ニ關スル留保及條件ハ各國ノ内國法ノ定ムル所ニ依ル但シ此ノ種ノ留保及條件ハ之ヲ定メタル國ニノミ效力ヲ有ス
第一項ノ規定ハ遡及效ヲ有セス從テ同盟國ニ於テハ其ノ國ニ於テ本條約實施前適法ニ機械的器具ニ寫調シタル著作物ニハ適用セス
本條第二項及第三項ノ規定ニ基ク寫調ニシテ利害關係人ノ許可ナク且之ヲ適法ト認メサル國ニ輸入セラレタル場合ニ於テハ其國ニ於テ之ヲ差押フルコトヲ得
第十四條　文學的學術的若ハ美術的著作物ノ著作者ハ活動寫眞ニ依ル複製及興行ヲ許可スルノ特權ヲ有ス
活動寫眞的製作物ハ著作者カ登場若ハ現出セラレタル事件ノ組合セニ依リ其ノ製作物ニ人的且原始的ノ性質ヲ與

ヘタル場合ニ於テハ之ヲ文學的若ハ美術的著作物ト看做ス

文學的學術的若ハ美術的著作物ノ活動寫眞ニ依ル複製又ハ原著作物ト同一ニ保護セラルヘキモノトス但シ原著作者ノ權利ヲ害スルコトヲ得ス

前三項ノ規定ハ其ノ他活動寫眞術ト類似ノ方法ヲ以テ作リタル複製若ハ製作物ニ適用ス

第十五條　本條約ニ依リテ保護セラルル著作物ハ反對ノ證據ナキ限リ眞正ノ著作物ト看做サレ從テ同盟國ノ裁判所ニ於テ僞作者ニ對シテ訴訟ノ提起ヲ許容セラレンカ爲ニハ自己ノ氏名ヲ普通ノ方法ニ依リ其ノ著作物ニ記載スルヲ以テ足レリトス

無名又ハ變名著作物ニ關シテハ其ノ著作物ニ記名シタル發行者ニ於テ著作者ニ屬スル權利ノ防護スルノ權能ヲ有ス發行者ハ別ニ證據ヲ要セスシテ無名又ハ變名著作者ノ承繼人ト看做サルヘキモノトス

第十六條　總テ僞作物ハ原著作物カ法律上ノ被保護權ヲ有スル處ノ同盟國ノ當該官廳ニ於テ之ヲ差押フルコトヲ得」

前項ノ同盟國ニ於テハ著作物カ保護セラレス若ハ保護ノ止ミタル國ヨリ來ル複製物ヲモ差押フルコトヲ得

右ノ差押ハ各國ノ法律ニ從テ之ヲ行フモノトス

第十七條　本條約ノ規定ハ同盟各國ノ政府カ法律ノ規定若ハ警察處分ニ依リ當該官廳ヲシテ著作物ノ發賣頒布、興行、公示ヲ許可シ監督シ禁止セシムルノ權利ニ何等ノ影響ヲ爲ササルモノトス

第十八條　本條約ハ本條約實施ノ際其本國ニ於テ保護期間ノ滿了ニ依リ未タ公有ニ屬セサル一切ノ著作物ニ適用ス」

然レトモ著作物カ保護ノ滿了ニ依リ保護ノ要求セラルル國ニ於テ公有ニ屬セル場合ニ於テハ其ノ著作物ハ更ニ保護セラルルコトナシ

右原則ノ適用ハ之ニ關シ同盟國間ニ現存シ若ハ將來締結スヘキ特別條約ノ規定ニ從フヘキモノトス但シ之ニ類ス

ル規定存在セサルトキハ各國其ノ關スル處ニ從ヒ右原則ノ適用ニ關スル方法ヲ定ムヘシ

前三項ノ規定ハ新同盟國加入ノ場合及保護期間カ第七條ノ適用ニ依リ擴張セラレタル場合ニモ亦之ヲ適用ス

第十九條　本條約ノ規定ハ同盟國ノ法律ニ依リ外國人ノ爲ニ定メラルル一層寛大ナル規定ノ適用ヲ妨ケス

第二十條　同盟國政府ハ同盟ニ依リ附與セラレタル權利ヨリ廣大ナル權利ヲ著作者ニ附與スルコトニ付若ハ本條約ニ牴觸セサル限リハ他ノ規定ヲ設ケテ各國相互間ニ特別ノ取極ヲ締結スルノ權ヲ留保ス此ノ條件ニ反セサル現存ノ取極ノ規定ハ仍其ノ效力ヲ有ス

第二十一條　「文學的美術的著作物保護萬國同盟事務局」ナル名稱ヲ附セル萬國事務局ハ之ヲ維持ス

右事務局ハ瑞西聯邦政府ノ下ニ之ヲ置ク瑞西聯邦政府ハ其ノ組織ヲ定メ且其ノ事務ヲ監督ス

佛蘭西語ヲ以テ萬國事務局ノ公用語トス

（以下略）

第二　工業所有權

工業所有權トハ特許權、實用新案權、工業的意匠、又ハ工業的雛形又ハ製造標、商標、商號等ノ權利ヲ總稱スルモノニシテ此等ノ權利ノ性質ニ付テハ著作權ト同樣ノ學說アルモ之ヲ特別ノ權利ト爲スヲ正當トス。故ニ工業所有權ト稱スルモ享有スル權利ト云フ意味ニ外ナラス。而シテ外國人ノ有スル此等ノ權利ハ內國ニ於テ保護セラルルヤ又ハ內國人ノ有スル此等ノ權利カ外國ニ於テ保護セラルルヤ或ハ如何ナル法律ニ依リテ其內容效力ヲ定ムルヤニ付テハ著作權ト略同一ニシテ之ニ關シテモ條約アルヲ以テ左ニ之ヲ掲クヘシ。

參照　千九百年十二月十四日菲律悉及千九百十一年六月二日華盛頓ニ於テ改正セラレタル工業所有權保護ニ關スル千八百八十三年三月二十日ノ巴里同盟條約及附屬議定書

第一條　締約國ハ工業所有權保護ノ爲玆ニ同盟ヲ組織ス

第二條　各締約國ノ臣民又ハ人民ハ他ノ總テノ同盟國ニ於テ發明特許、實用新案、工業的意匠又ハ雛形、製造標又ハ商標、商號ハ原産地ノ表示及不正競爭ノ取締ニ關シ各其ノ國法カ内國人ニ對シ現ニ許與シ又ハ將來許與スヘキ利益ヲ享受スヘシ故ニ該臣民又ハ人民ハ内國人ノ經由スヘキ手續及條件ヲ遵守スルニ於テハ内國人ト同一ノ保護ヲ受ケ其權利ノ侵害ニ對シテモ亦總テ内國人ト同一ノ訴權ヲ有スヘシ但シ保護ヲ受ケムトスル國内ニ住所又ハ營業所ヲ有スヘキ何等ノ義務ヲモ同盟國人ニ課スルコトヲ得ス

第三條　同盟ニ加入セサル國ノ臣民又ハ人民ニシテ同盟國内ノ一國ノ版圖内ニ住所ヲ有シ又ハ現實且眞誠ナル工業的若ハ商業的營業所ヲ有スル者ハ締約國ノ臣民又ハ人民ニ準スヘキモノトス

第四條　甲　締約國中ノ一國ニ於テ合式ニ發明ノ特許出願、實用新案、工業的意匠若ハ雛形又ハ製造標若ハ商標ノ登錄出願ヲ爲シタル者又ハ其ノ承繼人ハ他ノ締約國ニ於テ出願ヲ爲スニ當リ第三者ノ權利ヲ留保シテ下ニ定ムル期間優先權ヲ享有スヘシ

乙　故ニ右期間滿了前他ノ締約國ニ於テ爲シタル後ノ出願ハ其ノ中間ニ於テ遂行セラレタル事實殊ニ他ノ出願アリタルコト、其ノ發明ヲ公ニシ若ハ實施シタルコト、意匠若ハ雛形ノ模本ヲ發賣シタルコト又ハ標章ヲ使用シタルコトニ因リ無效ト爲ルコトナシ

丙　前記優先權ノ期間ハ發明特許及實用新案ニ在リテハ十二月、工業的意匠又ハ雛形及製造標又ハ商標ニ在リテハ

四月トス

丁　先ノ出願ニ因リ優先權ヲ主張セムトスル者ハ該出願ノ日附及國名ヲ示シタル宣言ヲ爲スノ義務ヲ有ス各國ハ何時迄ニ右ノ宣言ヲ爲スヘキカヲ定ムヘシ其宣言事項ハ當該官廳ヨリ發行スル刊行物ニ掲載スヘシ各締約國ハ優先權ノ宣言ヲ爲ス者ヲシテ先ノ願書（明細書、圖面其ノ他）ノ謄本ニシテ之ヲ受理シタル官廳ノ認證アルモノヲ提出セシムルコトヲ得該謄本ニハ一切公證ヲ要セス但シ官廳ノ出願日附證明書及譯文ヲ添附セシムルコトヲ得出願ノ際ニ於ケル優先權ノ宣言ニ對シテハ右ノ外何等ノ手續ヲモ要求スルコトヲ得ス

本條ニ定ムル手續ノ懈怠ノ效果ハ各締約國ノ定ムル所ニ依ル但シ優先權ノ喪失ヲ以テ限度トス

戊　他ノ疏明書ハ其ノ後之ヲ提出セシムルコトヲ妨ケス

第四條ノ二　第二條及第三條ノ規定ニ依リ本條約ノ利益ヲ享受スル者カ各締約國ニ出願シテ得タル特許ト同一ノ發明ニ付他ノ締約國又ハ締約國外ノ國ニ於テ得タル特許トハ互ニ獨立ノモノタルヘシ

前項ノ規定ハ絶對的ノ意味殊ニ無效及失權ノ原因ニ關スルト普通ノ存續期間ニ關スルトヲ問ハス優先期間中ニ出願シタル特許ハ獨立ナリトノ意味ニ解釋スヘシ

第一項ノ規定ハ其ノ實施ノ際存在スル一切ノ特許ニ之ヲ適用ス

新ニ加入スル國アル場合ニ於テ其ノ加入ノ際加入國又ハ締約國ニ存在スル特許ニ付亦同シ

第五條　特許證主カ他ノ同盟國ニ於テ製造シタル物品ノ特許ヲ得タル國ニ輸入スルモ之カ爲ニ特許ノ失權ヲ來スコトナシ」

然レトモ特許證主ハ其ノ特許品ヲ輸入スル國ノ法律ニ從ヒ其ノ特許ヲ實施スルノ義務アルモノトス但シ特許ハ同盟國中ノ一國ニ於テハ其ノ國ニ出願ヲ爲シタル日ヨリ起算シテ三年ヲ經過シ且特許證主カ其ノ不作爲ノ事由ヲ疏明セサル場合ノ外ハ不實施ヲ理由トシテ失權ヲ受クルコトナシ

第六條　總テ本國ニ於テ合式ニ登錄ヲ受ケタル製造標又ハ商標ハ他ノ同盟國ニ於テモ其ノ儘出願ヲ許容シ且保護ヲ與フヘシ

然レトモ左ニ掲クル標章ハ之ヲ拒絶シ又ハ無效ト爲スコトヲ得

一　保護ヲ受ケムトスル國ニ於ケル第三者ノ既得權ヲ害スヘキ性質ノ標章

二　特別顯著ノ性質ヲ具備セサル標章及商品ノ種類、品質、分量、用途、價格、出所若ハ製産ノ時期ヲ示ス爲商業上使用スルコトヲ得ル記號若ハ表示又ハ保護ヲ受ケムトスル國ノ商業上ノ通用語若ハ其ノ國ノ公正且不變ナル商慣習ニ於テ常用ト爲リタル記號若ハ表示ヲ以テ專ラ組成シタル標章

標章ノ特別顯著ナル性質ヲ判別スルニ當リテハ事實上ノ一切ノ事情殊ニ標章ノ使用期間ヲ斟酌スヘシ

三　道德又ハ公ノ秩序ニ反スル標章

出願人ノ主タル營業所ノ所在國ハ之ヲ其ノ本國ト看做ス

主タル營業所カ同盟國中ノ一國ニ在ラサルトキハ出願人ノ屬スル國ヲ以テ本國ト看做ス

第七條　製造標又ハ商標ヲ附スヘキ製作物ノ性質ハ如何ナル場合ニ於テモ標章出願ノ妨害ト爲ルコトナシ

第七條ノ二　締約國ハ團體ニシテ其ノ存在カ本國法ニ違反セサルモノニ屬スル標章ノ出願ヲ許容シ且保護ヲ與フルコトヲ約ス其ノ工業的又ハ商業的營業所ヲ有セサルモノト雖亦同シ

團體カ其標章ノ保護ヲ受クルニ必要ナル特別條件ハ各其ノ國ノ定ムル所ニ依ル

第八條　商號ハ製造標又ハ商標ノ一部ヲ成スト否トニ拘ラス出願ヲ要スルコトナクシテ各同盟國内ニ於テ保護セラルヘシ

第九條　製造標若ハ商標又ハ商號ヲ不正ニ附シタル製産物ハ其ノ標章又ハ商號カ法律上ノ保護ヲ受クヘキ同盟國内ニ

輸入ノ際之ヲ差押フヘシ

法令ニ依リ輸入ノ際差押ヲ許サヽル國ニ於テハ輸入禁止ヲ以テ輸入差押ニ代フヘシ

不正附著ノ行ハレタル國又ハ其ノ製作物ノ輸入セラレタル國ニ於テモ又之ヲ差押フヘシ

差押ハ檢事局其ノ他ノ當該官廳又ハ利害關係者タル個人若ハ團體ノ請求ニ依リ各其ノ國法ニ從ヒ之ヲ執行スヘシ

通過ノ場合ニ於テハ當該官廳ハ差押ノ義務ナキモノトス

國法上輸入差押、輸入禁止及內地差押ヲ認メサル國ニ於テハ其ノ國法カ同樣ノ場合ニ內國人ニ認ムル訴權及手續ヲ以テ此等ノ處置ニ代フルモノトス

第十條　前條ノ規定ハ製産地ノ表示トシテ虛僞ニ一定ノ地名ヲ附シタル總テノ製産物ニ之ヲ適用ス但シ此ノ表示ニ詐欺ノ意思ヲ以テ虛構又ハ借用ノ商號ヲ附加シタルトキニ限ル

右製産物ノ生産、製造又ハ商業ニ從事スル生産者、製造者又ハ商人ニシテ産地トシテ詐稱セラレタル土地又ハ該地所在ノ地方ニ居住スル者ハ總テ之ヲ利害關係者ト看做ス

第十條ノ二　總テノ締約國ハ不正競爭ニ對シ有效ナル保護ヲ同盟國人ニ與フヘキコトヲ約ス

第十一條　各締約國ハ其ノ一國ノ版圖內ニ開設スル官設又ハ官許ノ萬國博覽會ニ出品スル製産物ニ對シ各其ノ國法ニ從ヒ特許ヲ受ケ得ヘキ發明、實用新案、工業的意匠又ハ雛形及製造標又ハ商標ニ假保護ヲ與フヘシ

第十二條　各締約國ハ工業所有權ニ關スル特別ノ事務所ヲ開設シ又ハ發明特許、實用新案、工業的意匠又ハ雛形及製造標又ハ商標ヲ公衆ニ知ラシムル爲中央陳列所ヲ設置スルコトヲ約ス

前項ノ事務所ハ成ルヘク定期刊行ノ公報ヲ發行スヘシ

第十三條　萬國工業所有權保護同盟事務局ナル名稱ヲ以テ「ベルヌ」ニ設置セラレタル萬國事務局ハ瑞西聯邦政府ノ下

ニ置カレ該政府ハ其ノ組織ヲ定メ且其ノ事務ヲ監督ス
萬國事務局ハ工業所有權ノ保護ニ關スル一切ノ報告ヲ蒐集シテ一般ノ統計ヲ調製シ之ヲ各國官廳ニ配付スヘシ該局ハ同盟ニ關スル一般有益ノ事項ヲ講究シ又諸國ノ官廳ヨリ受領シタル書類ヲ參照シ同盟ノ目的ニ關スル諸問題ヲ佛蘭西語ニテ記載シタル定期刊行物ヲ編纂スヘシ
右刊行物及萬國事務局ニ於テ發行スル他ノ一切ノ書類ハ下ニ記載スル經費分擔額ニ比例スル部數ヲ同盟國ノ官廳ニ配付スヘシ但シ右ノ部數以外ニ定期刊行物其ノ他ノ書類ヲ請求スル場合ニ於テハ前記官廳タルト團體又ハ個人タルトヲ問ハス別ニ代價ヲ支拂フヘキモノトス
萬國事務局ハ常ニ工業所有權ニ關スル國際事務問題ニ付同盟國ノ爲必要アル特殊報告ヲ供スルコトヲ怠ラサルヘク又其ノ所管事務ニ付每年報告書ヲ作リ之ヲ總テノ同盟國ニ報告スヘシ
萬國事務局ノ公用語ハ佛蘭西語トス
萬國事務局ノ經費ハ締約國ノ共同負擔トシ如何ナル場合ニ於テモ每年總額六萬法ヲ超過スルコトヲ得ス
經費總額ニ對シ各國ノ醵出割合ヲ定ムル爲締約國及將來同盟ニ加入スヘキ國ヲ六等ニ區分シ各等ノ醵出スヘキ部數ノ比例ヲ定ムルコト左ノ如シ
第一等　二十五部　第二等　二十部　第三等　十五部　第四等　十部　第五等　五部　第六等　三部
右ノ系數ニ各等ノ國數ヲ乘シテ得タル積ノ和ヲ部ノ總數トシ之ヲ以テ經費總額ヲ除シタルモノヲ一部ニ對スル經費分擔額トス
各締約國ハ加入ノ際自國ノ加ハラムトスル等級ヲ指定スヘシ
瑞西聯邦政府ハ萬國事務局ノ支出ヲ監督シ必要ナル立替ヲ爲シ且每年出納ヲ計算シテ之ヲ他ノ總テノ締約國ノ官廳

ニ報告スヘシ

第十四條　本條約ハ同盟制度ヲ完全ナラシムヘキ改良ヲ加ヘムカ爲時々改正ヲ施スヘシ

右ノ目的ヲ達スル爲締約國ノ委員ハ逐次其ノ一國ニ於テ會議ヲ開クヘシ

會議ヲ開クヘキ國ノ官廳ハ萬國事務局ノ協力ニ依リ該會議ノ準備ヲ爲スヘシ

萬國事務局長ハ會議ニ列席シテ討議ニ加ハルコトヲ得ルモ表決權ヲ有セス

第十五條　締約國ハ本條約ノ規定ニ牴觸セサル限リ各國間互ニ工業所有權ノ保護ニ關スル特殊ノ取極ヲ爲スノ權利ヲ留保スルモノトス

第十六條　本條約ニ加入セサル國ハ其ノ請求ニ依リ之ニ加入スルコトヲ得

右ノ加入ハ外交上ノ手續ニ依リ瑞西聯邦政府ニ之ヲ通告シ該政府ハ更ニ之ヲ他ノ締約國ニ通告スヘシ

新ニ加入スル國ハ當然本條約ノ全部ニ贊同シタルモノトシ本條約ニ規定スル一切ノ利益ヲ享受スヘシ該加入ハ瑞西聯邦政府カ他ノ締約國ニ對シテ爲シタル通告ノ發送ヨリ一月ヲ經タル後其ノ效力ヲ生ス但シ加入國ニ於テ其ノ以後ノ日附ヲ指定シタルトキハ此ノ限ニ在ラス

第十六條ノ二　締約國ハ其ノ殖民地、領土、屬地、保護領又ハ其ノ中ノ一部ノ爲何時ニテモ本條約ニ加入スルノ權利ヲ有ス

締約國ハ之カ爲其ノ總テノ殖民地、領土、屬地及保護領ヲ概括的宣言ヲ以テ加入セシメ又ハ加入セシムル部分ヲ明示的ニ指定シ若ハ加入セシメサル部分ノミヲ指定スルコトヲ得

右ノ宣言ハ書面ヲ以テ之ヲ瑞西聯邦政府ニ通告シ該政府ハ之ヲ他ノ總テノ同盟國ニ通告ス

締約國ハ前同樣ノ條件ヲ以テ其ノ殖民地、領土、屬地、保護領又ハ其ノ中ノ一部ノ爲本條約ヲ廢棄スルコトヲ得

第十七條　本條約ノ相互的約束ノ履行ニ付必要アルトキハ締約國ハ各其ノ憲法所定ノ條規ニ從ヒ成ルヘク速ニ相當ノ手續ヲ爲スヘシ

第十七條ノ二　本條約ハ廢棄ヲ爲シタル日ヨリ一年ノ期間滿了ニ至ルマテ無期限ニ其ノ效力ヲ有ス

右廢棄ハ瑞西聯邦政府ニ之ヲ通知スヘシ廢棄ハ之ヲ爲シタル國ニ對シテノミ其ノ效力ヲ生シ其ノ他ノ締約國間ニ於テハ本條約ハ仍其ノ效力ヲ有ス

第十八條　本條約ハ批准ヲ要ス其ノ批准書ハ遲クトモ千九百十三年四月一日迄ニ華盛頓ニ之ヲ寄託スヘク本條約ハ右期限後一月ヲ經テ批准ヲ爲シタル國ノ間ニ實施セラルヘシ

本條約及最終議定書ハ之ヲ批准シタル國ノ間ニ於テハ千八百八十三年三月二十日ノ巴里條約同附屬最終議定書、萬國事務局ノ經費分擔ニ關スル千八百九十一年四月十五日ノ馬德里議定書及千九百年十二月十四日ノ菲律悉追加條約ニ代ハルモノトス但シ本條約ノ批准ヲ爲ササル國ノ間ニ於テハ前記諸條約ハ仍其ノ效力ヲ有ス

第十九條　本條約ハ一通ノ正本ニ署名シテ之ヲ合衆國記錄局ニ寄託シ合衆國政府ハ其ノ認證謄本一通ヲ各同盟國政府ニ交付ス

右證據トシテ各全權委員本條約ニ署名ス

第三章　涉外債權法

第一節　總論

債權ハ債務者ノ行爲不行爲ヲ要求スル權利ニシテ其內容及發生原因ハ種々アリト雖モ之ヲ大別スル

トキハ法律行爲ニ因ル債權ト法律行爲以外ノ原因ニ因ル債權トニ區別スルコトヲ得ヘシ。法律行爲ニ因ル債權ハ契約自由ノ原則ニ依リ其內容效力ハ當事者ノ自由ニ定メ得ルモノニシテ、物權ノ如ク其種類ヲ限定スルモノニアラス。之ニ反シ法律行爲以外ノ原因ニ因ル債權ハ當事者ノ意思如何ニ拘ラス一定ノ事實發生ニ對シ法律上當然一定ノ債權債務ヲ發生シムル場合アリ。例ヘハ事務管理、不當利得及不法行爲ニ因ル債權ノ如シ。又他ノ法律關係ノ結果トシテ發生スル場合アリ。例ヘハ物權關係ヨリ生スル共有物管理費用請求權ノ如シ。此等各種ノ涉外債權ニ關スル特別ノ準據法ニ付テハ各論ニ於テ說明スルコトトシ本節ニ於テハ各種ノ涉外債權ニ共通スル準據法ヲ論スルモノトス。

第一款　債權ノ目的

第一　目的ニ關スル一般要件

涉外債權ノ目的カ一般要件タル適法、可能及確定シ得ヘキモノナリヤ否ヤハ債權ノ成立ニ關スル準據法ニ依リ定ムヘキモノナリ。例ヘハ甲カ乙ニ對シ米國法ニ依ルヘキ債權ヲ有スルトキハ其目的ノ適法ナリヤ可能ナリヤ等ハ米國法ニ依リテ定ムヘキモノニシテ、甲乙ノ本國法ニ依ルヘキモノニアラス。然レトモ若シ其履行ヲ日本ニ於テ訴求スル場合ハ日本ノ法律ニ依ルモ適法且可能ナルコトヲ要ス。何トナレハ債權ノ目的ノ適法可能ニ關スル日本ノ法律ハ公序良俗ニ關スル規定ナルヲ以テ法例第三十條ニ依リ制限ヲ受クレハナリ。

第二　金錢給付

金錢ヲ債權ノ目的物ト爲シタルトキニ何國ノ通貨ヲ以テ給付スヘキモノナリヤハ其債權ニ適用スヘキ法律ノ屬スル國ノ通貨ヲ以テ給付スヘキモノナリ。例ヘハ日本ノ法律ニ依ルヘキ債權ニ付テハ日本ノ通貨ヲ以テ給付シ米國ノ法律ニ依ルヘキ債權ニ付テハ米國ノ通貨ヲ以テ給付セサルヘカラサルカ如シ。此原則ハ債權ノ準據法以外ノ國ノ通貨ヲ以テ其額ヲ指定シタル場合ニ於テモ尙債權ノ準據法ノ屬スル國ノ通貨ニ換算シテ給付スルコトヲ得ルモノニシテ、其換算方法ハ爲替相場ニ依ルモノトス。但其目的物トシテ特種ノ通貨ヲ以テ給付スヘキコトヲ限定シタルトキハ固ヨリ其通貨以外ノ通貨ヲ以テ給付スルコトヲ得サルヤ勿論ナリ。我民法ニ於テモ以上ノ原則ニ依リ第四百二條。第四百三條ニ之ヲ規定セリ。卽チ第四百二條ニ債權ノ目的物カ金錢ナルトキハ債務者ハ其選擇ニ從ヒ各種ノ通貨ヲ以テ辨濟ヲ爲スコトヲ得ト爲セルハ其債權カ日本ノ法律ニ依ルヘキ場合ニ日本ノ各種ノ通貨ヲ以テ辨濟スルコトヲ得ルコトヲ定メタルモノニシテ、日本ノ法律ニ依ルヘキ債權ニ付外國ノ各種ノ通貨ヲ以テ辨濟シ得ルコトヲ定メタルモノニアラス。此規定ヨリシテ或外國ノ法律ニ依ルヘキ債權ニ付テハ其國ノ通貨ヲ以テ辨濟セサルヘカラサル國際私法ノ原則ヲ知リ得ヘシ。而シテ第四百三條ニ外國ノ通貨ヲ以テ債權額ヲ指定シタルトキハ債務者ハ履行地ニ於ケル爲替相場ニ依リ日本ノ通貨ヲ以テ辨濟ヲ爲スコトヲ得ト定メタルハ日本ノ法律ニ依ル債權ニ付債權額ヲ定ムル爲メ外國ノ通貨ヲ以テ爲シタル場合モ尚日本ノ通貨ニ換算シテ辨濟シ得ルコトヲ定メタルモノナリ。

第三　利息給付

利息ヲ給付スル場合ハ當事者ノ意思ニ因ル場合ト法律ノ規定ニ因ル場合トアリ。法律ノ規定ニ依ル場合ハ元本ニ適用スヘキ國ノ法律ニ依ルモ、當事者ノ意思ニ因リ利息ヲ給付スル場合ハ元本ノ準據法ニ依ラスシテ他ノ國ノ法律ニ依ルヘキコトヲ合意スルコトヲ得ヘシ。何トナレハ利息給付ノ契約ハ元本債權ノ原因ヨリ獨立シタル法律行爲ナルヲ以テ、法例第七條ニ依リ其準據法ヲ當事者ノ意思ニ依リテ選定スルコトヲ得レハナリ。然ラハ利息ニ付其準據法ニ關スル合意ナキ場合ハ行爲地法ニ依ルヘキモノト爲ササルヘカラサルカ如シト雖モ、余ハ此ノ如キ場合ハ元本債權ノ準據法ニ依ルヘキ當事者ノ意思ナリト推測シテ元本債權ノ準據法ニ從ハサルヘカラサルモノト解ス。例ヘハ日本ノ法律ニ依ルヘキ元本債權ニ付其後債權者カ米國ニ旅行中米國ヨリ日本ニ在ル債務者ニ對シテ利息ヲ付センコトヲ申込ミ債務者カ之ヲ承諾シタル場合ニ其準據法ニ付合意ナキノ故ヲ以テ、法例第九條ニ依リ申込ノ通知ヲ發シタル米國ヲ行爲地トシテ米國ノ法律ニ依リテ其利息關係ヲ律スルカ如キハ當事者ノ豫想セサル所ニシテ、當事者ハ元本債權ニ關スル日本ノ法律ニ依ルモノト推測スルヲ穩當ト爲ササルヘカラス。

第四　選擇給付

或國ノ法律ニ依ルヘキ選擇債務ノ目的物カ數國ニ存在スル場合ニ目的物カ選擇セラレテ確定スルモ準據法ニ變動ヲ來スコトナシ。例ヘハ日本ノ法律ニ依ルヘキ選擇債務ノ目的物カ日、英、米三國ニ存在スル場合ニ英國ニ存在スル目的物ヲ選定シタルカ爲メニ其債權ノ準據法カ英國法ト爲ラサルカ如シ、但其給付ノ履行トシテ動産、不動産ニ關スル權利ノ設定移轉ヲ爲ス物權行爲ハ所在地法タル英國法ニ依ルモノナリ。又各獨立ノ法律ニ依ルヘキ數個ノ給付アル場合ニ其一ヲ選定スルトキハ其選定ニ依リテ初メテ準據法ハ定マルモノナリ。例ヘハ日、英、米三國ニ存在スル目的物ノ給付ハ各所在地ノ法律ニ依ルヘキコトノ合意アリシ場合ニ英國ニ存在スル目的物ノ給付ヲ選定シタルトキハ爾後其債權ハ英國法ニ依ルカ如ク、又甲乙二國ノ國境ニ立テル者カ傷害セラレタル爲メ被害者カ甲乙兩國ノ法律ニ依ル損害賠償請求權ヲ有スル場合ニ甲國ノ法律ニ依ル損害賠償權ヲ選定シタルトキハ其選定ニ依リテ準據法ノ定マルカ如シ。

第二款　債權ノ效力

債權ノ當事者間ニ於ケル效力ノ準據法ハ債權ノ性質ニ因リ異ナルヲ以テ各論ニ於テ說明スルコトトシ茲ニハ債權ノ第三者ニ對スル效力ノ準據法如何ヲ說明スヘシ。而シテ債權ノ第三者ニ對スル效力ハ代位訴權ト詐害行爲取消權トノ二種アルヲ以テ左ニ之ヲ分說スヘシ。

第一　代位訴權

代位訴權トハ債權者カ自己ノ債權ヲ保全スル爲メ其債務者ニ屬スル權利ヲ行フコトヲ得ル權利ニシテ、債務者ノ權利カ第三者ノ行爲ヲ要求シ得ヘキ場合アラハ債權者ハ其第三者ニ對シテ其行爲ヲ請求シ得ルモノナリ。故ニ甲國人カ乙國人ニ對シテ甲國ノ法律ニ依ル債權ヲ有スル場合ニ、乙國人カ丙國人ニ對シテ有スル(乙國ノ法律ニ依ルヘキ)權利ニ付甲國人カ丙國人ニ對シテ乙國人ニ代位シ其權利ヲ請求シ得ルカ如キ涉外的ノ場合ニ於テハ何國ノ法律ニ依ルヘキヤノ國際私法ノ問題ヲ生ス。惟フニ斯ノ如キ場合ニ於テ甲國人ニ代位訴權アリヤ否ヤハ甲乙間ノ債權ニ適用スル甲國ノ法律ニ依リテ定マリ、甲國人カ丙國人ニ對シテ代位權ヲ行使スル方法、內容等ハ乙丙間ノ債權ニ適用スヘキ法律ニ依リテ定ムヘキモノト信ス。從テ乙國人ノ權利カ一身ニ專屬スルモノナリヤ否ヤハ乙國ノ法律ニ依リ又甲國人ノ債權カ未タ辨濟期ノ到來セサル場合ニ債務者タル乙國人ノ權利ヲ行使スル爲メニ裁判上ノ代位ヲ要スルヤ否ヤハ乙國ノ法律ニ依ラサルヘカラス。

第二　詐害行爲取消權

詐害行爲取消權トハ債權者ニ於テ債務者カ其債權者ヲ害スルコトヲ知リテ爲シタル法律行爲ヲ取消シ得ヘキ權利ニシテ其取消ハ債務者ノ相手方ニモ效力ヲ生ス。故ニ甲國人カ乙國人ニ對シテ甲國ノ法律ニ依ル債權ヲ有スル場合ニ乙國人カ丙國人ト甲國人ノ債權ヲ害スルコトヲ知リテ爲シタル法律行爲ヲ甲國人ニ於テ取消ス場合ハ國際私法ノ問題ヲ生ス。惟フニ此場合ニ於テモ代位訴權ト同シク債權者ニ詐害行爲取消權アリヤ否ヤハ甲乙間ノ債權ニ適用スル法律ニ依リテ定メ之ヲ取消ス方法ハ乙丙間ニ適用スヘキ法律ニ依ラサルヘカラス。然レトモ取消ノ效力ハ甲國ノ法律ニ依ルモノト爲サヽルヘカラス。何トナレハ其效力ヲ乙丙間ニ適用スルモノトセハ乙丙ハ任意ニ自己ニ利益ナル法律ヲ選ミテ詐害行爲ヲ爲シ以テ取消ノ目的ヲ達スルコト能ハサルニ至ラシムルヲ以テ取消ノ效力ハ取消權ノ發生ヲ認メタル法律ニ依ルモノトス。

第三款　多數當事者ノ債權

第一　連帶債務

連帶債務ハ債權者ニ對シ同一目的ノ債務ヲ負擔スル債務者カ數人アル場合ヲ謂フモノニシテ其發生原因ハ法律行爲ニ因ルモノト然ラサル場合トアリ。

法律行爲以外ノ原因ニ因リテ發生スル連帶債務ハ共同不法行爲ニ因ル損害賠償義務ノ如キ是ニシテ其連帶關係ハ不法行爲地法ニ依レハ可ナリ。

法律行爲ニ因ル連帶債務ノ準據法ハ債權者ト債務者トノ關係及債務者間ノ關係トニ區別シテ説明スルコトヲ要ス。先ツ債權者ト債務者間トノ關係ヲ見ルニ債權者ト總債務者トカ總テ同一ノ法律ニ依ルヘキコトヲ合意シタルトキハ之レニ依リ、合意ナキ場合ニ同一國內ニ於テ總テノ連帶債務ノ成立行爲カ行ハレタルトキハ其國ノ法律ニ依ルヘキコト明カナルモ、債權者ト各債務者カ各別ノ法律ニ依ルコトヲ定メ得ルヤ否ヤ。例ヘハ甲債權者ト連帶債務者ノ一人乙トハ甲國ノ法律ニ依ルト定メ甲ト連帶債務者ノ一人丙トハ丙國ノ法律ニ依ルト定メタルトキノ如キハ如何、此問題ハ連帶債務ノ性質カ一個ナリヤ數個ナリヤノ議論ニ關セス之ヲ有效ナリト解セサルヘカラス。何トナレハ各債務者ノ債務ハ各獨立ナルヲ以テ其成立內容ヲ異ニスルコトヲ得ルモノニシテ既ニ其成立內容ヲ異ニシ得ル以上ハ內容ノ異ナル各別ノ法律ニ依ルコトヲ定メ得レハナリ。從テ右ノ場合ニ甲ト乙トハ甲國ニ於テ連帶債務契約ヲ爲シ甲ト丙トハ丙國ニ於テ之カ契約ヲ爲シ孰レモ其準據法ヲ定メサリシトキハ各別ニ行爲地ノ法律ニ依ルコトトナルモノナリ。然レトモ連帶債務者ノ一人ニ付テ生シタル事項カ他ノ債務者ニ對シテ如何ナル影響ヲ受クヘキヤハ他ノ債務ニ適用スヘキ法律ニ依ルヘキモノトス。

次ニ連帶債務者間ノ準據法ヲ考フルニ連帶債務者ハ連帶ヲ爲スヘキ合意ヲ必要トスルモノニシテ其合意ハ債權者ニ對スル契約以外ニ獨立セル一種ノ法律行爲ナルヲ以テ連帶債務者間ノ求償關係等ハ獨立シテ準據法ヲ合意スルコトヲ得ヘク若シ之ヲ合意セサルトキハ連帶ヲ約シタル行爲地法ニ依ルヘキモノトス。

第二　不可分債務

不可分債務ノ準據法ハ連帶債務ノ準據法ヲ定ムルト同一ノ原則ニ依リ之ヲ定ムルコトヲ得ヘシ。

第三　保證債務

保證債務ハ主タル債務者カ其債務ヲ履行セサル場合ニ其履行ヲ爲ス義務ヲ負フモノニシテ其準據法ハ債權者ト保證人トノ間ノ關係、主タル債務者ト保證人トノ間ノ關係及保證人間ノ關係トニ區別シテ説明スルコトヲ要ス。

一 債權者ト保證人トノ關係

保證債務ハ主タル債務ヨリ獨立シテ債權者ト保證人トノ契約ニ因リ成立スルモノナルヲ以テ保證契約ニ於テ當事者ハ獨立ニ準據法ヲ選定スルコトヲ得ヘシ。故ニ主タル債權ニ付テハ甲國ノ法律ニ依ルニ拘ハラス其保證債務ニ付テハ乙國ノ法律ニ依ルヘキコトヲ定メ得ヘシ。若シ當事者カ保證契約ニ於テ準據法ノ合意ヲ爲サヽルトキハ保證契約ノ行爲地法ニ依ルモノニシテ主タル債權ノ準據法ニ依ルモノニアラス。然レトモ保證債務ハ主タル債務ニ從屬スルモノナルカ故ニ、主タル債務ノ準據法ニ依リテ主タル債務カ無效、取消等ニ因リ消滅スルトキハ保證債務ニ影響スルヤ勿論ナリ。

二 主タル債務者ト保證人トノ關係

保證人カ主タル債務者ニ代ハリテ債務ヲ履行シタルトキハ保證人ハ主タル債務者ニ對シテ求償權ヲ有スルモノニシテ其求償權ニ關スル準據法ハ保證人カ委託ヲ受ケテ保證シタル場合ト委託ヲ受ケスシテ保證シタル場合トニ依リ準據法ヲ異ニスルモノナリ。卽チ保證人カ主タル債務者ヨリ委託ヲ受クルハ一種ノ契約ナルヲ以テ求償關係等ニ適用スヘキ準據法ヲ當事者ニ於テ選定合意スルコトヲ得ヘク若シ之ヲ爲ササルトキハ一般原則ニ依リ委託行爲地ノ法律ニ依ルモノニシテ保證契約ノ準據法ニ依ルヘキモノニアラス、何トナレハ保證契約ハ債權者ト保證人トノ契約ニシテ主タル債務者ハ之ニ關係セサルヲ以テ主タル債務者ノ知ラサル法律ヲ以テ求償義務ヲ負フ謂ハレナケレハナリ。

次ニ主タル債務者ノ委託ヲ受ケスシテ保證ヲ爲シタル者カ求償權ヲ行フ場合ヲ考フルニ委託ヲ受ケサル保證人カ主タル債務者ノ爲メニ其債務ヲ履行スルハ其性質事務管理ニ過キサルヲ以テ法例第十一條ニ依リ原因タル事實ノ發生シタル地ノ法律ニ依リ求償權ノ有無及範圍ヲ定ムヘキモノナリ。而シテ此場合ニ原因タル事實ノ發生シタル地トハ保證人カ債務ヲ履行シタル地ト爲ササルヘカラス。例ヘハ甲國人カ乙國人ニ對シ丙國内ニ於テ履行スヘキ債務ヲ負擔シ丁國人カ甲ノ委託ナクシテ保證シタル後丁カ甲ノ請求ニ因リ丁國内ニ於テ履行シタルトキハ丁國ヲ以テ事務管理ノ地トシ丁國ノ法律ニ依リ求償權ヲ行フコトヲ得ルカ如シ。

三　保證人間ノ關係

數人カ同一ノ主タル債務ニ付保證ヲ爲シ一人カ其債務ヲ履行スルトキハ他ノ保證人ハ債務ヲ免ルルヲ以テ、履行ヲ爲シタル保證人ハ他ノ保證人ニ對シ求償權ヲ有スルモノニシテ其求償權ニ付保證人間ニ豫メ準據法ヲ選定シ居リタルトキハ其法律ニ依ルモ、何等ノ定メナキトキハ不當利得ノ原則ニ依リ原因タル事實ノ發生シタル地ノ法律ニ依ルモノトス。

第四款　債權ノ消滅

債權ハ種々ナル原因ニ因リテ消滅スルモ其消滅ハ債權ノ一效力ナルヲ以テ涉外債權ノ消滅ニ付テハ債權ノ效力ニ適用スヘキ法律ニ依ルヲ原則トス。然レトモ債權ノ消滅原因中辨濟、更改、相殺及免除ハ皆一個ノ法律行爲ナルヲ以テ當事者カ特別ノ準據法ヲ選定シ得ルヤ否ヤノ疑アルヲ以テ左ニ之ヲ分說シ時效ニ付テハ本章ノ末節ニ說明スヘシ。

第一　辨濟

辨濟ハ債權ノ效力トシテ爲スヘキモノナリト雖モ辨濟能力ハ辨濟者ノ本國法ニ依ルヤ勿論ナリ。然ラハ本國法ニ依ル辨濟無能力者ノ爲シタル辨濟ヲ取消シタルトキノ效力ハ何レノ法律ニ依ルヘキカ、例ヘハ日本ノ法律ニ依ルヘキ債權ニ付米國ノ無能力者カ第三國ニ於テ辨濟シタルトキ、日本ノ民法ニ於テハ讓渡ノ能力ナキ所有者カ辨濟トシテ物ノ引渡ヲ爲シタル場合ニ於テ其辨濟ヲ取消シタルトキハ其所有者ハ更ニ有效ナル辨濟ヲ爲スニ非サレハ其物ヲ取戻スコトヲ得ス。又此場合ニ債權者カ善意ニテ其物ヲ消費シ又ハ讓渡シタルトキハ其辨濟ハ有效トストアリ(民法第四七六條第四七七條)。之ニ反シ米國法ニハ斯ノ如キ制限ナキモノトセハ辨濟者ハ米國ノ本國法ニ依リ物ノ取戾ヲ爲シ得ルヤ又ハ日本ノ法律ニ依ルニアラサレハ取戾スコトヲ得サルヤノ問題ヲ生ス。惟フニ此場合ト雖モ本國法ニ依リ取戾シ得ルモノト解セサルヘカラス、何トナレハ能力ノ問題ヲ本國法ニ依ルト爲シタルハ無能力者ヲ保護スルカ爲メナルヲ以テ無能力ニ因ル效力ハ一切本國法ニ依ルト爲サヽルヲ得サレハナリ。

次ニ辨濟ノ目的、時期、場所及辨濟ノ充當等ハ總テ債權ノ效力ニ適用スヘキ法律ニ依ルヤ勿論ナリ。然レトモ辨濟ヲ爲スニ當リ當事者カ特ニ此等ニ關シ他ノ法律ニ依ルヘキコトヲ定メタルトキハ其法律ニ依ルコトヲ得ヘシ。是レ第一編第一章第二節第二款積極的外國法ノ適用ニ付テ既ニ述ヘタル如ク債權ノ效力ニ關スル法律ハ任意法ニ屬スルヲ以テ一旦何レノ國ノ法律ニ依リテ其效力ヲ定ムヘキカノ定マリタル場合ニ於テモ尚當事者ハ後ニ之ヲ變更シテ他ノ法律ニ依ルコトヲ合意シ得ルヲ以テナリ。從テ日本ノ法律ニ依ルヘキ債權ニ付テモ之カ辨濟ヲ爲スニ當リ辨濟ノ充當ハ米國ノ法律ニ依ルヘキコトヲ合意シ得ルモノトス。

第二　相殺

相殺ハ自己ノ債權ヲ消滅セシムル方面ニ於テハ債權ノ一效力ニ過キサルモ債務者ノ有スル別個ノ債權ヲ消滅セシムル方面ヨリ見レハ全ク特別ノ法定效果ナルヲ以テ相殺ヲ爲スヘキ債權カ共ニ同一ノ法律ニ依ルモノナルトキハ其法律ニ依リテ相殺ヲ爲シ得ヘキモ自己ノ債權ト相手方ノ債權トカ別個ノ法律ニ依ルモノナルトキハ相殺ニ適用スヘキ準據法ノ合意ナキ以上ハ相殺ヲ爲シ得サルモノナリ。例ヘハ甲カ乙ニ對シ日本ノ法律ニ依ルヘキ債權ヲ有シ乙カ甲ニ對シ米國法ニ依ルヘキ債權ヲ有スルトキ甲ヨリ相殺ノ意思表示ヲ爲シ其效力ヲ行爲地法ニ依リ定メ得ルモノト解スルコトヲ得ス。何トナレハ斯ノ如キハ相手方ニ不測ノ損害ヲ蒙ラシムルコトアレハナリ。要スルニ相殺ハ同一法律ニ依ル債權債務アル場合ニ其債權ニ適用スル準據法ニ依リ之ヲ爲シ得ルモ法律ヲ異ニスル債權債務ニ付テハ相殺ヲ爲シ得サルモノナリ。但何レノ場合ニ於テモ當事者カ特ニ相殺ノ效力ニ適用スヘキ法律ノ合意ヲ爲シテ相殺スルトキハ其效力ハ合意ノ法律ニ依ルヤ勿論ナリ。

第三　更　改

更改ハ債權ヲ消滅セシムル效力アル點ニ於テハ債權ノ效力トモ云ヒ得ヘキモ新債務ヲ發生セシムル重大ナル新效力ヲ生スルモノナルカ故ニ更改ハ直ニ債權自體ノ準據法ニ依ルモノト云フコトヲ得ス。更改ノ種類ニ依リ其準據法モ自ラ異ナル所アルヲ以テ左ニ之ヲ分說スヘシ。

目的ノ變更ニ因ル更改ハ舊債權者ト舊債務者トノ合意ノミニ因リ成立スルヲ以テ其準據法ヲ合意スレハ之ニ依ルヘキモノトス。若シ準據法ノ合意ナカリシトキハ舊債權ノ效力ニ適用スヘキ法律ニ依ルヘキモノナリヤ又ハ法例第七條、第八條、第九條ニ依リ更改契約ノ行爲地法ニ依ルヘキモノナリヤノ疑アリト雖モ斯ノ如キ舊債權ト不可離ノ關係ニ在ル法律行爲ニ付テ特別ノ意思表示ナキ以上ハ舊債權ノ準據法ニ從フ意思ナリト推測スヘキコトハ條理ニ適スルモノニシテ之ヲ行爲地法ニ依ルモノト解釋スルハ穩當ナラス。

當事者ノ交替ニ因ル更改モ亦其準據法ニ付合意アルトキハ之ニ依リ、合意ナキトキハ舊債權ノ準據法ニ依ルモノト解スヘシ。但債務者ノ交替ニ因ル更改ニ於テ更改ノ當事者カ舊債權ノ準據法以外ノ法律ヲ準據法ト爲スコトヲ定メタルトキト雖モ舊債務者ニ對スル效力ハ舊債務ノ準據法ニ依ラサルヘカラス。何トナレハ債務者ノ交替ニ因ル更改契約ニハ舊債務者ハ關與セサレハナリ。

第四　免除

免除ハ債權者ヨリ債務者ニ對シテ爲ス一方行爲ナルヲ以テ債權者カ何等準據法ニ關スル意思表示ヲ爲サスシテ免除ノ通知ヲ爲ストキハ其債權ニ適用スル法律ニ依リテ免除行爲ノ成立效力ヲ定ムレハ足ルト雖モ、若シ債權者カ債權自體ノ準據法ニ異ナル法律ニ依リテ免除スルノ意思ヲ表示シタルトキハ其法律ニ依ル免除ノ效力ヲ生スルモノニシテ、債權自體ノ準據法ニ依ル效力ヲ生スルモノニアラス。此場合ニ斯ノ如ク債權者ノ單獨ノ意思ニ因リテ準據法ヲ定ムルハ不都合ノ慮ナキ能ハサルモ免除ハ何レノ法律ニ依ルモ債務者ヲ害スル虞ナキヲ以テ免除ニ關スル準據法ハ債權者ニ於テ單獨ニ之ヲ定メ得ルモノト解セサルヘカラス。

第二節　法律行爲ニ因ル債權

第一款　總　論

法律行爲ニ因ル涉外債權ノ準據法ニ付テハ民法總論ニ於テ述ヘタル法律行爲一般ノ原則タル法例第七條乃至第九條ニ依リ之ヲ定ムヘキモノナルヲ以テ債權發生ヲ目的トスル法律行爲ノ成立及其效力ハ第一ニ當事者ノ意思ヲ以テ準據法ヲ選定シタルトキハ之ニ從ヒ當事者ノ意思不明ノ場合ハ行爲地法ニ依ルヘキモノナリ。從テ債權ノ效力トシテ發生シタル履行ノ催告、契約ノ解除、辨濟等ハ一個ノ單獨行爲ナリト雖モ其成立效力ハ債權自體ノ準據法ニ從フヘキモノニシテ獨立シテ法例第七條乃至第九條ニ依リ準據法ヲ定ムヘキモノニアラス。然レトモ債權自體カ契約自由ノ原則ニ依ル以上ハ其債權ノ效力中ニ於テ生スル法律行爲ト雖モ更ニ契約自由ノ原則ニ依リ當事者カ他ノ準據法ヲ定メ得ル場合アルハ辨濟ノ說明ニ於テ述ヘタルカ如シ。要スルニ債權ニ附隨スル單獨行爲ト雖モ其準據法ハ第一、法例第七條乃至第九條ニ依リ獨立シテ先ツ當事者ノ意思ニ因リテ定メ意思不明ノ場合ニ行爲地法ニ依ルヘキモノアレトモ多クハ第二、先ツ當事者ノ意思ニ因リ其準據法ヲ定メ得ヘク意思不明ノ場合ハ債權自體ノ準據法ニ依ルヘキモノ第三、常ニ債權自體ノ準據法ニ從ハサルヘカラサル場合ノ三者ニ區別スルコトヲ得ヘシ。例ヘハ相殺ノ意思表示ノ如キハ第二ノ種類ニ屬スルモノニシテ先ツ當事者ノ意思ニ因リ其準據法ヲ定メ得ヘク、之ヲ定メサリシトキハ債權自體ノ準據法ニ依ルモノニシテ、解除ノ如キハ第三ノ種類ニ屬シ必ス債權自體ノ準據法ニ從ハサルヘカラサルカ如シ。

第二款　各論

第一　涉外贈與

贈與ハ法律行爲ナリト雖モ之ヲ單獨行爲ト爲ス國アリ契約ト爲ス國アリ。又形式ヲ要スル國アリ之ヲ要セサル國アリト雖モ其準據法ハ當事者ノ意思ニ依リテ定ムルコトヲ得ヘク若シ意思不明ノ場合ハ行爲地法ニ依ルモノナリ。從テ單獨行爲主義ノ國ヨリ契約主義ノ國內ニ在ル者ニ對シ贈與ノ通知ヲ發シタルトキハ單獨行爲主義ノ國ノ法律ニ依ルヲ以テ承諾ノ意思ヲ表示セスシテ贈與ノ効力ハ發生ス。之ニ反シ契約主義ノ國ヨリ單獨行爲主義ノ國內ニ在ル者ニ對シ贈與ノ通知ヲ爲シタルトキハ假令單獨行爲主義ノ國ノ法律ニ贈與ノ承諾ナルコトヲ認メストモ尙承諾ノ通知ヲ爲スニアラサレハ贈與ノ效力ヲ生セサルモノナリ。而シテ贈與ノ準據法カ定マリタル以上ハ其後他國ニ於テ之ヲ取消ス單獨行爲ヲ爲ス場合ト雖モ取消行爲ノ準據法ヲ獨立シテ定ムルコトヲ得ス贈與ノ準據法ニ依ルヘキモノナリ。

第二　涉外賣買、交換

賣買ノ準據法モ一般法律行爲ノ原則ニ依ル、然レトモ賣買豫約ニ基ク賣買完結ノ意思表示ニ因リ賣買ノ成立スル場合ハ完結ノ意思表示ノ際特ニ賣買ノ準據法ニ付當事者カ合意スレハ之ニ依ルヘキモノナレトモ其合意ナキ場合ハ完結行爲ノ行爲地法ニ依ラス豫約ニ適用スヘキ準據法ニ從フモノナリ。例ヘハ日本ノ法律ニ依ルヘキ賣買ノ豫約ヲ爲シタル者カ米國ニ於テ賣買完結ノ意思表示ヲ爲ス場合ニ何等ノ合意ナキ故ヲ以テ賣買ハ行爲地法タル米國法ニ依ルモノト爲スヲ得ス、日本ノ法律ニ依ラサルヘカラス。然レトモ其豫約中ニ賣買ノ本契約ハ佛國ノ法律ニ依ルヘキコトヲ定メ又ハ完結行爲ノ際英國法ニ依ルヘキコトヲ定メタルトキハ之ヲ以テ準據法ト爲スヤ勿論ナリ。

賣買ノ手附契約ハ獨立ノ法律行爲ナルヲ以テ手附契約ヲ爲ス際當事者ハ賣買ノ準據法ノ外ニ別ニ

手附ニ關スル準據法ヲ定ムルコトヲ得ルヤ勿論ナリト雖モ之ヲ定メサリシトキハ賣買完結ノ意思表示ト同シク賣買契約ノ準據法ニ從フモノナリ。裁判上ノ賣買卽チ競賣ハ其成立效力トモ競賣手續ヲ爲ス地ノ法律ニ依ルヘキコト當然ナリ。買戻契約モ一般法律行爲ノ原則ニ依リ準據法ヲ定ムヘキモノナレトモ不動產ノ買戻ニ付登記シタルトキハ不動產所在地法ニ依ルヘキコトハ物權ノ說明ニ際シ述ヘタルカ如シ。交換ニ付テハ賣買ノ準據法ヲ準用スレハ可ナリ。

第三　涉外消費貸借

消費貸借ニ付特ニ說明スヘキコトハ準消費貸借ノ準據法ナリ。準消費貸借トハ消費貸借ニ因ラスシテ金錢其他ノ物ヲ給付スル義務ヲ負フ者アル場合ニ於テ當事者カ其物ヲ以テ消費貸借ノ目的ト爲スコトヲ約スルニ因リテ成立スル消費貸借ニシテ、例ヘハ甲國人カ乙國人ニ對シ丙國ノ法律ニ依ルヘキ金錢其他ノ物ノ給付ヲ目的トスル債權ヲ有スル場合ニ丁國內ニ於テ之ヲ消費貸借ノ目的ト爲スコトヲ約スル場合ニ當事者カ其準據法ニ付合意ヲ爲ササルトキハ行爲地タル丁國ノ法律ヲ以テ準消費貸借ノ準據法ト爲スヘキモノニシテ舊債權ニ適用スル丙國ノ法律ニ依ルヘキモノニアラス。何トナレハ準消費貸借契約ヲ爲ストキハ丙國ノ法律ニ依ル元ノ法律關係ハ消滅スルヲ以テ其法律關係ニ適用サレタル法律ナルモノモナキニ至ルヲ以テ準消費貸借契約ニ關シテハ新タニ準據法ヲ定ムルヨリ外ナキモノナレハナリ。故ニ準消費貸借契約ノ法的效果等ハ元ノ債權ノ效果ヨリ異ナルコトアルヘシ。然レトモ元ノ債權カ之ニ適用セラルル法律ニ依リ成立セサリシモノナルトキハ準消費貸借ハ成立セサルモノトス。

第四　涉外使用貸借

使用貸借ノ成立效力ノ準據法モ法律行爲ノ一般原則ニ依ル。故ニ甲乙間ノ使用貸借ニ付甲國ノ法律ニ依ルコトヲ當事者カ定メタルトキハ其效力ハ甲國ノ法律ニ依ラサルヘカラス。然ラハ借主カ貸主ノ承諾ヲ得テ其物ヲ第三者ニ使用セシメタル場合ノ準據法如何。例ヘハ英國人カ佛國法ニ依リテ獨逸人ニ物ノ使用貸借ヲ爲シ其獨逸人カ日本ニ於テ貸主タル英國人ノ承諾ヲ得タル後米國ニ於テ其物ヲ米國人ニ使用セシメタル場合ノ如シ。此場合ニ於ケル獨逸人ノ米國ニ於ケル米國人ニ對スル使用貸借契約ハ其意思又ハ行爲地法タル米國法ニ依リ定マリ、獨逸人カ英國ノ貸主ニ對シテ承諾ヲ求メテ其承諾ヲ得タル承諾行爲ハ獨立ノ契約ナルヲ以テ其成立效力ニ付テハ當事者ノ意思ニ因リテ準據法ヲ定メ得ルモ意思ニ因リ準據法ヲ定メサルトキハ直チニ承諾行爲ノ行爲地タル日本ノ法律ニ依ルモノト云フコトヲ得ス。當事者ハ其使用貸借ニ適用セラルル法律ニ依ル意思ナリト推測スルコトヲ得ルヲ以テ承諾ノ成立效力ハ佛國法ニ依ラサルヘカラス。

第五　涉外賃貸借

賃借權中不動產ノ賃貸借ヲ登記シタルトキハ不動產所在地法ニ依ルコトハ物權ノ章ニ於テ述ヘタルヲ以テ再說セス。其他ノ涉外賃貸借ハ一般行爲ノ原則ニ依リ準據法ヲ定ムヘキモノナレトモ賃借人ノ爲ス必要費、有益費ノ償還請求(民法第六〇八條)、借賃ノ減額請求(民法第六〇九條)、修繕事項ノ通知(民法第六一五條)、解約申入(民法第六一七條)等ノ行爲ハ獨立シテ一般行爲ノ準據法ニ關スル原則ニ依ルヘキモノニアラス賃貸借ノ效力ヲ定ムヘキ法律ニ準據スヘキモノトス。例ヘハ日本ノ法律ニ依ルヘキ賃貸借ノ解約申入ヲ米國ニ於テ爲スモ行爲地タル米國法ニ依ルモノニアラス日本ノ法律ニ依ルカ如シ。登記セサル賃借權ノ讓渡ハ一般行爲ノ原則ニ依ルモ、賃貸借ハ借主ノ物ノ使用權ニ付テハ貸主カ債務者ナルニ反シ賃料ノ支拂ニ付テハ借主カ債務者ニシテ賃借權ノ讓渡ハ借賃義務ノ移轉ヲモ伴フト雖モ、賃借權ノ讓渡ノ賃貸人其他ノ第三者ニ對スル效力ハ法例第十二條ニ依リ賃貸人(賃借權ノ債務者)ノ住所地法ニ依ルヘキモノトス。例ヘハ米國ニ住所ヲ有スル米人カ日本ニ於テ日本ノ法律ニ依リ英國人ニ物ノ賃貸ヲ爲シタル場合ニ英國人カ其賃借權ヲ獨逸ニ於テ獨逸人ニ讓渡シタルトキハ貸主ノ住所地タル米國法ニ依リテ米國人ニ對スル效力ヲ定ムルモノニシテ日本ノ法律ニ依ルモノニアラス。故ニ其讓渡ニ貸主ノ承諾ナカリシ場合ニ米國法カ賃借權ノ讓渡ニハ貸主ノ承諾ヲ要セスト爲ストキハ其讓渡ハ有效ナリ、從テ日本ノ法律ニ於テ貸主ノ承諾ヲ要スト爲スコトヲ理由トシテ貸主ハ其讓渡ヲ否認シ得サルモノトス。

賃借物ノ轉貸ハ賃借權ノ讓渡ニアラサルヲ以テ貸主ニ對スル效力ヲ貸主ノ住所地ノ法律ニ依ルト爲スコトヲ得ス。例ヘハ前例ニ於ケル借主タル英國人カ賃借物ヲ獨逸ニ於テ獨逸人ニ轉貸シタリトセヨ、其轉貸人ト轉借人トノ關係ハ一般行爲ノ原則ニ依ルモ、轉借人ト賃貸人トノ關係ハ賃貸借ノ準據法ニ從ハサルヘカラサルモノニシテ賃貸人ノ住所地法又ハ轉貸ノ行爲地法ニ依ルモノニアラス。何トナレハ適法ナル轉貸借ニ於ケル轉借人ハ賃貸人ニ對シ直接ニ義務ヲ負フモノニシテ其義務タルヤ賃貸借ノ準據法ニ支配セラルルカ爲メナレハナリ。然レトモ轉貸借ヲ爲スニ際シ貸主、借主及轉借人間ニ於テ特ニ準據法ニ關スル合意ヲ爲ストキハ之ニ從フヘキモノトス。但轉貸人ト轉借人トノ合意ニ因リ轉借人ノ賃貸人ニ對スル關係ニ付準據法ヲ定ムルコトヲ得ス。

第六　涉外雇傭、請負、寄託及委任

此等ノ涉外行爲モ一般原則ニ依ルモノナリ。只委任終了ノ相手方ニ對スル效力ハ何レノ法律ニ依ルヘキカヲ考究スルノ必要アリ。例ヘハ甲國人カ乙國人ニ對シ乙國ノ法律ニ依リテ或事項ノ委任ヲ爲シ乙國人ハ日本國内ニ於テ準據法ヲ定メスシテ丙ト委任ニ基ク法律行爲ヲ繼續的ニ爲シツツアル間ニ乙ノ委任ハ終了シタリ。而シテ日本ノ法律ニ依レハ委任終了ハ相手方ニ通知シ又ハ相手方カ之ヲ知リタルトキニ非サレハ相手方ニ對抗スルヲ得ス（民法第六五五條）トアルモ甲乙丙何レノ本國法モ皆其規定ヲ異ニスルモノトセハ何レノ法律ニ依ルヘキヤ。惟フニ委任者ト受任者トノ關係ハ委任契約ノ準據法ニ依ルモ受任者ト相手方トノ關係ハ其間ニ爲サレタル行爲ニ付別ニ準據法ヲ定ムヘキモノニシテ委任ノ終了ハ委任者ト受任者ノ關係ナルヲ以テ終了ノ事由及效力ハ委任契約ノ準據法ニ依リ定マルモノナリト雖モ其效力ヲ受任者ノ相手方ニ對抗シ得ルヤ否ヤハ相手方ノ利害ニ重大ナル關係アルヲ以テ之カ對抗要件ハ受任者ト相手方トノ行爲ノ準據法ニ依ルモノト論セサルヲ得ス。故ニ前例ニ於ケル委任終了ハ行爲地タル日本ノ法律ニ依ルニアラサレハ相手方タル丙ニ對抗スルコトヲ得サルモノトス。

第七　組合及終身定期金

此等ノ債權モ總テ一般原則ニ依リ準據法ヲ定ムレハ足ルモノトス。

第三節　不法行爲、事務管理及不當利得ニ因ル債權

第一　不法行爲

不法行爲ニ因ル債權關係ハ法例第十一條第一項ニ依リ行爲地法ニ依ルヘキモノナルモ之ニ付テハ同條第二項第三項ノ例外アルノミナラス古來涉外的不法行爲ノ準據法ニ付テハ法廷地法ニ依ル主義アルヲ以テ左ニ之ヲ詳說スヘシ。

一　不法行爲ノ準據法ニ關スル主義

1　法廷地法主義

此主義ハ不法行爲ハ尙刑罰ト同一ニシテ訴訟地ノ公ノ秩序ニ關スルモノナルカ故ニ、不法行爲ヨリ發生スル債權カ果シテ存在セリヤ否ヤ又其行爲カ果シテ不法行爲ナリヤ否ヤハ唯其法廷地法ノミニ依リテ定ムヘキ問題ニシテ其他ノ法律ニ依ルコトヲ得サルモノト主張スルニ在リ。此說ノ一部分卽チ縱令外國ノ法律ニ於テ不法行爲ナルモ法廷地ノ法律ニ從フトキ適法ノ行爲ナルトキハ之ヲ以テ不法行爲ト爲スコトヲ得ストスルハ固ヨリ正當ナレトモ、此主義ヲ採ル者カ他ノ一面ニ於テ縱令行爲地法ニ從ヘハ適法ノ行爲ナリトモ尙訴訟地ノ法律ニ從ヒ不法行爲ナルトキハ之ヲ不法行爲ト爲シ、從テ損害賠償ノ責任ヲ負擔スヘキモノト主張スルニ至リテハ大ナル誤謬ナリト云ハサルヲ得ス。何トナレハ若シ斯ノ如キ說ヲ採ルトキハ吾人ハ其行爲ヲ爲ス當時ニ於テ何ヲ標準トシテ適法ノ行爲ト不法行爲トヲ區別シ得ルヤ明カナラサルニ至リ其行爲地ニ於テ適法ノ行爲トシテ看做サレタル事項ニ付テモ後日唯訴訟地ノ異ナリタルカ爲メニ斯ル行爲ヲ不法行爲トナシ以テ債務ヲ負擔スルニ至ルカ如キ不當ナル結果ヲ來スヲ以テナリ。

2　行爲地法主義

此主義ハ不法行爲ニ關スル規定ハ何レノ國ニ於テモ訴訟地ノ公序ニ關スルモノニアラス不法行爲ニ關スル法律ハ行爲地ノ公ノ秩序ニ關スル規定ニシテ不法行爲地ノ法律ハ內國人タルト外國人タルトヲ問ハス行爲地ニ於テ之ヲ强行スヘキ性質ノ規定ナリ、從テ人カ或行爲ヲ爲シタル場合ニ其行爲カ不法行爲ナリヤ否ヤ如何ナル債權ヲ發生スルヤ否ヤハ皆行爲地ノ法律ニ依リテ之ヲ定ムヘシト云フニ在リ。而シテ此說ノ根據トスル所ハ(一)凡ソ行爲地ニ於テ適法ノ行爲ハ何レノ國ニ於テモ之ヲ適法ノ行爲ト認メサルヘカラス。從テ行爲地法ニ於テ行爲者ニ損害賠償ノ責任ナキ行爲ハ其後何レノ國ニ至リテモ斯ル行爲ニ對シテ損害賠償ノ責任ヲ負擔スヘキコトナキナリ。故ニ縱令法廷地ノ法律ニ依レハ同一ノ行爲カ不法行爲ト爲ルヘキ場合ニテモ斯ル法律ニ依リテ行爲者ノ責任ヲ定ムルコトヲ得ス(二)凡ソ行爲地法ニ依リテ不法ナル行爲ハ何レノ國ニ於テモ之ヲ不法行爲ト看做ササルヘカラス。從テ行爲地法ニ依リテ不法行爲ヨリ發生シタル債權ハ既得ノ權利トシテ何レノ國ニ於テモ之ヲ認メ之ヲ保護セサルヘカラス。何トナレハ不法行爲ヨリ發生スル債權債務ハ當事者ノ意思如何ニ關係セサルモノニシテ法律ノ規定ニ因リ一定ノ事物ニ伴フテ當然發生スヘキ債權債務ナルカ故ニ其債權債務ハ不法行爲ト同時ニ確定セルモノニシテ且行爲地ノ法律ニ依リ其範圍モ亦一定セルモノナリト。此說ノ第一ノ論據ハ正當ナルモ、行爲地法ヲ絕對的ノ原則トセル第二ノ論據ハ不當ナル結果ヲ免レサルモノナリ。蓋シ行爲地法ニ於テ不法行爲トスル行爲ハ必スシモ法廷地法ニ於テ不法行爲ト認メサルコトアルノミナラス。既得權保護ハ國際私法上ノ一大原則ナリト雖モ之ト同時ニ內國ノ公ノ秩序ヲ維持スルコトモ亦極メテ必要ニシテ、苟モ內國ノ公ノ秩序ニ反スル限リハ外國ノ法律ヲ適用スルコトヲ得ス。從テ外國ノ法律ニ依リテ正當ニ取得シタル權利ニテモ尙之ヲ保護スルコトヲ得サルモノナリ。若シ斯ノ如キ制限ヲ認ムルニアラサレハ一國ノ立法ノ目的ハ外國法律ノ爲メニ全ク打破セラルルニ至リ國家存在ノ目的ト反スルヲ以テナリ。要スルニ法廷地法主義及行爲地法主義ハ共ニ法廷地又ハ行爲地ノ一方ノミノ公序良俗ヲ基礎トシテ立論セルモノナルモ公序良俗ニ關スル法律ハ强行的ノモノナルヲ以テ不法行爲ニ關スル準據法ハ行爲地及法廷地雙方ノ法律ヲ考慮セサルヘカラサルコトヲ度外セル缺點アリ。

3 行爲地法及法廷地法共通主義

此說ハ行爲地及法廷地ノ公序良俗ヲ維持スルニ足ル說ニシテ外國ニ於テ發生シタル不法行爲ニ付テハ(第一)其行爲カ行爲地法ニ從フテ不法行爲タルコトヲ必要トシ、(第二)法廷地法ニ從フモ亦均シク不法行爲トシテ損害賠償ノ義務ヲ認ムル場合ニ於テノミ之カ損害賠償ノ權利ヲ保護スヘキモノトスルナリ。此學說ハ從來英米ニ於テ普通法ノ原則トシテ認メラレタル國際私法ノ主義ナリ。此主義ノ結果ハ行爲地法ニ於テ不法行爲ナルモ訴訟地法ニ於テ之ヲ不法行爲ト認メサル場合ニ於テハ之ニ對シテ何等ノ損害賠償權モ發生セス。之ニ反シテ行爲地法ニ於テ不法行爲ニアラサル行爲ナレハ縱令訴訟地法ニ從ヘハ不法行爲ト認ムヘキ場合ナルモ之カ爲メニ損害賠償ノ權利發生スルコトナシ。斯ノ如ク不法行爲ヨリ發生スル債權債務ハ其行爲地ノ法律ト法廷地ノ法律トカ共通ニ認ムル範圍內ニ於テノミ成立スルモノニシテ換言スレハ不法行爲ヨリ發生シタル既得權ハ內國法ノ認ムル範圍內ニ於テノミ之ヲ保護スルモノニシテ此主義ハ國際私法上ノ二大原則タル既得權保護ト法廷地ノ公益維持ノ必要トヲ調和シタルモノナリ。從テ此主義ハ不法行爲ノ準據法トシテ理論上ニ於テモ實際上ニ於テモ極メテ正當ナル原則ト云ハサルヘカラス。我法例第十一條ニ於テモ亦此主義ヲ認メタルコト左ノ如シ。

二　我國ハ行爲地法及法廷地法共通主義ナリ。卽チ

1　不法行爲ニ因リテ生スル債權ノ成立及效力ハ其原因タル事實發生地ノ法律ニ依ル。是レ法例第十一條第一項ニ事務管理、不當利得ト共ニ不法行爲ハ其原因タル行爲地法ニ依ルコトヲ定メタルニ依リ明カナリ。

2　外國ニ於テ發生シタル不法行爲モ日本ノ法律ニ依リ不法ナラサルトキハ日本ニ於テハ不法行爲トシテ認メス。是レ同條第二項ニ規定セル所ニシテ行爲地法ニ依ル原則ヲ法廷地法ニ依リ制限セルモノナリ。

3　外國ニ於テ發生シタル不法行爲ニシテ且日本ノ法律ニ依リ不法行爲タル場合ト雖モ外國法ニ依ル效果中日本ノ法律ニ認メタル請求權以外ハ之ヲ許サス。

三　不法行爲地カ數國ニ跨ル場合

不法行爲地カ數國ニ跨ル場合ハ何國ノ法律ニ依リ不法行爲ノ成立及效力ヲ定ムヘキカハ理論ニ依リ之ヲ決スヘキモノトス。

1　被害物體カ數國ニ獨立存在セル場合

不法行爲カ一個ナリヤ數個ナリヤハ被害物體ノ個數ニ依リ之ヲ定ムヘキモノナルヲ以テ數國ニ各獨立シテ存在スル數個ノ被害物體ヲ一個ノ行爲ニ因リ侵害シタルトキハ各被害物體存在國ノ法律ニ依リ數個ノ不法行爲ヲ成立セシムルモノナリ。例ヘハ空中ヨリ爆彈ヲ投下シテ數國ニ存在スル人畜、物件ヲ損傷シタルトキハ各被害國ノ法律ニ依リ數個ノ不法行爲成立スルカ如シ。

2 被害物體カ單一ニシテ而モ數國ニ跨リテ存在スル場合

例ヘハ國境ニ立テル人ヲ殺害シ又ハ國境ニ架設セル橋梁ヲ損壞スルカ如キ場合ニシテ、斯ノ如キ場合ニハ（イ）何レカ一方ノ國ノ法律ニ依リ不法行爲ト爲ルトキハ其法律ニ依ルト爲ササルヘカラス。何トナレハ行爲地ノ範圍内ニ於ケル法律ニ依リ不法行爲ト爲レハナリ。（ロ）若シ兩國ノ法律ニ依リ共ニ不法行爲ナルモ其要件ニ差異アルトキハ要件ノ輕キ國ノ法律ニ依ルモノト爲ササルヘカラス。何トナレハ要件ノ輕キ國ノ法律ニ依リテ不法行爲カ成立セル以上ハ之ヲ認メサルヘカラサルヲ以テナリ。（ハ）又一國内ニ在ル被害物體ヲ他國内ヨリ損傷シタルカ如キ場合モ同一ナリ。但（イ）（ロ）（ハ）何レノ場合ニ於テモ法廷地法タル日本ノ法律ニ於テ不法行爲トシテ認メス。又其效果ヲ認メサルトキハ日本ニ於テハ其不法行爲ノ成立、效力ヲ認メサルヤ勿論ナリ。

四　不法行爲地ナキ場合又ハ不法行爲地不明ノ場合

例ヘハ公海又ハ空中ニテ不法行爲ヲ爲シタル場合ハ不法行爲ノ土地ナク又汽車進行中ノ不法行爲ノ如キハ行爲地ノ不明ノコトアルカ如シ。此等ノ場合ハ行爲ヲ爲シタル土地ナルモノ存在セス又ハ不明ナリト雖モ行爲ノ場所ハ存在スルヲ以テ其場所ニ支配力ヲ及ホス國ノ法律ニ依リ不法行爲ノ成立及效力ヲ定ムヘキモノト云ハサルヘカラス。例ヘハ公海ヲ航行中ノ船舶又ハ空中ノ航空機内ニ於ケル不法行爲ハ其船舶又ハ航空機ノ屬スル國ノ法律ニ依ルカ如シ。何トナレハ此等ノモノハ其屬スル國ノ領土ノ延長ニ過キサレハナリ。然レトモ若シ國籍ヲ異ニスル船舶又ハ航空機ノ一方ニ在ル者カ他方ニ在ルモノヲ損傷シタル場合ハ三ノ(2)ニ述ヘタル原則ニ依ルヘク又船舶、航空機自體ノ衝突ニ付テハ後ニ述フルカ如ク兩國法律ノ雙方共通ノ範圍內ニ於テ不法行爲ノ成立效力ヲ認ムヘキモノナリ。

第二　事務管理及不當利得

事務管理及不當利得ニ因ル債權ハ通常之ヲ準契約ニ因リ發生スル債權ト稱シ契約上ノ債權ニ準スヘキモノトスレトモ此二者ハ當事者ノ合意ナキ場合ニ發生スルモノニシテ契約關係ノ如ク當事者

ノ意思ニ因リテ其準據法ヲ定ムルコトヲ得サルモノナリ。卽チ當事者カ債務ヲ負擔スル意思アルヤ否ヤ又債權ヲ取得スルノ意思アルト否トニ拘ハラス法律ノ規定ニ依リテ債權債務ノ關係發生スルヲ以テ何レノ國ニ於テモ皆其債權ノ原因タル事實ノ發生シタル地卽チ事務管理ヲ始メタル地及不當利得ヲ生シタル地ノ法律ニ依ルヘキモノトセサルハナシ。蓋シ此場合ニ於テハ斯ル事實發生地ノ法律ニ依ルノ外他ニ依ルヘキ法律存在セサルヲ以テナリ。我法例ニ於テモ亦此原則ヲ認メ第十一條第一項ニ之ヲ規定セル所以ナリ。故ニ米國人カ日本ニ財產ヲ有スル場合ニ或人カ義務ナクシテ其財產ノ管理ヲ始メタルトキハ事務管理ノ場所ハ日本ナルヲ以テ其人ハ日本ノ法律ニ依リテ管理ヲ繼續スル義務ヲ負擔シ若シ有益費ヲ出シタルトキハ日本ノ法律ニ依リテ之カ償還ヲ請求シ得ルモノニシテ米國法ニ依ルヘキモノニアラス。又獨逸人カ佛國人ニ對シテ佛國法律ニ依ルヘキ債務ヲ負擔セル場合ニ日本ニ於テ之カ辨濟ヲ爲スニ當リ債權額以上ノ辨濟ヲ爲シタリトセハ債權額以上ノ給付ハ不當利得トシテ返還請求ヲ爲シ得ルモノナレハ其利得返還ニ適用スヘキ法律ハ日本ノ法律ニ依ルヘキモノニシテ舊債務ニ適用スル佛國法ニ依ルヘキモノニアラス。若シ此給付カ獨逸ニ於テ行ハレタルトキハ獨逸法ニ依リ不當利得ノ返還ヲ爲スヘキモノナリ。

斯ノ如ク事務管理又ハ不當利得ノ債權ニ付テハ原因タル事實ノ發生シタル地ノ法律ニ依ルヘキモ

ノニシテ此原則ハ不法行爲ニ付テ既ニ述ヘタル所ト異ナリ法廷地法ニ依リ制限セラルルモノハニアラス。故ニ若シ獨逸法ニ依リテ事務管理又ハ不當利得ノ債權ヲ有スル以上ハ縦令日本ニ於テ之カ請求ヲ爲ス場合モ日本ノ法律ニ依レハ其原因ト爲ラサルヲ理由トシテ其請求ヲ否認スルコトヲ得ス。又其債權ノ範圍モ日本法律ニ認メサルノ故ヲ以テ之カ制限ヲ爲シ得サルモノナリ。此點ニ於テ事務管理及不當利得ハ不法行爲ノ場合ト差異アルコトヲ忘ルヘカラス。

第四節　債權ノ移轉

債權ノ移轉ハ法律行爲以外ノ原因ニ因ル場合ト法律行爲卽チ讓渡ニ因ル場合トアリ。

第一　法律行爲以外ノ原因ニ因ル債權ノ移轉

法律行爲以外ノ原因ニ因ル債權ノ移轉ハ相續、會社合併、破産等ノ原因ニ因ルモノニシテ此等ノ原因ニ適用スル法律ニ依リテ移轉ノ效果ヲ定ムヘキモノナレハ各場合ニ依リ準據法ヲ定ム。

第二　讓渡（法律行爲ニ因ル債權ノ移轉）ニ因ル移轉

一　當事者間ニ於ケル讓渡ノ成立效力

當事者間ニ債權ノ讓渡ヲ爲シ得ルヤ否ヤハ債權自體ノ準據法ニ依ルヘキモノナレトモ讓渡行爲

ノ要件及效力ハ一般法律行爲ノ原則ニ依リ第一ニ當事者ノ意思ニ依リテ其準據法ヲ定メ意思不明ノ場合ハ行爲地法ニ依ルヘキモノナリ。

二　讓渡ノ第三者ニ對スル效力

債權讓渡ノ第三者ニ對スル效力モ讓渡ノ一效力ニ過キサルヲ以テ債權自體ノ準據法ニ依ルヲ理論上正當トスルモ債權讓渡ヲ債務者其他ノ第三者ニ對抗スル條件ニ關シテハ或ハ一定ノ公示方法ヲ必要トスル國アリ、或ハ債務者ニ通知シ又ハ其承諾ヲ要スト爲ス國アリ、又通知、承諾ハ確定日附ヲ要ストシ或ハ之ヲ要セスト爲ス國アリ、故ニ何レノ國ノ法律ニ依ルカニ因リ第三者ノ利害ニ關係スルコト大ナルヲ以テ此點ニ付諸主義ヲ存ス。

1　債權者ノ住所地法主義

此主義ニ依レハ債權ハ債權者ノ財産權ヲ組成スルモノナルヲ以テ之ヲ讓渡スルト否トハ債權者ノ權利ニシテ斯ル權利ハ債權者ノ住所地法ニ依リテ決定スヘキモノナルカ故ニ讓渡ノ第三者ニ對スル效力モ亦債權者ノ住所地法ニ依リテ定ムヘシト爲スモノナリ。

2　債權讓渡ノ行爲地法主義

此主義ハ債權ノ讓渡自體ハ行爲地法ニ從フヘキモノナレハ其讓渡ノ效力モ亦行爲地法ニ依ル

ヘキモノトセリ。此主義ニ依ルトキハ債務者ハ自己ノ少シモ知リ得ヘカラサル法律ニ依リ讓受人ノ權利ヲ認メサルヘカラサル結果ヲ生シ債務者ニ取リテハ甚タ危險ナルモノト云ハサルヘカラス。何トナレハ債權者カ債權ヲ讓渡スル行爲地ハ其任意ニ定メ得ルコトニシテ債務者ハ豫メ讓渡地ヲ知ルコトヲ得サルモノナレハナリ。

3　債務者ノ住所地法主義

此主義ハ債權讓渡ノ第三者ニ對スル效力ハ債務者ノ住所地法ニ依ルモノト爲スニ在リ。其理由ハ元來債權ノ讓渡ニ關シ或ハ債務者ノ承諾ヲ要シ或ハ通知ヲ受クルコトヲ要ストスルハ素ト債務者ノ利益ノ爲メニ設ケタル公示方法ニシテ、斯ル公示方法ハ債務者ノ住所ニ於テ之ヲ爲スヲ以テ通例トスルノミナラス債權行使ノ究極ハ皆債務者ノ普通裁判籍卽チ債務者ノ住所地ニ於テ訴訟ニ依リ之ヲ請求スヘキモノナルカ故ニ、債權讓渡ノ債務者又ハ其他ノ第三者ニ對スル效力ニ付テモ亦債務者ノ住所地法ニ依リテ之ヲ定ムルヲ以テ正當トスヘキモノナレハナリト云フニ在リテ、我法例第十二條ニ於テモ此主義ヲ採リ債權讓渡ノ第三者ニ對スル效力ハ債務者ノ住所地法ニ依ルトセリ。然レトモ此主義ハ債務者ノ住所アル場合ヲ豫想セルモノナレハ、債務者ノ住所ナキ場合又ハ二個以上ノ住所アルトキハ法例第二十八條ニ依リテ準據法ヲ決シ、若シ同條ニ依ルモ之ヲ定ムルコト能ハサルトキハ原則ニ依リ債權自體ノ準據法ニ依ルモノト爲ササルヘカラス。

第三　債務ノ引受

債務引受契約ヲ債權者、債務者及第三者ノ三名ニ於テ爲ストキハ三名ニ於テ之ニ適用スヘキ準據法ヲ合意シ得ヘク何等準據法ノ合意ナキトキハ引受ケラルル債務ノ準據法ニ從フモノト推測セサルヘカラス。若シ引受契約ヲ債權者ト第三者トノミニテ爲ストキハ右兩者ノ關係ニ關スル準據法ハ合意スルヲ得ルモ債務者ニ對スル效力ハ債務ニ適用セラルル準據法ニ依ルモノナリ。又引受契約ヲ債務者ト第三者トカ爲ストキハ債務者ト第三者トノ關係ニ關スル準據法ハ債務者ト第三者トノ合意ニ依リ準據法ヲ定メ得ルモ債權者ニ對スル效力ハ債務ニ適用スル準據法ニ依ルモノナリ。

第五節　債權ノ時效

第一　消滅時效

債權ノ消滅時效ノ準據法ニ付テハ從來諸主義ノ存スル所ナルニ拘ハラス我法例ハ特別ノ規定ヲ爲ササルカ故ニ左ニ諸主義ヲ掲ケテ其可否ヲ考究シ以テ何レノ主義ニ從フヘキカヲ述フヘシ。

一　法廷地法主義

此主義ハ債權ノ消滅時效ハ唯訴權ノ消滅ヲ來スノミニシテ債權自體ノ消滅ヲ來スモノニアラス。卽チ時效ハ單ニ訴訟手續法ノ問題ニ過キサルモノト看做シ、從テ一ノ債權カ消滅時效ニ罹リタルヤ否ヤハ唯其債權ヲ判定スヘキ裁判所所在地法ノミニ依リ之ヲ定ムヘキモノトス。英米ノ法律ニ於テハ此主義ヲ實行シ時效ノ制度ハ唯出訴期限ヲ定メタルモノニ過キストセリ。從テ債權自體ノ準據法ニ從ヘハ尙債權ノ存スル場合ニテモ苟モ法廷地ノ法律ニ從ヒ既ニ時效ニ罹リタルトキハ出訴シ得ヘカラサルモノトス。又之ト反對ニ縱令債權ノ準據法ニ從ヒ既ニ時效ニ罹リタル債權ナルモ法廷地法ニ從ヒ尙出訴期限アルトキハ其訴權ヲ行ヒ得ヘキモノトス。此主義ノ前半ハ正當ナルモ後半ハ甚タ不當ナリ。何トナレハ債權ノ準據法ニ從ヒ既ニ消滅セルニモ拘ハラス尙內國ノ法律ニ從テ其債權ノ行使ヲ認ムルコトハ判決ハ權利ノ確定ヲ目的トスルモノニシテ權利ノ創設ヲ目的トスルモノニアラストノ原則ニ背反スルモノナレハナリ。

二　履行地法主義

此主義ハ債權ノ消滅時效ハ債務ノ履行ト最モ密接ナル關係ヲ有スルカ故ニ履行地法ニ依リテ消滅セリヤ否ヤヲ定ムヘシトセリ。此主義ハ債權自體ハ履行地法ニ從フトノ主義ヲ採ルトキハ或ハ之ヲ主張スルコトヲ得ヘキモ債權自體ノ準據法ニ付テハ既ニ履行地法主義ヲ排斥シテ行爲地法主義ヲ認ムル我國ニ於テハ獨リ消滅時效ニ付テノミ斯ノ如キ主義ヲ採ルコトヲ得ス。

三　債權者住所地法主義

此主義ハ債權ノ消滅時效ハ債權者ノ住所地法ニ依リテ之ヲ定ムヘキモノト主張セリ。其理由トスル所ハ債權ハ動產ト同一ナルヲ以テ債權者ノ住所地ニ存在スルモノト思惟シ、且債權ノ行使如何ニ關スルコトハ債權者自己ノ法律ニ依リテ支配セラルヘキモノト云フニ在リ。然ルニ債權カ債權者ノ住所地ニ存在スルトノ思想ハ大ナル誤謬ニシテ債權ハ究極スル所債務者ノ資力如何ニ依リテ其結果ヲ異ニスルモノナレハ斯ノ如キ說ヲ採ルコトヲ得ス。

四　債務者住所地法主義

此主義ハ消滅時效ノ制度ハ債務者ノ利益ヲ保護スルヲ以テ目的トスルモノナルカ故ニ債務者ノ住所地法ニ依ルヘシト云フニ在リ。此主義ハ概ネ獨逸ノ裁判例ニ行ハレ且學說上ニ於テモ認メラルル所ナリ。然レトモ債權自體カ或ハ行爲地法或ハ其他ノ法律ニ從フ場合ニ獨リ其消滅時效ニ付テノミ債務者ノ住所地法ニ依ラサルヘカラストスルカ如キハ不當ニシテ採ルニ足ラス。

五　債權準據法主義

此主義ハ消滅時效モ亦債權自體ノ準據法ニ依リ決スヘキモノト爲スモノニシテ最モ正當ナル主義ト云ハサルヘカラス。蓋シ時效ノ制度ハ債權發生ノ當初ヨリ當事者ノ豫期シ得ヘキ所ニシテ且債權ノ效力ニ付テハ當事者カ自由意思ニ依リ其準據法ヲ定ムルコトヲ得ルモノナルカ故ニ若シ時效ニ付テ特別ノ準據法ヲ明言セサル限リハ時效ニ付テモ亦債權自體ト同一ノ法律ニ準據スヘキモノト解釋スルヲ以テ當事者ノ意思ニ最モ能ク適合スルモノト云ハサルヘカラス。且此主義ヲ認ムルトキハ時效ノ爲メニ特別ノ規定ヲ設クルノ必要ナキモノニシテ我法例第七條乃至第九條ニ於テ債權ノ成立及效力ニ付テ規定セル原則ノミニテ足レリトス。唯玆ニ注意スヘキコトハ時效ハ公益ニ關スル規定ナレハ當事者ノ自由意思ニ因リテ其期間ヲ延長シ得サルモノナリ。故ニ外國ノ法律ニ準據スヘキ場合ト雖モ若シ其訴訟カ我國ニ於テ發生スルトキハ我國ノ法律ニ規定セル時效ヨリモ多クノ利益ヲ請求スルコトヲ得サルモノナリ。從テ外國法ノ時效期間カ我法律ノ時效期間ヨリモ長キトキハ我國ノ法律ノ規定ニ短縮セラレ、之ニ反シテ外國法ノ時效期間カ我國ノ時效期間ヨリモ短キ場合ニ於テハ既ニ外國法ニ依リテ消滅シタル債權ハ我國ニ於テモ亦消滅シタルモノト認ムヘキモノニシテ、我國ノ法律ニ依レハ尚時效ニ罹ラサルコトヲ理由トシテ其債權ヲ行使スルコト能ハサルモノナリ。

第二　取得時效

取得時效ニ付テモ消滅時效ト同一ノ諸主義ヲ生スルニ至ルコトハ之ヲ想像シ得ルモ取得時效ハ消滅時效ト異ナリ債權ノ行使ナル事實ニ因リ原始的ニ債權ヲ取得スルモノニシテ初メヨリ債權自體ノ準據法ナルモノナキヲ以テ債權自體ノ準據法ニ依ルコトヲ得ス。然ラハ債務者ノ住所地カ最モ適切ノ關係アルカ故ニ取得時效ハ債務者ノ住所地法ニ依ルヘキモノト爲ササルヘカラス。

第四章　涉外親族法

第一節　總論

親族ノ何タルヤニ付我民法ハ第七百二十五條ニ於テ六親等內ノ血族、配偶者及三親等內ノ姻族ヲ親族ト爲スト定メタレトモ、獨逸ハ血族關係ニ限リテ親族ト爲シ苟モ血族關係アル者ハ其關係ノ遠近ヲ問ハス之ヲ親族ト爲シ、又佛國ハ十二親等迄ヲ親族トシ、伊國ハ十親等迄トシ、明律ハ四代迄ヲ親族トセリ。斯ノ如ク親族ノ何タルヤハ國ニ依リテ異ナルノミナラス、親等ノ計算法ニ付テモ法定列擧主義ト世代計算主義トアリ。世代計算主義ハ更ニ寺院法式ト羅馬法式トアルヲ以テ甲乙二人カ親族ナリヤ否ヤ、親族ナリトセハ幾親等ナリヤ否ヤ及親族間ノ權利義務ハ何國ノ法律ニ依リ之ヲ定ムヘキヤノ國際私法問題ヲ生スルモノナリ。我國ハ國際私法ノ規定トシテ法例第三條以下二十八箇條ヲ設ケタル中親族法ニ關スルモノハ實ニ第十三條ヨリ第二十四條ニ至ル十二箇條ヲ存シ、其第二十二條ニ於テ親族法ノ準據法ニ付一般的原則ヲ定メタリ。即チ同條ニ依レハ「親族關係及之ニ因リテ生スル權利義務ハ當事者ノ本國法ニ依ル」ト規定シ其他ノ十一箇條ハ此原則ノ適用又ハ例外ヲ規定セルニ過キサルモノナリ。蓋シ親族關係ハ人ノ身分關係ニシテ古來ヨリ身分關係ハ當事者ノ本國法ニ依ルトノ原則ニ從ヒ我法例第二十二條モ此原則ヲ明カニシタルモノナリ。

斯ノ如ク親族關係及之ニ因リテ生スル權利義務ハ當事者ノ本國法ニ依ルヲ以テ甲乙二人カ親族ナリヤ否ヤ及其者カ幾親等ナリヤ否ヤハ當事者ノ本國法ニ依リテ之ヲ定メ其他法例第十三條以下ニ特例ヲ設ケタル以外ノ親族事項ハ總テ當事者ノ本國法ニ依ルモノトス。例ヘハ我國ニ來レル甲乙二人ノ佛國人カ親族ナリヤ否ヤハ其本國法タル佛國法ニ依リテ十二親等以內ナラハ之ヲ親族トシ十三親等以上ナラハ親族ニアラストスカ如シ。

以上ノ原則ハ甲乙二人カ同國人ナルトキハ同一ノ本國法ニ依リテ親族關係ヲ定メ得ルモ親族關係ナルモノハ常ニ二人以上ノ關係ニシテ其者カ國籍ヲ異ニシ且各本國法ニ差異アル場合ハ何レノ本國法ニ依リテ親族ナリヤ否ヤヲ定ムヘキモノナルカノ問題ヲ生ス。例ヘハ十一親等ノ佛國人タル甲乙二人ノ内甲カ伊國ニ歸化シタルトキノ如キハ乙ノ本國法卽チ佛國法ニ依レハ親族ナルモ甲ノ現在ノ本國法卽チ伊國法ニ依レハ伊國ハ親族ヲ十親等迄ト爲スカ故ニ親族ニアラサルコトト爲リ、法例第二十二條ニ依リテハ斯ノ如キ場合ヲ解決スルコト能ハサルモノトス。惟フニ我法例ハ當事者雙方ニ共通ノ親族關係ニ付テハ何レカ一方ノ本國法ニ依ルコトヲ定メタルコト多シ。例ヘハ婚姻ノ效力ハ夫ノ本國法ニ依リ、子ノ嫡出子ナルヤ否ヤハ夫ノ本國法ニ依リ、養子緣組ノ效力ハ養親ノ本國法ニ依ルト定メタルカ如シ。然ルニ親族ナリヤ否ヤハ單ニ當事者ノ本國法ニ依ルコトト爲ルモ、當事者ノ雙方ノ本國法ニ差異アルトキハ之ヲ解決シ能ハサルニ拘ハラス當事者一方ノ本國法ニ依ルコトヲ定メサリシヲ以テ、當事者雙方ノ本國法ニ依リテ親族ナル場合ニアラサレハ之ヲ親族ト爲ササル法意ト解スル外ナシ。故ニ前例ニ於テ甲乙ハ佛國法及伊國法ニ共通ナル十親等內ナリヤ否ヤニ依リ親族ナリヤ否ヤヲ定ムヘキモノニシテ結局親等ニ關スル規定ノ狹キ國ノ法律ニ依リ親族ナリヤ否ヤハ定マルコトトナルモノナリ。

第二節　戶主及家族

個人制度ヲ採ル國ニ於テハ戶主及家族間ノ法律關係ナルモノ存在セサルモ、家族制度ヲ採ル國ニ於テハ戸主及家族間ニ一種ノ權利義務ノ關係アリ。是レ亦廣義ニ於ケル一種ノ親族關係ナルヲ以テ法例第二十二條ノ原則ニ依リ決スヘキモノナリ。故ニ家族制度ヲ採ル日本人ハ外國ニ在リテモ戸主、家族ノ關係ヲ有シ又家族制度ノ存スル外國人カ日本ニ來リタルトキモ其國ノ法律ニ認メタル戸主家族間ノ身分關係ハ之ヲ認メサルヘカラサルモノナリ、但其國ノ法律ニ依ル戸主ノ家族ニ對スル權利ト雖モ我國ノ公序良俗ニ反スルモノハ之ヲ認ムルコト能ハサルヤ勿論ナリ。而シテ家族關係ハ純然タル親族關係ト異ナリ國籍ヲ異ニスル者ノ間ニ存スルコトナキヲ以テ戸主家族ノ關係ニ付戸主ノ本國法ニ依ルヘキカ家族ノ本國法ニ依ルヘキカノ問題ヲ生スルコトナシ。然レトモ日本ノ戸主ノ親族タル外國人カ日本ノ戸主ノ家ニ入ラントスル親族入籍ノ場合ニ於テ其親族ハ本國法ニ依リ日本ノ戸主ノ親族ナルモ日本民法ニ依リ六親等以上ニシテ親族ニアラスト爲ストキハ戸主ノ本國法タル日本ノ法律ニ依リ親族ニアラサルヲ以テ其者ハ入籍シ得サルモノトス。家族ノ親族ニシテ外國人タル場合モ亦同様ナリ。

第三節　渉外婚姻

第一款　婚姻ノ成立要件

第一項　實質的要件

第一　各國實質要件ノ差異

茲ニ婚姻ノ實質的要件ト云フハ一私人カ婚姻ヲ爲スコトヲ得ヘキ資格ニシテ、何レノ國ニ於テモ婚姻者ハ一定ノ婚姻年齡ニ達シタルコトヲ必要トスルノミナラス、尙一定ノ親族關係又ハ犯罪等ニ因ル婚姻ノ禁止又ハ再婚ノ制限ニ牴觸セサルコトヲ必要トス。然ルニ此等ノ要件ニ付キ各國ノ法律ハ各其規定ヲ異ニシ婚姻年齡ニ付テモ或ハ我國ノ如ク男子ハ十七歲女子ハ十五歲ニ達シタルコトヲ必要トシ、或ハ英國法系ノ諸國ノ如ク男子ハ十四歲女子ハ十二歲ニ達スルヲ以テ足ルトスルモノアリ、或ハ又獨逸法系ノ諸國ノ如ク男子ハ二十一歲女子ハ十六歲ニ達スルコトヲ必要トスルモノアリ。又親族關係ニ付直系血族間ニ相婚姻スルコトヲ禁止スルハ凡テノ文明國ニ共通ノ條件ナレトモ傍系親族間ノ制限ニ付テハ或ハ三親等ニ限ルモノアリ或ハ四親等ニ及ホスモノアリ。又犯罪ヲ原因トスル婚姻ノ禁止ニ付テモ諸國ノ法律各其規定ヲ異ニシ、又再婚ノ制限ニ付テモ各相異ナリ再婚ヲ認メサル習慣法アリ、或ハ之ヲ認ムルモ一定ノ期間再婚ヲ爲スコトヲ禁止スルモノアリ、或ハ女子ニ付テノミ斯ル制限ヲ設クル國アリ、又男子ニ付テモ離婚後一定ノ期間婚姻ヲ禁止スル國アリ。且文明諸國ニ於テハ一夫一婦ノ制度行ハルルモ或ハ多夫一婦ノ制度ヲ認メ、或ハ同々敎國又ハ「モルモン」宗徒ノ如ク一夫多妻ノ制度ヲ認ムルカ如キ蠻風尙現存スルカ故ニ若シ國籍ヲ異ニスル者カ相婚姻スル場合ニハ何レノ法律ニ依リテ斯ル成立要件ヲ定ムヘキヤ、又縱令同國人カ相婚姻スル場合ニテモ若シ外國ニ於テ婚姻スルトキハ何レノ法律ニ依リテ之ヲ定ムヘキヤノ問題ヲ生ス。

第二　準據法ニ關スル諸主義

一　婚姻擧行地法主義

此主義ハ婚姻ヲ以テ契約ト看做スモノニシテ契約ノ成立要件ハ其行爲地ノ法律ニ依リテ定メラルルカ如ク婚姻ニ付テモ亦其成立ニ必要ナル條件ハ其擧行地ノ法律ニ依リテ之ヲ定ムヘキモノナリトス。然ルニ斯ル主義ハ頗ル其當ヲ得サルモノナリ、何トナレハ婚姻ハ固ヨリ契約ニ基ク法律關係ナリト雖モ夫婦ノ關係卽チ婚姻關係ハ素ト一種ノ法律制度ニシテ契約關係ニアラス。故ニ當事者ノ合意ニ依リテ婚姻ニ條件ヲ附シ又ハ其效力ヲ制限スルコトヲ許サス。其國民ハ內國ニ於テ婚姻スル場合ニ於テモ又外國ニ於テ婚姻スル場合ニ於テモ皆其國ノ婚姻法ニ從フヘキコトヲ必要トシ其國ノ臣民ニ付テハ絕對的ニ强行スヘキ規定ナレハナリ。

二　夫ノ本國法主義

此主義ハ婚姻關係ハ何レノ國ニ於テモ夫ヲ主トスルモノニシテ妻ハ婚姻ニ因リテ夫ノ國籍ヲ取得スヘキモノナルカ故ニ婚姻カ有效ニ成立スルヤ否ヤノ問題ハ皆夫ノ本國法ニ依リテ之ヲ定ムヘキモノトス。此主義ハ從來歐洲大陸ニ行ハレタルモ深ク之ヲ考フルトキハ夫婦ノ關係成立シタル上ニ於テハ總テ夫ノ本國法ニ依ルヘキモノナレトモ婚姻關係ノ成立スヘキヤ否ヤヲ問題トスル時期ニ於テハ將來夫ト爲ルヘキ男子ト妻ト爲ルヘキ女子トハ各其本國法ヲ有スルモノニシテ未タ夫ノ本國法ニ從フヘキ狀態ニ在ラサルカ故ニ婚姻ノ成立條件ヲ男女共通ニ夫ノ本國法ニ依リテ定ムルカ如キハ甚タ不當ナリト云ハサルヘカラス。何トナレハ若シ夫ノ本國法ニ於テ有效ナル場合ナルモ妻ト爲ルヘキ者ノ本國法ニ於テ有效條件ヲ備ヘサル場合ニ於テハ女子ノ本國法ニ依レハ尙其國ノ臣民ニシテ其國籍ヲ喪失セサルモノナレハ斯ル婚姻ヲ認メラレサル場合アルモノナリ。

三　當事者雙方ノ本國法主義

此主義ハ婚姻ノ成立條件ハ其當事者雙方ニ付テ各其本國法ノ條件ヲ具備スルコトヲ要ストスモノナリ。是レ既ニ述ヘタルカ如ク婚姻成立ノ當初ニ於テハ當事者雙方カ各獨立ノ本國法ヲ有スルカ故ナリ。

我國ニ於テモ法例第十三條第一項ニ於テ此主義ヲ採リ婚姻ノ成立要件ハ各當事者ノ本國法ニ依ルト爲セリ。然レトモ雙方ノ當事者ノ本國法ニ認ムル條件カ具備スルトキハ如何ナル場合ニ於テモ尙有效ニ行爲地ニ於テ婚姻ヲ爲スコトヲ得ルヤ否ヤト云フニ若シ其本國法ニ於テ認メタル成立條件カ行爲地ノ善良ノ風俗ニ反シ又ハ公ノ秩序ニ關スル性質ノモノナルトキハ我國ニ於テ其成立ヲ認メサルモノニシテ斯ル者ハ我國ニ於テ婚姻ヲ爲スノ權利ナキモノト云ハサルヘカラス。例ヘハ一夫多妻ヲ有效トスル國ノ人民カ更ニ外國人ト又ハ其同國人ト日本ニ於テ婚姻セントスル場合ニハ我法律ヨリ云フトキハ重婚ノ禁制ヲ犯スモノナルカ故ニ斯ル婚姻ハ如何ニ當事者ノ本國ニ於テ其成立條件ヲ充タスモ尙之ヲ認ムルコトヲ得サルモノト云ハサルヘカラス。

第二項　形式的要件

第一　擧行地法ニ依ル。

婚姻ハ最モ重要ナル法律行爲トシテ何レノ國ニ於テモ一定ノ方式ヲ要セサルハナシ。然レトモ其方式ニ付テハ或ハ宗敎上ノ儀式ヲ必要トスルモノアリ、或ハ民事上ノ方式卽チ身分取扱人ノ立會若クハ戶籍ノ登錄ヲ必要トスルモノアリ。斯ノ如ク諸國ノ法律カ各相異ナル結果トシテ婚姻ノ方式ハ何レノ法律ニ依ルヘキヤノ問題ヲ生ス。而シテ婚姻要件ニ付テハ其準據法ハ當事者雙方ノ本國法ナルカ故ニ若シ其國籍ヲ異ニスルトキハ其方式ハ何レノ本國法ニ依ルヘキモノナリヤ之ヲ定ムルコト困難ナリ。且若シ國籍ヲ同ウスル者ノ婚姻ニ付テモ外國ニ於テ婚姻スル場合ニ其本國法ノ必要トスル方式ハ必スシモ外國ニ於テ之ヲ行フコトヲ得ヘキモノニアラス。加之、婚姻ニ付テ一定ノ方式ヲ必要トスル所以ハ其國ノ善良ノ風俗社會ノ秩序ト相俟テ考フヘキモノニシテ一男一女カ互ニ夫婦ト爲ルヘキコトヲ合意スルノミナラス社會公衆ニ對シテ神聖ナル婚姻ヲ爲スヘキノ意思ヲ公ニセシムルノ必要ヨリ出テタルモノナルヲ以テ婚姻擧行地ニ於テハ其本國法ノ方式如何ニ拘ハラス必ス自國卽チ擧行地ノ方式ニ依リ之ヲ公示スルノ必要アリトス。故ニ婚姻ノ方式ニ付テハ一般法律行爲ノ方式ト異ナリ行爲地法卽チ婚姻擧行地ノ方式ニ依ルヘキヲ以テ原則トシ、擧行地ノ法律ニ從ヒタル婚姻ハ何レノ國ニ於テモ方式上之ヲ有效ト認ムルコト必要ナリ。我法例第十三條ニ於テモ婚姻ノ方式ハ擧行地ノ法律ニ依ルト規定シ法例第七條ノ例外タルコトヲ明カニセリ。

第二 日本人ハ外國ニ於テ日本ノ方式ニ依ルコトヲ得。

婚姻ノ方式ニ付テ以上述ヘタルカ如ク婚姻擧行地ノ法律ニ依ルヘキモノナリト雖モ、內國人カ外國ニ於テ婚姻スル場合ニ其國ノ方式ニ從フコトヲ得サルカ如キ不便發生スルコトアルカ故ニ近世諸國ノ國際慣例ニ於テハ外國ニ駐在スル領事又ハ公使ハ內國ノ身分取扱官吏ニ代リ本國ノ法律ノ必要トスル方式ヲ其面前ニ於テ爲シ得ルコトヲ認ムルヲ以テ例トセリ。我民法第七百七十七條ニ於テモ帝國ノ公使又ハ領事ハ外國ニ於テ日本人カ相互ニ婚姻シ或ハ日本人カ外國人ト婚姻スル場合ニ於テハ我法律ノ必要トスル方式ヲ行ハシメ得ルモノトシ法例第十三條第二項ニ於テモ亦斯ル例外ヲ認メ縱令擧行地ノ法律ニ依ラサルモ我國ノ公使又ハ領事ノ面前ニ於テ日本ノ方式ニ依リ爲シタル婚姻ヲ有效ト認メタリ。

然ラハ外國ニ在ル日本人ト日本國内ニ居ル日本人ト婚姻スル場合ハ何國ノ方式ニ依ルヘキヤ、例ヘハ米國ニ移住セル日本人カ日本國内ニ居ル女ト婚姻スルカ如キ所謂寫眞結婚ナルモノハ何國ノ方式ニ依ルヘキヤ、惟フニ日本民法ニ依ル婚姻ノ方式ハ民法第七百七十五條及戸籍法第百一條ニ定メタル如ク當事者雙方及成年ノ證人二人以上ヨリ口頭ニテ又ハ署名シタル書面ヲ以テ夫ノ本籍地又ハ其所在地ノ戸籍吏ニ届出ツルコトヲ要スルモノナルカ故ニ米國ニ移住セル日本男子ト雖モ日本國内ニ存スル本籍地ノ戸籍吏ニ婚姻届ヲ爲セハ玆ニ婚姻ハ成立シ又日本男子ノ住所地ノ領事ニ之カ届出ヲ爲スモ婚姻ハ成立スルモノナリ。然ルニ米國ノ國際私法ニ於テ斯ノ如キ婚姻ノ擧行地ハ米國ナリト爲シ此婚姻ハ米國ノ方式ヲ具備セサルモノトシテ之ヲ未タ婚姻ナキモノト爲スコトヲ得ルヤ。惟フニ斯ノ如ク日本ノ法律ニ依レハ婚姻ノ成立トナリ、米國ハ婚姻成立セスト認メラルル場合ニ於テモ當事者雙方ノ本國法ニ依リテ完全ニ婚姻ノ成立セル以上ハ外國ニ於テ之ヲ否認シ得サルハ婚姻ノ本質ヨリ當然ノ事ナリ。

第三項　婚姻豫約

婚姻豫約ハ婚姻契約ト異ナリ一種ノ債權契約ニ過キサルヲ以テ婚姻豫約ヲ有效ト爲スヤ否ヤハ第一ニ當事者ノ選定シタル法律ニ依リテ決シ、意思不明ノ場合ハ豫約行爲ヲ爲シタル地ノ法律ニ依リテ之ヲ決スヘキモノナリ。而シテ之ヲ有效ナリトスル場合ニ豫約カ如何ナル效力ヲ有スルヤ否ヤモ豫約ノ成立ニ關スル法律ニ依リテ定ムヘキモノナレトモ婚姻豫約ハ財産上ノ契約ト異ナリ當事者ノ一身ニ對シ重要ナルノミナラス、社會ニ對シテモ重大ナル關係ヲ有スルモノナルヲ以テ訴訟地ニ於テハ其國ノ法律ニ認メサル效力ヲ是認スルコトヲ得ス。從テ當事者カ婚姻豫約ノ直接履行ヲ求メ得ル國ノ法律ニ依リ豫約ヲ爲スモ我國ニ於テ訴ヲ爲ストキハ之ヲ認メス損害賠償ノ請求ヲ爲シ得ルニ過キサルモノトス。

第二款　婚姻ノ效力

第一　婚姻ノ身上ニ及ホス效力

一　諸主義

婚姻ノ身上ニ及ホス效力ニ付左ノ主義アリ。

1　住所地法主義

2　本國法主義

イ　夫婦共通ノ本國法主義

ロ　夫ノ本國法主義

婚姻ノ效力ヲ住所地法主義ニ依リテ定メントスル者ハ他ノ屬人法ニ付テヨリモ一層大ナル理由ヲ有スルモノトシ夫婦ノ關係ハ其住所地ノ法律ニ依リテ定ムルヲ以テ極メテ正當ナリト主張セリ。此點ニ付テハ獨リ英米ノ住所地法主義ヲ採ル諸國ニ於テノミナラス、歐洲大陸ノ學者中ニ於テモ尙斯ル說ヲ爲ス者少シトセス。然レトモ婚姻ノ身上ニ及ホス效力ハ國籍ト最モ重大ナル關係ヲ有スルモノニシテ且永久的終身的ノ性質ヲ有スルモノナルカ故ニ斯ル畢生ノ關係ヲ規定スルモノハ其者ニ對シテ臣民主權ヲ及ホシ得ル國ノ法律ナラサルヘカラサルヲ以テ第二ノ本國法主義ヲ可トス。而シテ夫婦國籍ヲ同ウスル場合ハ本國法ハ共通ナルカ故ニ問題ナキモ夫婦カ國籍ヲ異ニスルトキハ婚姻關係ノ主タル者タル夫ノ本國法ニ依ルヲ以テ正當ト爲スヘキモノニシテ共通ノ本國法主義ヲ主張スル者ハ徒ラニ理論ニ奔リタルモノト云ハサルヘカラス。而シテ夫ノ本國法ハ婚姻當時ノ夫ノ本國法ニ限ルヘキモノニアラス夫カ婚姻後國籍ヲ變更シタルトキハ新國籍ノ法律ニ從フモノニシテ要スルニ夫ノ本國法トハ夫ノ現在ノ本國法ヲ謂フモノナリ。

二 我國ハ夫ノ本國法主義ナリ。

我國ハ法例第十四條ニ婚姻ノ效力ハ夫ノ本國法ニ依ルト規定シ、夫ノ現在ノ本國法ナルコトヲ明カニセリ。而シテ法例第十四條第二項ニ依レハ外國人カ日本人ノ女戶主ト入夫婚姻ヲ爲シ又ハ日本人ノ婿養子ト爲リタル場合ハ夫ノ本國法ニ依ル代リニ其婚姻ノ效力ハ日本ノ法律ニ依ルヘキモノト規定セリ。然レトモ此規定ハ注意規定タルニ過キスシテ斯ル規定ナキモ同一ノ結果ヲ來スモノナリ。何トナレハ外國人カ日本ノ女戶主ノ入夫ト爲リ、又ハ日本人ノ壻養子ト爲ル場合ハ入夫婚姻又ハ壻養子緣組ト同時ニ我國籍ヲ取得スルモノニシテ斯ル婚姻ハ夫ノ本國法カ卽チ我日本ノ法律ナレハナリ。唯斯ノ如キ規定ヲ設ケタル所以ハ入夫婚姻前又ハ婿養子ト爲ル瞬間ニ於テハ外國人タルモノナレハ斯ル誤解ヲ生スルコトヲ慮リタル爲メニ過キス。

第二 婚姻ノ財產上ニ及ホス效力

夫婦ノ財產殊ニ妻ノ財產ハ古來夫ノ財產ニ屬シタルモノニシテ夫ハ婚姻ニ依リ妻ノ財產ノ全部ヲ

取得スルヲ以テ一般ノ原則トセリ。然ルニ社會益々進歩スルニ從ヒ婚姻關係ハ精神的身體的ノ結合關係ニシテ財産的關係ニアラサルコト漸ク認メラルルニ從ヒ、妻ハ結婚後ト雖モ尙獨立ノ主體トシテ自己ノ特有財産ヲ所有スルコトヲ認メラルルニ至レリ。然レトモ特有財産制ヲ認メタル國ニテモ尙妻ハ全ク獨立シテ財産ヲ有スルコトヲ得ルモノニアラス、夫ハ之カ管理權又ハ用益權ヲ有スルヲ以テ原則トス。斯ノ如ク夫婦相互ノ財産制度ハ或ハ契約ニ依リテ定マルモノトスルアリ。或ハ契約ナキ場合ニハ法律ノ規定ニ依リテ定マルモノトスルアリ。又其契約自由ノ範圍或ハ法定財産制ノ制限等ハ諸國ノ法律ニ於テ各相異ナルカ故ニ何レノ法律ニ從テ斯ル財産制ヲ定ムヘキヤノ問題ヲ生ス。此問題ハ之ヲ契約財産制ト法定財産制トニ區別シテ說明スヘシ。

一　契約財産制

夫婦ノ財産契約ハ夫ノ本國法ニ依ルヘキコトハ異論ナキモ契約後夫カ住所又ハ國籍ヲ變更シタルトキハ現在ノ夫ノ本國法ニ依ルヘク變更セラルルヤ又ハ婚姻當時ノ夫ノ本國法ニ依ルコトニ變更ナキヤニ付所謂變更主義ト不變更主義トノ二アレトモ夫婦ノ財産契約ハ婚姻ノ效力自體ニアラサルヲ以テ當然法例第十四條ニ依ルヘキモノニアラス。斯ル財産契約ハ何レノ國ニ於テモ婚姻當時ニ之ヲ確定スルコトヲ必要トシ婚姻後ニ至リ夫婦カ任意ニ之ヲ變更シ得ルヲ認メサルノミナラス、夫婦財産契約ハ諸國ノ法律概ネ一定ノ公示方法ヲ必要トシ之カ變更ハ第三者ノ利害ニ關スルコト大ナルヲ以テ斯ル契約ノ效力及制限等ハ結婚當時ノ夫ノ本國法ニ依リテ之ヲ定メ其後住所ヲ變更シ或ハ國籍ヲ變更スルモ斯ル契約關係ハ公ノ秩序ニ反セサル限リハ何レノ國ニ於テモ有效ト認メサルヘカラス。故ニ我法例第十五條ニ於テハ斯ル財産制ハ婚姻ノ當時ニ於ケル夫ノ本國法ニ依ルヘキモノト明言セリ。但夫婦財産契約ハ之ヲ公示スルコトヲ必要トスルモノナレハ若シ外國人カ我國籍ヲ取得シタル場合又ハ我國ニ住所ヲ移シタル場合ニ於テハ其妻ノ如何ナル財産カ財産契約ニ依リテ妻ノ特有財産ナルヤヲ公示スルコトヲ必要トシ、我民法第七百九十五條ニ依レハ斯ル場合ニハ我國籍ヲ取得シタル者又ハ我國ニ住所ヲ定メタル外國人ハ一年内ニ財産契約ノ登記ヲ爲ササル場合ニ於テハ第三者ニ對シテ其效力ヲ及ホササルモノトセリ。外國人カ日本ノ女戸主ト入夫婚姻ヲ爲シ又ハ日本人ノ壻養子ト爲リタル場合ノ財産契約ハ妻ノ本國法ニ重キヲ置クヘキモノナルヲ以テ日本ノ法律ニ依ルヘキモノトシテ法例第十五條第二項ニ之ヲ定メタリ。

二　法定財産制

夫婦ノ法定財産制ハ財産契約ト異ナリ婚姻ノ效力自體ナルヲ以テ法例第十四條ニ依リ夫カ國籍

ヲ變更シタルトキハ法定財産制モ亦之ニ從テ變更シ夫ノ現在ノ本國法ニ依ルト爲スヲ正當トスルノ感アリ。何トナレハ現在ノ夫ノ本國法ハ其國民ノ財産制度ヲ規定シタルモノニシテ其國民カ曾テ外國人タリシ間ニ從ヒ居タル財産制如何ハ問フ所ニアラサレハナリ。然レトモ若シ斯ノ如ク爲ストキハ夫ハ其國籍ヲ變更スルコトニ依リテ其財産制度ヲ變更スルコトヲ得ルカ故ニ夫ノ不正ナル意思ヨリシテ唯妻ノ財産ヲ自己ノ有ニ歸セシメンカ爲メ國籍ヲ變更セントスルカ如キ弊害アリテ婚姻ノ當初ニ於ケル目的ニ反スルカ如キ結果ヲ來スヘシ。故ニ斯ル弊害ヲ防ク爲メ法定財産制モ亦婚姻當時ノ夫ノ本國法ニ依ルモノニシテ其後變更スヘカラサルモノト爲ス必要アリト云ハサルヘカラス。我法例ハ此精神ニ基キ第十五條ニ依リ契約財産制ト共ニ法定財産制モ亦婚姻當時ノ夫ノ本國法ニ依ルモノトシ又外國人カ日本人ノ女戸主ト入夫婚姻ヲ爲シ又ハ日本人ノ壻養子ト爲リタル場合ハ日本ノ法律ニ依ルモノト爲セリ。

第三款　婚姻ノ解消

婚姻ノ解消ハ當事者ノ死亡ト離婚トノ二種アリ。

第一　死亡

廣義ノ死亡ハ事實上ノ死亡ト失踪宣告トアリ。事實上ノ死亡ハ客觀的事實ナルヲ以テ夫婦ノ一方カ死亡シタル事實アルトキハ何レノ國ノ法律ニ依ルモ婚姻ハ解消スルモノニシテ國際私法ノ問題ヲ生セス。之ニ反シテ失踪宣告アリタルトキ婚姻カ解消スルヤ否ヤハ既ニ述ヘタル所ノ如ク國ニ依リテ差異アルヲ以テ失踪宣告ノ效力ヲ定ムル宣告國ノ法律ニ依リテ婚姻ノ解消ヲ來スヤ否ヤヲ定メサルヘカラス。詳細ハ失踪宣告ノ說明ヲ參照スヘシ。

第二　離　婚

離婚ハ協議上ノ離婚ト裁判上ノ離婚トアリ。協議上ノ離婚ヲ爲ス要件、效力ハ婚姻ノ效力ヲ定ムル法律卽チ夫ノ本國法ニ依ルコト明カナルヲ以テ茲ニハ裁判上ノ婚姻ニ付テ說明スヘシ。

一　外國人ノ離婚ニ對スル管轄權

裁判上ノ離婚モ亦身分上ノ變更ヲ來スカ故ニ夫婦ノ本國裁判所ニ管轄權アルヲ原則ト爲スコト當然ナリ。然レトモ夫婦カ外國ニ住居スル場合ニ於テモ本國裁判所ニ訴ヘサルヘカラスト爲スハ甚タ不便ナルヲ以テ住所地ノ裁判所ニ於テモ離婚ノ管轄アルモノト爲スノ必要アリ。茲ニ於テカ海牙國際私法條約第五條ハ離婚ノ管轄ヲ第一ニ夫婦ノ本國裁判所トシ第二ニ夫婦ノ住所地ノ國ニ於テモ其管轄アルモノトシ、若シ夫婦カ住所ヲ異ニスルトキハ被告ノ住所地ノ裁判所ニ管轄アリトセリ。我法例第十六條ニ依レハ「離婚ハ其原因タル事實ノ發生シタル時ニ於ケル夫ノ本國法ニ依ル但裁判所ハ其原因タル事實カ日本ノ法律ニ依ルモ離婚ノ原因アルトキニ非サレハ離婚ノ宣告ヲ爲スコトヲ得ス」トアルヲ以テ我國ニ居住スル外國人ニ對シテモ離婚ノ管轄權ヲ認メタルコト明カナリ。但本條ニ於テ外國人ニ對シテ日本裁判所カ離婚ノ管轄權アルコトヲ認メタリト雖モ日本ニ住所ヲ有スル外國人ノミナルヤ又ハ日本ニ居所ヲ有スル外國人ニ對シテモ離婚ノ管轄權アリヤハ之ヲ明記セサルカ故ニ或學者ハ人事訴訟手續法第一條ニ離婚ノ訴ハ夫ノ普通裁判籍ヲ有スル地（人ノ普通裁判籍ハ民事訴訟法第十條ニ依リ住所ナリ）ノ裁判所之ヲ管轄シ、日本ニ住所ナキトキ又ハ住所ノ知レサルトキハ居所地ノ裁判所ニ管轄權アルコトヲ定メタルヲ根據トシテ日本ニ居所ヲ有スル外國人ニ對シテモ離婚ノ管轄權アリト主張スルモ此解釋ハ誤レリ。何トナレハ人事訴訟手續法第一條ハ日本裁判所ノ取扱フヘキ事件ナルコトヲ前提トシ其事件ヲ日本裁判所ノ何レノ裁判所ニ於テ取扱フヘキヤノ管轄ヲ定メタルニ過キサルヲ以テ日本ニ居所ヲ有スル外國人ノ離婚訴訟ヲ日本裁判所ニ於テ取扱フヤ否ヤノ前提問題ヲ同條ニ依リ決スルコト能ハサレハナリ。故ニ外國人ノ離婚ニ付日本裁判所ノ管轄權アル場合ヲ日本ニ住所ヲ有スル場合ニ限ルヤ又ハ居所ヲ有スル場合ヲモ認ムルヤニ付テハ日本ノ國際私法ニ明文ノ存スルモノナキ結果ト爲ルモノナリ。換言スレハ法例第十六條其他ニ於テ如何ナル外國人ニ付日本裁判所カ離婚ノ管轄ヲ爲スヤノ定メナキモノナリ。茲ニ於テカ此問題ハ理論ニ合シタル海牙條約第五條ニ從ヒ日本ニ住所ヲ有スル外國人ニ對シテノミ日本裁判所ニ離婚ノ管轄權アリト爲サヽルヘカラス。何トナレハ日本ニ一時的滯在ヲ爲ス外國人ニ對シテ離婚ノ裁判ヲ爲スカ如キハ本國ノ人民主權ヲ害スレハナリ。

上述ノ如ク日本ニ住所ヲ有スル外國人ノ離婚ニ付日本裁判所ニ管轄權ヲ認ムル以上ハ外國ニ住所ヲ有スル日本人ノ離婚ニ付外國裁判所ノ管轄ヲ認メ又甲外國ニ住所ヲ有スル乙外國人ノ離婚ニ付甲外國ニ管轄權アルコトモ之ヲ認メサルヘカラス。

二 外國人ノ離婚原因

1 離婚原因ニ關スル各國ノ差異

離婚ノ原因ハ諸國ノ法律各相異ナリ羅馬舊敎ノ諸國ニ於テハ婚姻ハ神聖ナル行爲ニシテ神意ニ因リテ成リタルモノナルヲ以テ法律上之ヲ解消スルコトヲ得サルモノトシ、其他ノ國ニ於テハ一定ノ原因ヲ限リ離婚ヲ認メタリ。我國ニ於テモ一定ノ原因アル場合ニ限リ離婚ヲ許シタルモ各國其ノ原因ヲ異ニスルヲ以テ外國人ノ離婚訴訟ヲ取扱フニ當リ內國裁判所ハ何國ノ法律ニ依リ原因ヲ定ムヘキヤ、此點ニ付左ノ三說アリ。之カ說明前此點ニ關スル面白キ一例ヲ掲クレハ左ノ如シ。

二州の境へ『離婚ホテル』　各階へ白線を引いて(昭和二年五月二十三日時事)
押寄せるお客の便利を圖る

米國では州によつて結婚、離婚の法律手續が違ふ、カリフォルニア州とネヴアダ州とは背中合せの州だが、カリフォルニア州では離婚の手續はとても面倒だ、處がネヴアダ州では桁違ひにお手輕に運ぶので、離婚の目的でカリフォルニアからネヴアダに出かける人々の數は非常なものだ

そこに目をつけたのがサンフランシスコのホテル業者で、カリフォルニア州とネヴアダ州の國境に『離婚ホテル』と云ふ奇拔と便益を兼ね備へたホテルを建てやうと云ふ計畫が目下着々と進められてゐる

地所も大方レークホーと云ふ美しい湖水地に見當がついたらしく、ホテルはカリフォルニアとネヴアダ兩州にまたがつたのださうだ、そしてホテルの各階には白い線を引いて兩州の境界を明かにするんだといふ

2 離婚原因ノ準據法

イ 法廷地法說

此說ニ依レハ離婚ノ原因ハ皆善良ノ風俗ニ關シ公ノ秩序ニ關スルモノナルカ故ニ離婚ヲ許スヘキ原因アリヤ否ヤハ主トシテ法廷地法ニ依ラサルヘカラスト主張ス。此說ハ離婚ノ原因カ善良ノ風俗公ノ秩序ニ關スルモノタルコトニ付テハ極メテ正當ニシテ若シ法廷地法ニ依リテ離婚ヲ認メサル場合ニ於テハ如何ナル場合ニ於テモ離婚ヲ宣告シ得サルモノト云ハサルヘカラス。然レトモ此說ハ他ノ一方ニ於テ唯法廷地法ノ認メタル原因アルトキハ縱令本國法ニ於テハ離婚ノ原因トシテ之ヲ認メサル場合ニ於テモ尙離婚ヲ宣告シ得ルコトトナリ他國ノ人民主權ヲ害スルノ虞アリテ甚タ不當ナルモノト云ハサルヘカラス。米國各州ハ此主義ヲ採ルカ故ニ前記ノ如キ離婚ホテルノ生スルモ偶然ニアラス。

ロ 夫ノ本國法說

此說ニ依レハ離婚ハ夫婦ノ關係ヲ解消スルノミナラス國籍ノ變更ヲ來スモノナルヲ以テ專ラ夫ノ本國法ニ依リテ之カ原因ヲ定メサルヘカラスト云フニ在リ。此說ハ本國法ノ認メサル原因ニ對シ外國ノ裁判所カ離婚ヲ宣告スルノ不當ナルコトヲ明カニスル點ニ付テハ正當ナリト雖モ本國法ノ認ムル原因アルモ此一事ニ依リテ直チニ離婚ヲ宣告シ得サルコトハ法廷地法說ノ既ニ證明スル所ナルヲ以テ此說モ亦正當ナラス。

ハ　折衷說

此說ハ夫ノ本國法及訴訟地法カ共ニ認ムル離婚原因アル場合ニ限リ離婚ヲ宣告シ得ルモノト爲スモノニシテ我國ハ此說ヲ採レリ。卽チ法例第十六條ニ規定シテ曰ク「離婚ハ其原因タル事實ノ發生シタル時ニ於ケル夫ノ本國法ニ依ル但裁判所ハ其原因タル事實カ日本ノ法律ニ依ルモ離婚ノ原因タルトキニ非サレハ離婚ノ宣告ヲ爲スコトヲ得ス」ト。只玆ニ注意スヘキハ夫ノ本國法トハ夫ノ婚姻當時ノ本國法又ハ訴訟當時ノ本國法ヲ謂フニアラスシテ離婚ノ原因タル事實ノ發生シタル當時ノ夫ノ本國法ヲ謂フモノナルコト是レナリ。

3　離婚ノ效力

離婚ノ效力ハ婚姻ヲ解消シ夫婦ハ互ニ獨身者ト爲リ更ニ新タナル婚姻ヲ爲シ得ヘク其共有財產ハ分割セラレ夫カ妻ノ財產上ニ有シタル管理權ハ消滅スルモノニシテ此等ノ效力ハ夫ノ本國法ニ依リ定マルモノナリ。何トナレハ法例第十六條ハ離婚ハ夫ノ本國法ニ依ルト規定セルヲ以テ其效力モ當然夫ノ本國法ニ依ル法意ト解セサルヘカラサレハナリ。從テ離婚後其子ニ對スル監護、敎育ノ效力モ夫ノ本國法ニ依ルモノナリト雖モ、子ノ監護、敎育ニ付特別ノ準據法ヲ合意スルトキハ之ニ從フヘキモノト爲サヽルヘカラス。何トナレハ夫ノ本國法ニ依ルヨリハ子ノ爲メ有利ナリトシテ準據法ヲ選定シタルモノト推定スルコトヲ得ヘケレハナリ。次ニ離婚者ニ再婚ヲ許サヽル夫ノ本國法ニ依リ離婚シタル者カ再婚ヲ許ス國ニ來リテ再婚セントスルトキハ前ノ離婚ノ效力ハ他國ニ於テ爲ス再婚ヲ妨クル效力ナキモノナリ。何トナレハ再婚ヲ禁スルハ只其國內ニ於テノミ效力アルモノニシテ國外ニ效力ヲ及ホサヽレハナリ。又離婚後一定ノ期間再婚ヲ許サヽル效力モ再婚地ノ法律ニ依リ定ムヘキモノトス。

第三　別居

別居制度ハ夫婦關係ヲ消滅セシメスシテ只同居ノ義務ヲ免除スル效力アルモノナリ。從テ別居ヲ許スヤ否ヤハ婚姻ノ效力ヲ定ムル夫ノ本國法ニ依リ定ムヘキモノナレトモ夫ノ本國法ニ依リ別居ヲ許ス國ノ夫婦カ別居ヲ許サヽル國ニ於テ別居ノ訴ヲ爲スモ其國ハ別居ヲ宣言スルコトヲ得サルモノナリ。何トナレハ別居ハ公序良俗ニ關スルヲ以テ訴訟地法ニ於テ之ヲ認メサルモノハ許スコト能ハサレハナリ。而シテ別居ノ制度ヲ有スル國家間ニ於テ何レノ國ノ法律ニ依リ別居ノ原因ヲ定ムヘキヤハ夫ノ本國法ニ依リテ定ムヘキモノト爲スモ尙訴訟地法ニ於テ其原因ヲ認メサルトキハ之ニ依リテ其原因モ制限セラルルモノナリ。

第四節　涉外親子

第一款　嫡出子

嫡出子トハ法律上ノ夫婦間ニ於テ擧ケタル子ヲ謂ヒ、夫婦間ニ於テ設ケタルヤ否ヤハ一個ノ事實問題ナレトモ此事實ハ容易ニ知ルコト困難ナルヲ以テ諸國ノ民法ハ夫婦間ノ子ナリヤ否ヤニ付皆一定ノ推定規定ヲ設クルヲ常トス。然レトモ其推定規定ニ付テハ各國ニ於テ差異アリ。例ヘハ我國ハ民法第八百二十條ニ於テ妻カ婚姻中ニ懷胎シタル子ハ夫ノ子ト推定シ、婚姻中ニ懷胎シタルヤ否ヤハ婚姻成立ノ日ヨリ二百日後又ハ婚姻ノ解消若クハ取消ノ日ヨリ三百日內ニ生レタル子ハ婚姻中ニ懷胎シタルモノト推定セルモ、瑞西民法ニ於テハ簡單ニ婚姻中又ハ婚姻解消後三百日以內ニ生レタル子ハ嫡出子ト推定セルカ如シ。又嫡出子否認訴權ノ條件及其訴權行使ノ期間方法等ニ至リテモ各國區々ナルヲ以テ子カ生レタル場合ニ嫡出子ナリヤ否ヤ及之カ否認訴權ノ條件等ハ何國ノ法律ニ依ルヘキヤヲ定ムルヲ必要トスルモノナリ。

第一　各國ノ主義

一 夫ノ住所地法主義

此主義ハ英米ノ採レルモノニシテ其理由ハ子ノ嫡出子ナリヤ否ヤノ問題ハ婚姻ノ效力問題ト同一ナルカ故ニ夫ノ住所地法ニ依ルヘシト爲スモノナリ。然レトモ子カ嫡出子ナリヤ否ヤハ婚姻ノ效力問題ニアラス子ト親トノ身分關係ナルヲ以テ婚姻ノ效力ヲ定ムヘキ法律ヲ以テ直チニ嫡出子ナリヤ否ヤヲ定ムヘキ法律ト爲スコトヲ得ス。

二 夫ノ本國法主義

此主義ハ歐洲大陸諸國ノ採レルモノニシテ嫡出子ナリヤ否ヤハ國籍ニ關係スル身分關係ナルヲ以テ親タル夫ノ本國法ニ依ルト爲スモノナリ。

第二 我國ノ主義

一 我國ハ夫ノ本國法主義ナリ。

卽チ法例第十七條ハ子ノ嫡出子ナルヤ否ヤハ其出生ノ當時母ノ夫ノ屬シタル國ノ法律ニ依リテ定ムト規定シ夫ノ本國法主義ヲ採レリ。玆ニ母ノ夫ノ屬シタル國ノ法律ト云ヒテ父ノ本國法ト云ハサルハ蓋シ嫡出子ノ推定ニ因ル父子ノ關係ハ唯推定的タルニ過キスシテ果シテ父ナリヤ否ヤハ未定ノ問題ナルヲ以テ直チニ父ノ本國法ト云フヲ得ス、從テ母ノ夫ノ屬シタル國ノ法律ト云ヒ父ノ本國法ト云ハサルニ過キス。故ニ日本男子ト瑞西女子ト婚姻シタル後一ケ月ニシテ生レタル子ハ日本ノ法律ニ依リ嫡出子ニアラスト推定セラルルモノナリ。而シテ夫ノ本國法トハ子ノ出生當時ノ本國法ヲ謂フモノニシテ出生後ニ於ケル國籍ノ變更ニ關係ナキモノトス。然レトモ其夫カ子ノ出生前ニ死亡シタルトキハ出生當時ニ於ケル夫ナキヲ以テ夫カ死亡當時屬シタル最後ノ本國法ニ依ルヘキヤ當然ノコトニシテ法例第十七條モ其但書ニ於テ之ヲ明カニセリ。

二　否認訴權行使ノ制限

嫡出子及否認訴權ハ子ノ出生當時母ノ夫ノ屬シタル國ノ法律ニ依ルヘキモノナレトモ否認訴權行使自體ハ訴訟地法ノ制限ヲ受クヘキモノナリ。例ヘハ訴訟地法ニ於テ母ノ夫カ無勢力ヲ證明シテ否認訴權ヲ行フカ如キハ善良ノ風俗ニ反スルモノトシ之ヲ禁止スルトキハ斯ル國ニ於テハ斯ノ如キ證明方法ニ依リテ否認訴權ヲ行フコトヲ得サルカ如シ。

第二款　私生子

婚姻セサル日本ノ男女カ米國ニ於テ子ヲ産メハ其子ハ私生子ニシテ米國人ナルモ父母ハ日本人ナルヲ以テ其認知ハ何レノ國ノ法律ニ依ルヘキカト云フカ如キ私生子認知ニ關スル國際私法問題ヲ生ス

ルモノナリ。依テ以下私生子認知ノ準據法ヲ說明スヘシ。

第一　私生子認知ノ要件

一　訴訟地主義

此主義ハ私生子ノ認知ハ善良ノ風俗ニ關スルモノナルヲ以テ訴訟地法ニ依リテ認知ノ要件ヲ定ムヘシト主張スルニ在リ。

二　本國法主義

イ　父母ノ本國法主義

此主義ハ認知ノ要件ハ父母ノ本國法ニ依リテ定ムト爲ス。

ロ　私生子ノ本國法主義

此主義ハ認知ノ要件ハ私生子ノ本國法ニ依リテ定ムト爲ス。

ハ　父母及私生子雙方ノ本國法主義

此主義ハ認知スル父母ニ付テノ要件ハ父母ノ本國法ニ依リテ之ヲ定メ、子ニ付テノ要件ハ子ノ本國法ニ依ルト爲スモノニシテ我法例第十八條モ此主義ヲ採レリ。蓋シ父母ノミノ本國法ニ依リテ認知ノ要件ヲ定ムルモノトセハ子ノ本國法ニ於テ認知ヲ認メサルニモ拘ハラス父母ノ本國法ノミニ依リテ認知ヲ成立セシメ子ノ國籍ヲ妨クル不都合ヲ來シ、之ニ反シ子ノミノ本國法ニ依ルモノトセハ子ノミニ認知請求權ヲ認メタル國ノ私生子ニ對シテハ父母ハ認知スルコトヲ得サル不都合ヲ生スルヲ以テ、認知者ト被認知者ハ各其本國法ニ從ヒ要件ヲ定ムルヲ正當ト爲スカ故ナリ。

而シテ認知者、被認知者雙方ノ本國法ニ依ルトスルモ之ヲ私生子出生當時ノ本國法ト爲スヘキヤ、認知當時ノ本國法ト爲スヘキヤニ付テモ其説ヲ異ニスルモノアリ。出生當時ノ本國法ニ依ルヘシトノ説ニ依レハ認知ハ出生當時ニ遡リテ親子ノ關係ヲ發生スルモノナルカ故ニ出生當時ノ本國法ニ依ラサルヘカラスト主張ス。然レトモ認知ノ要件カ諸國ノ法律ニ於テ相異ナル以上ハ認知當時ノ本國法ニ於テ認知ヲ制限シ或ハ之ヲ禁止スルトキハ縱令出生當時ノ本國法ニ依リ要件ヲ具備スルモ現在ニ於テ認知ノ效力ヲ發生セシメ得サルヲ以テ、私生子ノ認知要件ハ認知當時ノ各本國法ニ依ルモノト爲スヘキモノニシテ我法例第十八條ニ於テモ認知當時ノ本國法ニ依ルコトヲ定メタリ。

第二　私生子認知ノ效力

私生子認知ノ效力ハ親子トシテノ一定ノ身分關係ヲ生スルモノナルカ故ニ二個ノ法律ニ依ルコト

ヲ得ス必ス一個ノ法律ニ依ラサルヘカラサルハ勿論、認知セハ子ハ親ノ國籍ヲ取得スルモノナルカ故ニ認知ノ效力ハ父母ノ本國法ニ依ルヘキモノト爲スヲ正當トシ且父母ノ本國法ハ私生子出生當時ノ本國法ニアラス認知當時ノ本國法ニ依ルヘキモノト爲サザルヘカラス。我法例第十八條第二項ニ於テモ認知ノ效力ハ父又ハ母ノ本國法ニ依ルト規定シ此趣旨ヲ明カニセリ。

第三款　養子

養子トハ他人ノ子ヲ以テ自己ト親子ノ關係ヲ生セシムル法律上ノ擬制ニシテ此制度ヲ全然認メサル國アリ、又養子制度ヲ認ムルモ親子タル身分上ノ法律關係ヲ生スルコトナク單ニ財產相續ノ爲メニ過キサルコトトセル國アリ、又我國ノ如ク養子ト養親トハ身分上親子ト同一ノ法律關係ヲ生セシムル國アリ。從テ外國人カ他國人ノ養子ト爲ル場合ノ要件效力ハ何國ノ法律ニ依リ定ムヘキヤノ國際私法上ノ問題ヲ生ス。

第一　養子緣組ノ要件

養子緣組ノ要件モ婚姻及認知ト同シク各當事者ノ本國法ニ依リテ定ムヘキコトハ婚姻及認知ノ要件ニ付テ述ヘタルト同一ノ理由ナリ。是レ我法例第十九條第一項ニ於テモ養子緣組ノ要件ハ各當事者ニ付其本國法ニ依リテ之ヲ定ムトセル所以ナリ。從テ何レカ一方ノ本國法ニ依リテ養子縁組ノ要件ヲ缺キタルトキハ養子縁組ハ成立セサルモノトス。然レトモ養親ノ本國法ハ養子制度ヲ認ムルニ拘ハラス養子ノ本國法ニ於テ養子制度ノ設ケナキトキハ養子ノ本國法ニ於テハ何等ノ要件ナキコトトナルヲ以テ此場合ハ養親ノ本國法ノミニ依リ其要件ヲ定ムレハ足ルモノナリ。之ニ反シ養親ノ本國法ニ於テ養子制度ノ設ケナキトキハ縱令養子ノ本國法ニ於テ養子制度ノ設ケアルモ養子縁組ヲ爲スコトヲ得サルモノトス。

第二　養子縁組ノ效力

養子縁組ハ養親カ其本國法ノ認ムル目的ヲ達センカ爲メニ爲スモノナルヲ以テ縁組ノ效力ハ養親ノ本國法ニ依ルヘキヤ當然ナリ。是レ我法例第十九條第二項ニ於テモ養子縁組ノ效力ハ養親ノ本國法ニ依ルト爲セル所以ナリ。

第三　離縁

離縁ハ全ク之ヲ許ササル國アリ、又之ヲ許ス國ニ於テモ其原因ニ付差異アリテ國際私法上ノ問題ヲ生ス。然レトモ離縁ハ離婚ト異ナリ、善良ノ風俗ニ關スルコト尠ナキノミナラス養子關係自體カ養親ノ爲メニ認メラレタルモノナルヲ以テ養子ヲ離縁シ得ヘキヤ否ヤハ專ラ養親ノ本國法ノミニ依リテ定ムレハ足ルモノニシテ離婚ノ如ク本國法及訴訟地法ニ共通ナル原因アルコトヲ要セサルモノトス。故ニ我法例第十九條第二項ニ於テモ離緣ハ養親ノ本國法ニ依ルト爲セルノミニシテ訴訟法ニ共通ノ原因アルヲ要件トセス。然レトモ如何ナル場合モ常ニ養親ノ本國法ニ依ル原因アラハ我國ニ於テ之ヲ許スト爲スコトヲ得ス。法例第三十條ノ制限ニ從フヤ勿論ナリ。

第四款 親權

親權ハ父又ハ母カ未成年ノ子ニ對シテ有スル權利ナルト同時ニ斯ル子ヲ養育シ監督スルノ義務ニシテ國家カ未成年者ノ利益ヲ保護スルカ爲メ認メタル私權ノ性質ヲ有シ我國ニ於テハ親權ト家長權卽チ戶主權ト共ニ身分上ノ一種ノ私權トシテ認メラルルモノナリ。從テ一般ノ私權ト同シク外國人モ亦我國ニ於テ親權ヲ享有シ且行使スルヲ得ヘク我國民モ亦外國ニ於テ親權ヲ行使シ享有スルヲ得ルモノナル結果玆ニ親權ニ付テモ亦國際私法上何レノ法律ニ依リテ之ヲ定ムヘキヤノ問題ヲ決定セサルヘカラス。今此問題ニ付子ノ身上ニ對スル權利ト子ノ財產ニ對スル權利トニ區別シテ說明スヘシ。

第一 子ノ身上ニ對スル權利

親子間ノ法律關係ニ付テモ諸國其規定ヲ異ニシ或ハ親ハ子ノ身體ニ對シテ監護ヲ爲シ養育ヲ爲ス

ノ權利義務ヲ負擔シ又其住所ヲ選定スル權利ヲ有シ必要ナル範圍內ニ於テハ其子ヲ懲戒シ身體ノ自由ヲ拘束スルノ權利ヲ認ムル國アリ、或ハ又父ノ懲戒權ハ其身體ノ自由ヲ拘束スルヲ許サストスル國アリ、或ハ又父カ子ノ身體ニ對シテ取戾請求ヲ認ムルモノアリ。又之ヲ認メサルモノアリテ子ノ身體ニ對スル關係相異ナレトモ斯ル關係ハ何レノ國ニ於テモ父ノ本國法ニ依リテ之ヲ定ムヘキモノトスルヲ原則トスルノミナラス、親權ノ範圍ハ國籍ノ變更ト共ニ變更スヘキモノニシテ出生當時ノ親權カ其子ノ終身間變更セサルモノトスルカ如キハ解シ得ヘカラサルコトナルヲ以テ我法例第二十條ニ於テハ親權ハ父ノ本國法卽チ現在ノ父ノ本國法ニ依リ、父若シ在ラサル時ハ母ノ現在ノ本國法ニ從フヘキモノトセリ。然レトモ親權ノ行使ニ付テハ其行使地ノ法律ノ認ムル範圍內ニ於テノミ之ヲ行ヒ得ヘキコト殊ニ懲戒權ヲ行フニ當リテハ其行使地ノ警察公安ト密接ノ關係ヲ有スルカ故ニ縱令父ノ本國法ニ依レハ行フコトヲ得ヘキ懲戒ノ方法ナルモ若シ其行使地ニ於テ斯ル方法ヲ以テ公ノ秩序又ハ善良ノ風俗ニ反スルモノト認ムルトキハ之ヲ行フコト能ハサルモノニシテ此點ニ付テハ本國法主義ハ制限セラルルモノト云ハサルヘカラス。

第二　子ノ財產ニ對スル權利

現今ノ文明諸國ニ於テハ子ハ特有財產ヲ所有スルヲ得ヘク又子ノ所有スル財產ニ付テハ父ハ管理

權又ハ收益權ヲ有スルニ過キストスルハ一般ナレトモ其管理權又ハ收益權ノ範圍ニ付テ各相異ナルカ故ニ何レノ法律ニ依リ之ヲ定ムヘキヤノ問題ヲ生ス。此點ニ付英米ニ於テハ動產ト不動產トヲ區別シ不動產ニ付テノ親權行使者ノ管理權ハ其所在地法ニ從フモノトシ、動產ニ付テハ屬人法ニ從フヘキモノトセリ。歐洲大陸及我法例ニ於テハ斯ル區別ヲ否認シ動產ニ付テモ不動產ニ付テモ父母ノ管理權ハ其本國法ニ依リテ之ヲ定ムヘキモノトス。我法例第二十條ニ於テハ汎ク親子間ノ法律關係ト云ヘリ故ニ財產管理權ニ付テモ亦父ノ本國法ニ依リテ之ヲ定ムヘキモノト解セサル可カラス。

茲ニ注意スヘキハ子ノ財產カ如何ナル範圍內ニ於テ何人カ管理スヘキヤハ父ノ本國法ニ依リテ定ムルモノナレトモ其目的物ノ所在地法ニ依リテ大ニ制限セラルルコトアルヲ免レス。例ヘハ我國ニ在ル不動產ヲ所有スル佛國人ノ子ニ付佛國人タル父カ管理權ヲ行フニ當リテハ佛國法ニ依レハ父ハ用益權ヲ有スレトモ我民法ノ規定ハ斯ル物權ヲ認メサルカ故ニ佛國人タル父ハ其本國法ニ於テ認メラレタル管理權ヲ我國ニ於テ完全ニ行使スルヲ得サル結果ヲ生スルモノトス。

第三　問　題

未成年者ノ法律行爲ニ對スル親權者ノ同意行爲（追認取消）ノ要件效力ハ何國ノ法律ニ依ルヘキカ。

未成年者ノ法律行爲ニ對スル親權者ノ同意行爲ハ一種ノ法律行爲ナル點ヨリセハ其要件效力ハ一般法律行爲ノ原則ニ依リ法例第七條乃至第九條ニ依リ準據法ヲ定ムヘキモノノ如ク、又親權者ノ同意行爲カ親權ノ效力トシテ爲スモノナル點ヨリセハ法例第二十條ニ依リ親權者ノ本國法ニ依ラサルヘカラサル感アリ、更ニ同意行爲ハ未成年者ノ能力補充ノ要件ナル點ヨリセハ法例第三條ニ依リ未成年者ノ本國法ニ依ラサルヘカラサルモノニシテ其解決ハ頗ル困難ナリト雖モ、余ハ親權者ノ同意行爲ハ未成年者ノ本國法ニ依ルモノト信ス。例ヘハ英國ノ未成年者ト其親權者タル米國人トカ佛國ニ於テ未成年者ノ法律行爲ニ同意ヲ爲ス要件效力ハ未成年者ノ本國タル英國法ニ依ルヘキカ如シ。何トナレハ此同意行爲ノ實質ハ未成年者ノ能力ノ補充タルコト疑ナク其補充要件ヲ如何ナル事實ト爲スヘキヤハ補充ノ目的ヲ達スル手段ニ過キサルモノニシテ之ヲ親權者ノ同意行爲ト爲シタルニ過キサルヲ以テ親權ノ效力ニ重キヲ置クコト能ハス又同意行爲ハ一般法律行爲ノ如ク行爲者カ任意ナル私法上ノ效力ヲ生セシメント爲ス行爲ト異ナリ未成年者ノ能力補充ノ目的ヲ以テ爲サヽルヘカラサルヲ以テ當事者ノ意思ニ因リ能力補充ノ準據法ヲ定メ又ハ其行爲地ノ法律ヲ以テ當事者ノ意思ナリト推定スルカ如キハ人ノ能力ヲ以テ本國法ニ依ラシムル趣旨ニ反スルヲ以テ同意行爲ヲ一般法律行爲ノ如ク法例第七條乃至第九條ニ依ラシムヘキモノニアラス、從テ同意行爲ハ能力補充ノ要件タル性質ニ基キ其要件效力ハ能力ヲ定ムル準據法ニ從フヘキモノト云ハサルヘカラス。

上述ノ如ク親權者ノ同意行爲ハ未成年者ノ本國法ニ依ルト同樣ニ未成年者カ親權者ノ同意ナクシテ爲シタル法律行爲ヲ親權者カ追認シ又ハ取消ス行爲モ未成年者ノ本國法ニ依ルヘキモノナリ。尙親權者ノ爲ス同意、追認、取消ノ行爲ヲ未成年者ノ本國法ニ依ラシムル以上ハ其他法定代理人タル後見人、保佐人ノ爲ス此等ノ行爲及夫ノ妻ニ對スル許可、追認及取消行爲モ同樣ニ無能力者ノ本國法ニ依ルヘキモノト爲ササルヘカラサルモノニシテ玆ニ之ヲ附言シテ此等ノ各場合ニ付テ說明スルノ繁ヲ避ク。

第五節　涉外扶養ノ義務

扶養義務ノ範圍、程度及扶養ヲ爲スヘキ親族關係ノ範圍等ニ付テハ諸國ノ法律相異ナルカ故ニ、若シ扶養義務者ト扶養權利者ト國籍ヲ異ニスルトキハ何レノ法律ニ依リテ斯ル義務ノ有無ヲ定ムヘキヤノ問題ヲ生ス。此點ニ付テハ一般ノ債權ト異ナリ何レノ學說ニ於テモ之ヲ當事者屬人法ニ依リテ定ムヘキモノトスルハ一致スル所ナリ。唯當事者ノ中權利者ノ屬人法ナリヤ義務者ノ屬人法ナリヤニ付テ學說實例共ニ一定セサルノミ。左ニ諸主義ノ大要ヲ述ヘ我法例ノ採レル主義ヲ說明スヘシ。

第一 諸主義

一 扶養權利者ノ住所地法主義

此主義ハ扶養權利者ノ住所地法ニ依リテ之ヲ定ムヘシトスルモノニシテ獨逸ノ裁判所ニ於テ從來認メラレタル說ナリ、然レトモ此說ハ不當ナリ。何トナレハ若シ扶養義務ノ有無ヲ權利者ノ住所地法ニ依リテ定ムヘキモノトスルトキハ扶養義務者ハ自己ノ關知セサル法律ニ依リテ義務ヲ負擔セシメラルルノミナラス扶養請求者ノ意思ニ依リテ自己ニ便利ナル法律ヲ自由ニ選定スルノ弊アリ。

二 扶養權利者ノ本國法主義

此主義ハ權利者ノ本國法ニ依リテ定ムヘシトスルモノニシテ佛蘭西ノ學說ニ認メラルル所ナリ。然レトモ權利者ノ本國法ニ依ルヘキモノトスルハ第一說ニ述ヘタルト同一ノ弊アルノミナラス元來扶養ノ義務ハ法定ノ義務ニシテ法律カ一定ノ親族關係ヲ有スルモノニ負擔セシムルモノナルカ故ニ、義務者カ自己ノ本國法以外ノ法律ニ依リテ斯ル義務ヲ負擔スルモノトスルカ如キハ甚タ其當ヲ得サルモノト云ハサルヘカラス。

三　雙方ノ本國法主義

此主義ニ依レハ扶養ノ義務ハ權利者又ハ義務者一方ノミノ本國法ニ依ルコトヲ得サルモノニシテ當事者雙方ノ本國法ニ於テ認ムル範圍內ニ付テノミ存在スルモノト爲スニ在リ。然レトモ扶養ノ義務ハ不法行爲ノ結果タル債權債務ト異ナリ公ノ秩序ヲ害セサルノミナラス義務ヲ負擔スルコトカ公ノ秩序ヲ增進シ善良ノ風俗ニ適合スルコトトナルヲ以テ既ニ或國ノ法律ニ依リテ扶養ノ義務アル以上ハ之カ請求者ノ本國法ニ從ヒ斯ル權利アリヤ義務アリヤヲ問フノ必要ナキモノト云ハサルヘカラス。故ニ當事者雙方ノ本國法ニ依ル主義ハ正當ニアラス。

四　義務者ノ本國法主義

此主義ハ扶養ノ義務者ノ屬人法ニ依リテ之ヲ定ムヘキモノトスルモノニシテ此主義ハ初メ義務者ノ住所地法ニ依ルヘキモノトシテ一般ニ認メラレ來リシモ近來ニ至リテハ義務者ノ本國法ニ依リテ之ヲ定ムヘシトスルニ至レリ。

第二　我國ノ主義

一　一般ノ扶養義務ハ義務者ノ本國法ニ依ル。

我法例第二十一條ニ於テモ亦義務者ノ本國法說ヲ認メタリ。蓋シ扶養ノ義務ハ親族相互間ノ倫理的道德的思想ヨリ發達シタルモノニシテ義務ヲ基トシタル觀念ナルヲ以テ之カ義務ノ有無ハ扶養請求者ノ國籍又ハ住所ノ如何ニ拘ハラス義務者ノ本國法ニ依リテ之ヲ定ムルヲ正當ナリト云ハサルヘカラス。然レトモ扶養義務ハ義務者ノ現在ノ身分及資力ト請求者現在ノ必要トニ依リ定マルヘキ關係的問題ナルカ故ニ、親族關係ヲ有スル者ノ中ニ付何人カ果シテ義務者タリ權利者タルヤハ判決ヲ俟テ後初メテ定マルヘキモノニシテ豫メ一定セルモノニアラス。從テ茲ニ義務者ノ本國法ト云フハ特定ノ義務者ヲ謂フニアラスシテ一般的抽象的義務者ヲ謂フモノナルカ故ニ、義務者ノ本國法ト云フハ尙被告ノ本國法ト云フニ同シク果シテ扶養ノ義務アリヤ否ヤノ問題モ亦義務者トシテ請求セラレタル被告ノ本國法ニ依リテ之ヲ定ムヘキモノナリ。

二 特別ノ扶養義務

一般的ニ扶養義務ハ義務者ノ本國法ニ依ルモ、戶主ノ家族ニ對スル扶養義務ハ義務者ノ本國法ナリヤ權利者ノ本國法ナリヤヲ論スルノ要ナシ、何トナレハ戶主家族ノ關係ハ家族制度ヲ認メタル國ニ於テノミ存シ戶主ト家族トカ國籍ヲ異ニスル場合ナク戶主ト家族トハ常ニ同一ノ國籍ヲ有スレハナリ。

次ニ夫婦ノ扶養義務ニ付テハ一般ノ扶養義務ノ準據法ニ依リ夫カ扶養義務者ナルトキハ夫ノ本

國法ニ依リ妻カ扶養義務者ナルトキハ妻ノ本國法ニ依ルモノナリヤノ疑アルモ夫婦ノ扶養義務ハ婚姻ノ效力ニ過キサルヲ以テ夫婦ノ何レカ義務者タルヤヲ論セス夫ノ本國法ニ依ル。

三　扶養義務ノ順序

扶養義務者カ一人ニテ國籍ヲ異ニスル扶養權利者カ數人アルトキノ扶養順序ハ義務者ノ本國法ニ依リ定ムレハ足ルモノニシテ何等ノ問題ナキモ扶養權利者カ一人ニテ國籍ヲ異ニスル扶養義務者カ數人アル場合ニ各義務者ノ本國法ニ於テ其順位ニ關スル規定ヲ異ニスルトキハ各義務者ハ互ニ本國法ニ依ル順位ヲ主張シテ扶養義務ヲ免レント欲シ權利者ハ扶養ヲ受クル能ハサルニ至ルヲ以テ斯ノ如キ場合ハ扶養權利者ノ本國法ニ依リ其順位ヲ定ムルモノト爲ササルヘカラス。何トナレハ親族關係ヨリ生スル權利義務ハ各當事者ノ本國法ニ依ルコトハ法例第二十二條ノ原則ナルニ拘ハラス扶養義務ニ付テハ特ニ義務者ノミノ本國法ニ依ルヘキコトヲ法例第二十一條ニ定メタレトモ前述ノ如キ場合ハ義務者ノ本國法ニ依リ定ムルコト能ハサルカ爲メ法例第二十一條ノ適用ハ不能ニ終ルヲ以テ法例第二十二條ノ原則ニ戻リ他ノ當事者タル權利者ノ本國法ニ依ルコトトナルモノナリ。

第六節　渉外後見及保佐

各國民法ニ於ケル後見ノ開始又ハ終了ノ原因ニ付テハ必スシモ同一ニアラス。又後見ノ機關、後見人ノ權限、範圍等ニ付テモ諸國ノ規定必スシモ同一ニアラサルカ故ニ、後見ハ何レノ法律ニ依リテ之ヲ定ムヘキヤノ問題ヲ生ス、保佐ニ付テモ亦同シ。今此問題ヲ論スルニ當リテハ後見ノ管轄權ノ問題ト其準據法ノ問題トニ區別シテ説明シ、保佐ハ之ヲ準用スレハ足ルモノトス(法例第二四條)。

第一　後見ノ管轄權

日本人ニ對シ日本カ後見ニ付スル管轄權アルハ是レ國際私法ノ問題ニアラス全ク國內法上ノ問題ナルモ、之ニ反シ日本ニ滯在スル外國人ニ對シテ日本カ後見ニ付スルノ管轄權ヲ有スルヤ否ヤハ一個ノ問題ニシテ之ヲ後見ノ管轄ニ關スル國際私法上ノ問題トス。依テ之ヲ外國未成年者ト外國禁治產者トニ分ツテ説明スヘシ。

一　外國未成年者

凡ソ未成年者ニ對シテ其本國カ後見ニ付スルハ其能力ヲ補充スル爲メノ機關ヲ設クルモノナルカ故ニ、能力ノ有無ヲ決定スルハ其本國法ニ依ルトノ主義ヲ貫徹スルトキハ後見ノ管轄權ハ被後見人ノ本國法ニ依ルヘキモノニシテ何レノ國家モ外國ニ滯在スル臣民ニ付尙後見ニ付シ得ヘキコト勿論ナリ。從テ內國ニ在ル外國人タル未成年者ニ付テモ亦其本國ニ於テ命シタル後見人ノ監督ノ下ニ屬スヘキコトヲ認メサルヘカラス。然レトモ內國ニ滯在スル外國人ニ對シ內國ニ後見ノ管轄權ナキモノトシ如何ナル場合ニ於テモ內國裁判所ハ外國人ニ對シ後見人ヲ附シ得サルモノトスレハ獨リ未成年者保護ノ責任ヲ完フスルヲ得サルノミナラス又第三者ノ利益ヲ害スルコトアルヲ以テ何レノ國ニ於テモ例外トシテ外國人ノ滯在スル國モ亦外國人ニ對スル後見ノ管轄權ヲ有スルコトヲ認ム。然レトモ外國未成年者ニ對スル後見ノ管轄權ハ內國人ト同一ナルコトヲ得ス一定ノ要件ヲ必要トスルモノニシテ、我法例第二十三條ニ於テハ左ノ場合ニ限リ外國人タル未成年者ニ對シ後見ニ付スルコトヲ得ルモノトセリ。

1　被後見人タル外國人カ我日本ニ住所又ハ居所ヲ有スルコト

2　其外國人ノ本國法ニ依リ後見開始ノ原因アルコト

是レ後見開始ノ原因卽チ如何ナル場合ニ無能力者トシテ其無能力ヲ補充スルノ必要アリヤハ我法律ノ規定ヲ適用スル限ニ在ラサルヲ以テ一ニ被後見人ノ本國法ニ依リテ之ヲ定メサルヘカラサルカ爲メナリ。

3　本國法ニ從ヒ後見ノ事務ヲ行フモノナキコト

後見ノ事務ヲ行フモノナキ場合ニ二アリ。一ハ本國ノ裁判所又ハ官廳カ內國ニ滯在スル外國人ニ付後見人ヲ全ク附セサル場合ナリ。他ノ一ハ本國ニ於テ後見人ヲ任命セルニモ拘ハラス其後見人カ實際我國ニ於テ後見人タルノ事務ヲ行フコト能ハサル場合ナリ。

以上三要件ヲ具備スルトキハ我國ニ於テ其外國人ノ利益ヲ保護シ又第三者ノ利益ヲ保護スル必要ヨリシテ後見人ヲ附スルコトヲ得ルモノナリ。

二　禁治產者

禁治產者ノ後見ニ付テハ以上述ヘタル所ト異ナリテ法例第四條ノ規定ニ從ヒ我國ニ於テ禁治產者ノ宣告ヲ受ケタルトキニ限リ我裁判所ヨリ後見ニ付セラルヘキモノニシテ外國ニ於テ宣告シタル禁治產者ニ對シ我國カ後見ヲ附スヘキ管轄權ナキヤ明カナリ。

第二　後見ノ法律關係

茲ニ後見ノ法律關係トハ後見ノ機關、後見ノ事務、後見ノ終了關係等一切ノ後見關係ヲ謂フモノニシテ外國カ後見ニ付シタル外國人ノ後見關係ハ何國ノ法律ニ依ルヤ又ハ日本カ外國人ニ對シテ爲シタル後見ハ何國ノ法律ニ依ルヤノ問題ヲ生ス。左ニ之ヲ分說スヘシ。

一　外國ニ於テ後見ニ付シタル外國人ノ後見關係

此場合ニ付テハ左ノ主義アリ。

イ　財産所在地法主義

此主義ハ後見關係ヲ單ニ財産關係ニ過キストシ從テ後見人ノ權限等ハ總テ財産所在地法ニ依リテ定ムト爲スモノナリ。

ロ　被後見人ノ住所地法主義

此主義ハ後見關係ヲ以テ公ノ職務關係ナリトシ從テ後見ハ他國ノ法律ニ依ルコトヲ得ス被後見人ノ住所地法ニ依ルヘシト爲スモノナリ。

ハ　被後見人ノ本國法主義

此主義ハ後見關係ヲ以テ被後見人ノ利益ヲ保護スヘキ親權ノ擴張ニ過キスト爲シ從テ被後見人ノ本國法ニ依ルヘシト爲スモノナリ。

我法例第二十三條第一項ニ於テハ此主義ヲ採リ後見ハ被後見人ノ本國法ニ依ルト規定セリ。即チ右規定ノ「後見ハ」ト云ヘルハ「後見ノ法律關係ハ」ト云フ意味ナルヲ以テ後見ノ機關トシテ後見人ノ外ニ後見監督人ヲ置クヤ否ヤ、後見人、後見監督人ノ資格及免黜ハ勿論後見人ノ職務權限及後見事務終了ノ關係等ハ皆被後見人ノ本國法ニ依リテ定ムヘキモノナリ。然レトモ後見ノ事務ハ被後見人ノ身體ニ對スル監督權ト被後見人ノ財產管理權トアリ。被後見人ノ身體ニ對スル監督權行使ニ對シテハ行使地ノ公ノ秩序ニ關スルヲ以テ行使地ノ法律ニ依リ制限セラレ又財產管理權ノ行使ニ付テモ財產所在地法ニ依リ制限セラルルモノナリ。

二　外國人ニ對シ日本カ後見ニ付シタル場合ノ後見關係

外國人ニ對シ日本カ後見ニ付シタル以上ハ被後見人カ外國人タルノ故ヲ以テ後見ノ法律關係ヲ被後見人ノ本國法ニ依ルモノト爲スコトヲ得スシテ日本ノ法律ニ依リ後見關係ヲ定ムヘキモノナリ。何トナレハ日本カ日本ノ法律ニ依リテ被後見人及第三者保護ノ必要ヨリ外國人ニ對シテ後見ニ付スルモノナルヲ以テ日本ノ法律ニ依リテ後見ノ法律關係ヲ定ムルニアラサレハ之ヲ後見ニ付シタル目的ヲ達スルコト能ハサレハナリ。

故ニ法例第二十三條第二項ニ於テ之ヲ明カニシ斯ノ如キ後見ハ日本ノ法律ニ依ルモノト定メタリ。從テ如何ナル人カ日本ニ於テ後見人タルヤ又ハ後見監督人タリ得ルヤ否ヤ及其免黜ハ勿論被後見人ノ身體財產ニ對スル監督及管理權限等ハ皆日本ノ法律ニ依リテ定ムヘキモノナリ。

第五章　渉外相續法

第一節　相續關係

古代ニ於テハ外國人ノ相續權ヲ認メサリシコトアリシト雖モ現今ニ於テハ何レノ國ニテモ外國人ナルカ爲メニ相續權ヲ奪ハルルコトナシ。從テ外國人カ内國人ノ財産ヲ相續シ或ハ内國ニ在ル外國人ノ財産ヲ相續スル場合ヲ生スヘシ。然ルニ相續關係ハ一方ニ於テハ財産關係卽チ財産ノ主格ノ變更ニ關スル關係ナルト同時ニ他ノ一方ニ於テハ親族關係ヲ前提トスルモノニシテ二ノ法律關係ノ合體シタルモノナルカ故ニ相續關係ハ何レノ法律ニ依ルモノト爲スヤノ問題ハ國際私法上古來極メテ複雜ナル問題トシテ學說上ニ於テモ實際上ニ於テモ歸一スル所ナシ、殊ニ被相續人カ諸國ニ於テ財産ヲ有スル場合ニ於テハ更ニ困難ヲ加フヘシ。今此問題ニ付諸國ノ立法例又ハ學說ノ大要ヲ述フレハ左ノ三主義ニ大別スルヲ得ヘシ。

第一　財産所在地法主義

此主義ハ内國ニ所在スル財産ハ唯内國法律ニ依リテノミ相續權ヲ認メラルヘキモノナリト主張スルナリ。然レトモ斯ル主義ニ依ルトキハ若シ被相續人カ數國ニ於テ財産ヲ所有セシトキハ其財産所在地ノ異ナルニ從ヒ相續カ數多ノ法律ニ支配セラルルコトトナリ其關係ヲ統一的ニ定ムル能ハサルニ至ルノ弊アリ、且相續ハ單ニ箇々ノ財産取得ノ原因タルニ止マラス被相續人ノ人格ヲ繼承スルモノニシテ相續財産ハ一ノ包括財團ヲ成シ被相續人ニ屬シタル權利義務ヲ合セテ相續人ニ繼承セシムルモノナルヲ以テ相續人カ何人ナリヤ又如何ニ之ヲ相續スヘキヤハ統一的ニ之ヲ定ムルノ必要アリテ所在地ノ如何ヲ標準トスル能ハサルモノト云ハサルヘカラス。

第二　不動產。動產區別主義

此主義ハ不動產ノ相續ニ付テハ一切所在地法ニ依ルヘキモノトシ動產ノ相續ニ付テハ被相續人ノ住所地法ニ依ルヘキモノトス。然レトモ是レ亦相續財產カ統一的一體ヲ成スヘキ性質ニ反スルモノニシテ相續法ノ原則ニ牴觸スルモノト云ハサルヘカラス。

第三　被相續人ノ本國法主義

此主義ヲ採ル者ハ人ノ資產ハ其財產ノ動產タルト不動產タルト又其所在地ノ內國ナルト外國ナルトニ拘ハラス統一的唯一ノ資產ヲ組成スルモノニシテ相續ハ此包括財產ヲ甲ヨリ乙ニ繼承セシムルニ過キサルモノトシ相續關係ハ被相續人ノ本國法ノミニ依リテ之ヲ定ムヘキモノトスルナリ。我法例第二十五條ニ於テモ亦此主義ヲ認メ相續ハ被相續人ノ本國法ニ依テ之ヲ定ムト明言セリ。

同條ニ「相續」ト云ヘルハ「相續ノ開始原因、相續人ノ資格、順位、能力、相續分等一切ノ相續關係」ヲ謂フモノナリ。故ニ此原則ノ結果トシテ相續開始ノ原因ハ被相續人ノ本國法ニ依ルモノトス。即チ被相續人ノ死亡ノミカ相續開始ノ原因ナリト爲スヤ或ハ我國ノ如ク戸主ノ死亡ノミナラス隱居又ハ國籍ノ喪失、離婚、離緣等モ亦相續開始ノ原因ト認ムヘキヤ否ヤハ皆被相續人ノ本國法ニ依ルヘキモノトス。然レトモ右第二十五條ハ相續ニ關スル一般的規定ニシテ他ノ特別的規定ニ依リ自ラ制限セラルヘキ場合アルモノナリ。即チ被相續人ノ本國法ニ於テ相續開始ノ原因ト認メサル場合ナルモ法例第六條ノ規定ニ依リ外國人カ我裁判所ノ失踪宣告ヲ受ケタルトキハ其失踪宣告ノ結果ハ我國ノ法律ニ依ルモノナルカ故ニ我民法ニ依リ茲ニ相續開始ノ原因存在スルモノニシテ我國ニ在ル財產及我法律ニ依ルヘキ法律關係ニ付テハ被相續人ノ本國法ニ於テ相續開始ノ原因ヲ認メサル場合ニ於テモ尙相續關係ハ開始スヘキモノニシテ財產ハ其相續人ニ移轉スヘキモノト云ハサルヘカラス。

又相續人ノ順位及相續分ニ付テモ專ラ被相續人ノ本國法ニ依ルヘキモノニシテ其本國法カ我法律ト異ナル長子相續ヲ認メ又ハ分配相續ヲ認ムルト否トハ之ヲ問フ所ニアラスト云ハサルヘカラス。其他相續ノ承認及拋棄ニ付テモ亦然リ。又相續人タルノ能力モ亦被相續人ノ本國法ニ依ル結果トシテ相續人タル者カ自己ノ本國法ニ從ヘハ相續人タルヲ得サルモノナルモ若シ被相續人ノ本國法ニ依リ苟モ相續能力ヲ有スル限リハ尚相續權ヲ享有スルモノト云ハサルヘカラス。何トナレハ相續能力ハ權利能力ニシテ具體的權利ノ享有如何ハ其享有セントスル國即チ被相續人ノ本國法ニ依リテ定ムヘキモノナレハナリ。

第四　相續人曠缺ノ場合ノ遺産歸屬問題

相續人曠缺ノ場合ニ於ケル手續モ亦相續關係ヲ定ムル方法ナルヲ以テ被相續人ノ本國法ニ依ルヘキモノナリ。然レトモ相續人曠缺手續ヲ盡シタル結果相續人ナキコトノ確定シタル場合ニ被相續人ノ遺産ノ歸屬ハ何國ノ法律ニ依ルヘキヤ、先ツ遺産歸屬者ニ關スル各國ノ制度ヲ見テ然ル後之ヲ決スヘシ。

一　遺産歸屬ニ付テノ主義

1　歸屬者ニ關スル主義

被相續人ノ本國ニ歸屬セシムルモノアリ。
遺産所在地ノ國庫ニ歸屬セシムルモノアリ。
遺産所在地ノ地方團體ニ歸屬セシムルモノアリ。

2　歸屬ノ性質ニ關スル主義

イ　最終相續人主義

此主義ハ國庫又ハ地方團體ハ最終ノ相續人トシテ之ヲ取得スルモノナリ。

ロ　領土主權主義

此主義ハ國庫又ハ地方團體ハ領土主權ノ結果トシテ取得スト爲スモノナリ。

3　我國ノ主義

我民法ハ第千五十九條ニ於テ相續人タル權利ヲ主張スル者ナキトキハ相續財產ハ國庫ニ歸屬スト規定シ、地方團體ニ歸屬セシメサル主義タルヤ明カナリト雖モ國庫ヲ最終ノ相續人ト爲シタルヤ否ヤ之ヲ明言セス。然レトモ同條ニ相續人タル權利ヲ主張スル者ナキトキト云ヘルヲ以テ國庫ハ相續人トシテ遺產ヲ取得スルモノニアラスト解セサルヘカラス。然ラハ同條ハ領土主權ニ依リテ國庫ノ取得ト爲スモノナリヤト云フニ同條ハ領土主權ニ基ク規定ニアラス却テ人民主權ニ基キ日本人ノ有シタル財產ハ日本國庫ニ歸屬スル主旨ト解セサルヘカラス。何トナレハ同條ハ外國ニ在ル日本人ノ遺產ニ付テモ適用セラルルコトハ明治三十三年ノ勅令「相續人曠缺ノ場合ニ於ケル國庫ニ歸屬シタル財產ノ引渡シニ關スル件」ニ於テ相續人曠缺ノ爲メ國庫ニ歸屬シタル外國ニ在ル財產ハ之ヲ日本領事又ハ貿易事務官ニ引渡スヘシト爲セルニ依リ明カニシテ是ニ由テ之ヲ觀レハ日本人ノ有シタル財產ハ其財產カ何レノ地ニアルヲ問ハス日本國庫ニ歸屬スルモノト爲シタリト解セサルヘカラス。

二　遺產歸屬ノ準據法

前述ノ如ク遺產ノ歸屬ニ付各國ノ制度ヲ異ニスル結果(一)外國人ノ日本ニ在ル遺產(二)日本人ノ外國ニ在ル遺產(三)一外國人ノ他ノ外國ニ在ル遺產ニ付テハ何國ノ法律ニ依リ何國ニ歸屬スヘキヤノ國際私法問題ヲ生ス。之ニ對シ我國ノ國際私法トシテハ左ノ二個ニ區別シテ準據法ヲ定ムヘキモノトス。

1　最終相續人主義ノ國ニ屬スル人民ノ遺產、卽チ被相續人ノ本國法カ國家又ハ其他ノ公法人ニ歸屬セシムルハ之ヲ最終ノ相續人ナリト爲シタル場合

此場合ハ相續人ノ曠缺ナルコトヲ生セス常ニ相續人アルヲ以テ法例第二十五條ニ依リ被相續人ノ本國法ニ依リ其國ノ國庫又ハ公法人ニ歸屬スルモノト爲ササルヘカラス。從テ國家ヲ最終ノ相續人ナリトスル甲外國人ノ乙外國又ハ日本ニ存在スル遺產ハ我國ニ於テハ甲外國ノ所有ナリト爲スヘキモノナリ。

2　領土主權又ハ人民主權ニ基キ歸屬ヲ定メタル國民ノ遺產ノ場合

此場合ニ國庫又ハ其他ノ公法人ニ遺產ノ歸屬スルハ相續問題ニアラサルヲ以テ法例第二十五條ニ依リ被相續人ノ本國法ニ依ルコトヲ得ス理論ニ依リ決スヘキモノナリ。之ヲ理論ニ依ルトキハ領土主權トシテ財產所在地ノ國庫ニ歸屬スト爲ス國ニ存在スル遺產ハ外國人ノ遺產タルト內國人ノ遺產タルトヲ問ハス內國法ニ從ヒ內國ノ國庫ニ歸屬スルモ、內國人ノ外國ニ於ケル遺產ハ外國法ニ從ヒ外國國庫ニ歸屬スト爲サヽルヘカラス、又人民主權ニ基キテ其歸屬ヲ定メタル國ノ人民ノ遺產ハ其遺產カ內國ニ在ルト外國ニ在ルトヲ問ハス、內國ノ國庫ニ歸屬スルモノト爲ササルヘカラス。而シテ日本ハ前ニ述ヘタル如ク人民主權ニ基キ其歸屬ヲ定メタルモノト解スルカ故ニ日本ニ在ル外國人ノ遺產ハ日本ノ國庫ニ歸屬セス外國ノ國庫ニ歸屬スルモ外國ニ在ル日本人ノ遺產ハ日本ノ國庫ニ歸屬スルモノト爲サルヘカラス。然レトモ現今諸國ニ於テハ領土主權ニ依リ遺產ハ所在地法ニ依リテ所在地ノ國庫又ハ其他ノ公法人ニ歸屬スト爲スヲ通常トスルヲ以テ人民主權ニ基ク日本ハ日本ニ在ル外國人ノ遺產ヲ日本ノ國庫ニ歸屬セシメサル上更ニ外國ニ在ル日本人ノ遺產ヲモ日本ノ國庫ニ歸屬セシムルヲ得サル不利ノ結果ヲ生スルモノナリ。故ニ日本ニ於テモ領土主權ニ基ク遺產ノ歸屬ヲ定ムル必要アリト云ハサルヘカラス。要スルニ民法第千五十九條及前掲勅令ノ結果日本ハ人民主權ニ基ク遺産ノ歸屬ヲ定メタルモノト解釋セサルヘカラサルニ至ルモノナルニ拘ハラス、日本ノ國際私法トシテモ領土主權ニ基キ遺産所在地法ニ依ルヘキモノト爲ス者アルハ何等日本法律ヲ根據トセサル議論ナリト云ハサルヘカラス。

第二節　遺言

遺言トハ遺言者カ其死亡ト同時ニ效力ヲ生セシムヘキコトヲ目的トスル一方的意思表示ニシテ各國共遺言ハ最モ嚴格ナル方式ヲ必要トセルト同時ニ一般法律行爲ノ能力ヲ有セサル者ト雖モ尚遺言能力アリト爲セリ。然レトモ其方式、遺言能力及遺言ニ依リテ處分シ得ヘキ事項ノ性質又ハ範圍ニ付テハ各國其規定ヲ異ニセルヲ以テ外國人カ內國ニ於テ遺言ヲ爲シ又ハ內國人カ外國ニ於テ遺言ヲ爲ス場合ニ何國ノ法律ニ依リテ之ヲ定ムヘキカノ國際私法上ノ問題ヲ生ス。

第一　遺言ノ要件

玆ニ遺言ノ要件トハ遺言ノ能力及遺言ニ依リテ處分シ得ヘキ事項ノ何タルヤ及其範圍ヲ謂フモノニシテ此等ノ事項ハ何國ノ法律ニ依ルヘキカ、從來諸國ノ實例又ハ學說ニ依レハ左ノ三說アリ。

1 財産所在地法說

2 遺言者ノ住所地法說

3 遺言者ノ本國法說

右三說中我國ニ於テハ遺言者ノ本國法說ヲ採リ法例第二十六條第一項ニ於テ遺言ノ成立ハ遺言者ノ本國法ニ依ルコトヲ定メタリ。蓋シ遺言ハ主トシテ法定相續人ノ順序ヲ變更シ又ハ相續ノ法定效力ヲ排斥スルコトヲ目的トスル遺言者ノ處分行爲ナルヲ以テ其準據法ハ相續關係ノ準據法ト同シク被相續人卽チ遺言者ノ本國法ニ依ルコトヲ要スレハナリ。然ラハ遺言者ノ本國法ハ遺言當時ノ本國法ト爲スヘキヤ又ハ遺言ノ效力發生當時ノ本國法ト爲スヘキヤ、相續ニ關シテハ相續開始當時ノ本國法トスヘキモノナレトモ遺言ニ付テハ遺言ヲ爲ス當時ノ遺言者ノ本國法ニ依ルヘキモノニシテ遺言者死亡當時ノ本國法ト爲スヘキモノニアラス。何トナレハ遺言モ一ノ法律行爲ナルヲ以テ其行爲當時ノ法律ニ依リテ要件ハ定マラサルヲ得サルモノニシテ將來不確定ノ法律ニ依リテ遺言ノ要件ヲ定ムルカ如キハ遺言者ノ豫想セサル所ナレハナリ。我法例同條ニ於テモ此點ヲ明カニシテ遺言成立ハ其成立當時ニ於ケル遺言者ノ本國法ニ依ルモノト規定セリ。

第二　遺言ノ效力

遺言ノ效力トハ一般法律行爲ノ效力ト云フコトトハ少シク觀念ヲ異ニスルモノナリ。卽チ一般法律行爲ノ效力ト云ヘハ行爲者ノ目的トシタル權利關係カ法律上有效ニ發生スルヲ謂フモノナレトモ遺言ノ效力トハ遺言者ノ目的トシタル處分關係カ法律上有效ニ發生スルコト及遺言自體カ形式上有效ニ成立スルコトノ二者ヲ謂フモノニシテ遺言自體カ形式上有效ニ成立スルヤ否ヤノ準據法ハ成立ニ關スル準據法ト分離スヘカラサル觀念ナルヲ以テ遺言ノ成立要件ニ關スル準據法ト同シク遺言者ハ遺言當時ノ本國法ニ依ルヘキヤ勿論ナリ。然レトモ遺言者ノ目的トシタル處分關係カ法律上有效ニ發生スルヤ否ヤハ必シモ遺言者ノ本國法ニ依ルヘキ必要ナク或ハ財產所在地法ニ依リ或ハ遺言ノ效力發生當時ノ本國法ニ依ルコトヲ得ヘシ。然ルニ我法例ハ遺言ノ效力ハ遺言成立當時ニ於ケル遺言者ノ本國法ニ依ルト定ムルノミニシテ之カ區別ヲ爲ササルヲ以テ遺言ノ有效無效及其目的トシタル處分關係ノ發生モ遺言者ノ遺言當時ノ本國法ニ依ルモノトス。但遺言者死亡當時ノ本國法ニ依リテ遺言者ノ目的トシタル處分關係ヲ許ササルトキハ縱令遺言當時ノ本國法ニ於テ之ヲ許シタルモ其處分關係ハ法律上發生セサルモノナリ。是レ事後ノ法律ニ依リテ遺言ノ效力ヲ妨ケラルルモノニシテ之ヲ以テ遺言ノ效力ハ死亡當時ノ本國法ニ依リテ效力ヲ定ムト爲スヘキモノニアラス。

第三　遺言ノ取消

遺言ハ死亡ニ至ル迄ハ何時ニテモ之ヲ取消シ得ヘク其取消權ハ之ヲ拋棄スルコトヲ得ス。又遺言ニ反對ノ行爲ヲ爲シタルトキハ遺言ヲ取消シタルモノト看做スヘキモノナルヲ以テ遺言ヲ取消シ得ルヤ否ヤ及其範圍等ハ何レノ法律ニ依ルヘキヤ、此點ニ付法例第二十六條第二項ハ取消當時ニ於ケル遺言者ノ本國法ニ依ルモノトセリ。故ニ遺言當時ノ本國法ニ於ケル取消ノ原因、要件、效果及範圍ハ取消ニ付適用スルヲ得ス取消當時ノ本國法ニ依リテ之ヲ定ムヘキモノナリ。例ヘハ遺言當時ノ本國法ニ依レハ遺言ノ全部取消ヲ許ササリシ場合ニ於テモ取消當時ノ本國法ニ依リテ全部取消ヲ認ムルトキハ全部ノ取消ヲ爲シ得ルカ如シ。

第四　遺言ノ方式

遺言ハ嚴格ナル方式ヲ必要トシ其方式ハ即チ遺言ノ成立要件ナルヲ以テ遺言者ノ本國法ニ依リテ定ムヘキヤ勿論ナリ。我法例第二十六條ニ遺言ノ成立ハ遺言者ノ本國法ニ依ルト云ヘルハ遺言ノ方式モ亦遺言者ノ本國法ニ依ルヘキコトヲ定メタルモノナリ。然レトモ此原則ヲ絕對ニ貫クトキハ內國人カ外國ニ於テ遺言ヲ爲ス場合ニ、或ハ危急ナルカ爲メニ遺言者ノ本國法ノ方式ニ依ルコト能ハサル場合アリ、或ハ一般法律行爲ノ方式ニ於テ述ヘタルカ如ク外國ニ於テハ遺言者ノ本國法ニ依ル方式ノ制度ナキカ爲メニ遺言者ノ本國法ノ方式ニ依ルコト能ハサル場合アルヲ以テ遺言ノ方式モ亦行爲地法ノ方式ニ從ヒタルモノヲ有效ト爲ス例外ヲ必要トスルモノナリ。故ニ我法例ハ第二十六條第一項ニ於テ遺言ノ方式ハ遺言者ノ本國法ニ依ルコトヲ原則トシタル外其第三項ニ於テ行爲地法ノ方式ニ依ル遺言モ亦有效ナルコトヲ規定セリ。

第三編　國際商法

國際商法トハ商事ニ關スル渉外的私法關係(渉外的商事)ニ適用スヘキ法律ヲ確定スル法規ヲ謂フ。例ヘハ甲國ノ商人ト日本ノ商人トノ間ニ爲シタル法律行爲ヨリ生シタル債務ノ法定利率ハ日本ノ法律ニ依リ年六分ト爲スヘキカ又ハ甲國ノ法律ニ依リテ其利率ヲ定ムヘキカヲ確定スル法規ノ如シ。渉外的商事ハ一般渉外的私法關係ノ特別事項ナルヲ以テ渉外的商事ニ關シ特別ノ國際私法ノ規定ヲ設ケタルトキハ第一ニ之ニ從フコトヲ要シ特別ノ規定ナキトキハ國際商事慣習法及一般國際民法ノ原則ニ從フモノトス。我國ニ於テ渉外的商事ニ關シ特別ノ國際私法ヲ規定セルモノハ會社ニ關シ商法第二百五十五條乃至第二百六十條及手形ニ關シ商法施行法第百二十五條第百二十六條アル外船舶衝突ニ付テノ規定ノ統一ニ關スル條約及海難ニ於ケル救援救助ニ付テノ規定ノ統一ニ關スル條約等ニ於テ成文的國際商法ノ存スルノミナルヲ以テ其他ノ渉外的商事ハ國際的商事慣習法、一般的國際民法及理論ニ依リ解決スヘキモノトス。

第一章　總則

第一　商人

我國ハ商人、非商人ノ區別ニ關スル特別ノ準據法ヲ定メタルモノナシ。從テ其區別ニ關スル準據法ニ付左ノ諸説アリ。

一　本國法説　此説ニ依レハ商人ハ人ノ身分ナルヲ以テ商人ナリヤ否ヤハ本國法ニ依リ定ムト云フニ在リ。

二　營業所地法説　此説ニ依レハ商人ナリヤ否ヤハ一ノ身分ナリト雖モ國籍ノ如ク絶對的身分ニアラス。商業ヲ營ムヤ否ヤノ身分ニシテ營業所ハ商人カ商業ヲ營ム中心地ナルヲ以テ此地ノ法律ニ依リ商人ナリヤ否ヤヲ定メサルヘカラスト云フニ在リ。

三　行爲地法説　此説ニ依レハ人ノ行爲ハ行爲地法ニ依ルヲ原則トスルモノナレハ行爲者ノ商人ナリヤ否ヤモ行爲地法ニ依ラサルヘカラスト云フニ在リ。

四　法廷地法説　此說ニ依レハ商人。非商人ノ區別ハ其國ノ公益公序ニ關スル規定ナルヲ以テ商人ナリヤ否ヤハ法廷地ノ法律ニ依ルヘシト云フニ在リ。

五　法律關係自體ノ準據法説　此說ニ依レハ商人ナリヤ否ヤハ其者ニ關スル當該法律關係ニ適用スル法律ニ依リ定ムヘキモノニシテ當該法律關係ニ適用スル法律以外ノ法律ヲ以テ商人、非商人ヲ定ムヘキモノニアラスト云フニ在リ。

右諸說中余ハ最後ノ法律關係說ヲ正當ナリト信ス。故ニ或人カ單ニ外國商人ナリヤ内國商人ナリヤヲ決スルノミノ法律關係ノ當事者ニ立チタルトキハ本國法ニ依リテ商人、非商人ヲ決シ、若シ商人ノ營業所ニ商業帳簿ヲ備ヘ又ハ商號登記ヲ爲スヘキ法律關係ニ於テハ營業所所在地法ニ依リ商人、非商人ヲ決シ、又商人ニ過失ノ責任（運送人ノ如シ）アリヤ否ヤノ法律關係ニ於テ商人、非商人ヲ決スルハ行爲地法ニ依リ、商事裁判所ノ管轄ナリヤ否ヤノ訴訟關係ニ於テ商人、非商人ヲ決スルハ法廷地法ニ依ルカ如ク各法律關係ニ適用スヘキ準據法ニ依リ商人、非商人ヲ區別スヘキモノニシテ當該法律關係ニ適用スル法律以外ニ別ニ商人、非商人ヲ決スル準據法ヲ定メントスルハ實益ナキノミナラス當該法律關係ノ解決ニ牴觸ヲ來スコトアルヲ以テ他說ニ贊スルヲ得ス。

第二　商業帳簿及商業登記

此等ニ關スル準據法ニ付テモ亦特別ノ規定ナク又法例中ニモ其規定ナキヲ以テ理論上之ヲ決スヘキモノトス。惟フニ商業帳簿及商業登記ニ關スル商法上ノ規定ハ營業地ノ公法的監督規定ニシテ公ノ秩序ニ關スルヲ以テ當然營業所所在地法ニ依ルモノト爲サヽルヘカラス。

第三　商業使用人及代理商

商業使用人ニ付テハ商業使用人ト主人トノ間ニ存スル權利義務ト商業使用人カ第三者ト取引スル代理權トニ區別シテ說明スルコトヲ要ス。而シテ商業使用人ト主人トノ權利義務ハ當事者ノ契約ニ依リテ準據法ヲ定メ意思不明ノ場合ハ主人ノ營業所所在地ノ法律ニ依ルヘキモノナリ。然レトモ商業使用人カ第三者ト取引スル效力卽チ代理權ノ範圍ニ付テハ選任地ノ法律ニ依ルヘキモノニアラス。何トナレハ第三者カ其選任地ヲ知ルハ困難ナルヲ以テ第三者ニ不測ノ損害ヲ蒙ラシムルコトアレハナリ。又其代理權ヲ商業使用人ト第三者ト爲ス取引地ノ法律ニ依リ定ムト爲スコトモ不可ナリ。何トナレハ其取引地ノ法律ハ第三者ニ取リテハ容易ニ之ヲ知リ得ルモ主人ヨリ見レハ使用人カ實際取引ヲ爲ス地ノ法律ヲ知ルハ頗ル困難ナレハナリ。惟フニ使用人ノ代理權ニ付テハ使用人ノ屬スル營業所所在地ノ法律ニ依ルヲ最モ適當ナリト爲サヽルヘカラス。何トナレハ營業所ハ營業ノ中心ニシテ主人及第三者共其地ノ法律ニ着目スヘキハ自然ノ理ナレハナリ。

代理商トハ使用人ニ非スシテ一定ノ商人ノ爲メニ平常其營業ノ部類ニ屬スル商行爲ノ代理又ハ媒介ヲ爲ス者ナレトモ代理商ト本人トノ權利義務ニ關スル準據法ハ商業使用人ト同シク其第一ニ當事者ノ意思ニ依リ意思不明ノ場合ハ主人ノ營業所所在地ノ法律ニ依リテ之ヲ決シ、第三者トノ取引ニ付テハ代理商ノ營業所所在地ノ法律ニ依ルヘキモノナリ。例ヘハ米國商人ノ爲メ日本ニ於テ代理商ヲ營ム者アラハ代理商ト本人トノ權利義務ハ特ニ準據法ノ定メナキトキハ米國商人ノ營業所所在地タル米國法ニ依ルモ其代理商カ第三者ト爲ス取引ノ準據法ハ日本ノ法律ニ依ルカ如シ。

第四　商號

商號ノ選定及其效力ニ付テモ何等ノ規定ナシト雖モ商號ハ其本質上個人ノ氏名ト同一ノ性質アルヲ以テ人格權トシテ本國法ニ依ルモノト爲サヽルヘカラス。尤モ商法上ニ於テハ商號ヲ登記スルトキハ之カ專用權ハ財産權ヲ構成スト爲スヲ通說トスレトモ是レ國內法ノ關係ニ於テ之ヲ謂フニ過キス。之ヲ涉外的關係ニ於テ見ルトキハ依然其人ニ專屬スル一種ノ專屬權ト爲シ本國法ニ依リテ定メタル商號ハ之ヲ他國ニ於テモ侵害スルコトヲ得スト爲スヘキモノナリ。是レ左ノ條約ニ於テ此趣旨ヲ明カニセル所以ナリ。

參照　千九百年十二月十四日菲律悉及千九百十一年六月二日華盛頓ニ於テ改正セラレタル工業所有權保護ニ關スル千八

百八十三年三月二十日ノ巴里同盟條約及附屬議定書(大正二年)

第一條　各締約國ノ臣民又ハ人民ハ他ノ總テノ同盟國內ニ於テ發明、特許、實用新案、工業的意匠又ハ雛形、製造標又ハ商標、商號ハ原產地ノ表示及不正競爭ノ取締ニ關シ各其ノ國法カ內國人ニ對シ現ニ許與シ又ハ將來許與スヘキ利益ヲ享受スヘシ故ニ該臣民又ハ人民ハ內國人ノ遵由スヘキ手續及條件ヲ遵守スルニ於テハ內國人ト同一ノ保護ヲ受ケ其ノ權利ノ侵害ニ對シテモ亦總テ內國人ト同一ノ訴權ヲ有ス但保護ヲ受ケントスル國內ニ住所又ハ營業所ヲ有スヘキ何等ノ義務ヲモ同盟國人ニ課スルコトヲ得スヘシ

第九條　商號ハ製造標又ハ商標ノ一部ヲ爲スト否トニ拘ラス出願ヲ要スルコトナクシテ各同盟國內ニ於テ保護セラルヘシ

此條約ニ依レハ商號ノ何タルヤカ本國法ニ依リテ定マリタル以上ハ他ノ國內ニ於テ之ヲ登記スルヤ否ヤヲ問ハス其國ニ於テ保護セラルルノミナラス、其商號ヲ有スル商人ノ住所又ハ營業所ナキ國ニ於テモ保護セラルルモノナリ。例ヘハ外國人ノ商號ハ之ヲ日本ニ於テ登記セス又其商人ノ住所又ハ營業所カ日本ニ存在セサルモ尚且日本ニ於テハ其商號ヲ日本ノ商人カ日本ノ法律ニ依リテ登記シタルト同一ニ保護セラルルモノナリ。是レ蓋シ貿易商ノ如キハ各國ニ於テ商取引ヲ爲スモノナレハ一々取引先ニ於テ其商號ヲ登記スルニアラサレハ之ヲ保護セラレサルモノトスルハ貿易取引ノ敏活保護ヲ缺クカ爲メナリ。

第二章　會社

第一編中外國法人ノ章ニ於テ內國會社ト外國會社トノ區別及外國會社ノ權利能力等ニ付テハ一般的ニ之ヲ說明シタレトモ外國會社カ日本ニ於テ法律上ノ行爲ヲ爲ス場合ニ日本ノ法律ニ從フヘキ特別ノ規定ヲ商法中第二百五十五條以下ニ設ケアルヲ以テ玆ニハ之ヲ說明セントスルモノナリ。而シテ同條以下ノ規定ニ從フヘキモノハ外國會社ナルヲ以テ外國ノ會社カ法人格ヲ有スルヤ否ヤハ問フ所ニアラス。例ヘハ獨逸ノ合名會社及合資會社ノ如キハ法人ニ非サレトモ日本ニ於テ營業ヲ爲サントセハ商法同條以下ノ規定ニ從ハサルヘカラサルモノナリ。又外國會社カ商行爲ヲ業トスルモノナルト商行爲以外ノ營利ヲ營ムモノナルトモ問フ所ニアラス。而シテ此等ノ外國會社カ日本ニ於テ法律上ノ行爲ヲ爲ス要件ニ關スル規定ハ涉外私法事項ノ準據法ニハアラスシテ單ニ外國會社ノ日本國內ニ於ケル法律上ノ行爲ヲ取締ル爲メノ所謂外人法ニ過キサルモノ多シト雖モ重要ナルヲ以テ左ニ之ヲ一括說明スヘシ。

第一　支店ノ登記公告

外國會社カ日本ニ支店ヲ設ケタルトキハ日本ニ成立スル同種ノモノ又ハ最モ之ニ類似セルモノト

同一ノ登記及公告ヲ爲スコトヲ要ス(商法第二五五條第一項)。之ヲ怠ルトキハ過料ノ制裁アリ(同法第二六一條第一號)。是レ外國民事法人カ日本ニ事務所ヲ設ケタル場合ニ從フヘキ民法第四十九條ト同一ノ趣旨ナリ。而シテ其登記公告ノ手續ニ付テハ非訟事件手續法第二百二條以下ニ規定アリテ日本ノ各地ニ支店ヲ設クルトキハ其各地ニ於テ登記スルコトヲ要ス。

獨佛等ノ會社組織ハ日本ト殆ント同一ナルヲ以テ獨佛ノ會社カ日本ニ支店ヲ設ケタルトキハ日本ニ成立セル同種ノモノト同一ノ登記公告ヲ爲シ得ルモ、英米ノ會社組織ハ日本ノ會社組織ト大差アルヲ以テ此等ノ外國會社ハ日本ノ會社中最モ之ニ類似セルモノト同一ノ登記公告ヲ爲スヘキモノナリ。從テ英國ノ制限保證責任會社ノ如キハ其持分ヲ株式ニ分チタルトキハ日本ノ株式會社ニ準スヘク又若シ之ヲ株式ニ分タサルトキハ日本ノ合資會社ニ準シテ登記公告ヲ爲スヘキモノナリ。登記期間ニ付テハ明文ナキモ商法一般ノ例ニ依リ支店ヲ設ケタル日ヨリ二週間内ニ爲スヘキモノニシテ又登記事項カ外國ニ於テ生シタルトキハ其登記期間ハ通知ノ到達シタル時ヨリ之ヲ起算ス(同法第二五六條)。

而シテ外國會社カ初メテ日本ニ支店ヲ設ケタルトキハ其支店ノ所在地ニ於テ登記ヲ爲スマテハ第三者ハ其會社ノ成立ヲ否認スルコトヲ得(同法第二五七條)ルノミナラス日本ニ於テ株券ヲ發行シ又ハ株式

ノ讓渡ヲ爲シ得サルモノナリ（同法第二五九條）。

第二　代表者ノ登記

日本ニ支店ヲ設ケタル外國會社ハ日本ニ於ケル代表者ヲ定メテ支店設置ノ登記ト同時ニ其氏名住所ヲ登記スルコトヲ要ス（同法第二五五條第二項第二五六條）。是レ蓋シ日本ニ支店ヲ設ケタル外國會社ハ其本國法ニ從ヒ本國ニ於テハ代表者ヲ有スルハ勿論ナリト雖モ日本ノ支店ニ於テ行フ營業取引ニ付一々本國ノ代表者ヲ以テ爲スヘキモノトセハ其不便甚シキヲ以テ特ニ日本ニ於ケル代表者ヲ定メテ之ヲ登記セシメ以テ日本ニ於ケル取引ノ圓滑ヲ計ル爲メナリ。故ニ日本ノ各地ニ支店ヲ設ケタルトキハ各地ノ登記ノ際其代表者ヲ登記スルコトヲ要ス。但日本ニ於ケル各支店ニ各別ノ人ヲ以テ代表者ト爲スコトハ必要ナキモノナリ。

外國會社ノ日本ニ於ケル代表者ハ日本ニ於テ行ハルル營業ニ關シテハ裁判上裁判外一切ノ權限ヲ有スルモノニシテ、之ニ加ヘタル制限ハ善意ノ第三者ニ對抗スルコトヲ得サルモノナリ（同法第二五五條第三項）。而シテ此代表者ハ日本會社ノ代表者ト同シク法定代理人ニシテ日本以外ノ本店支店ノ營業ニ關シテモ代表權アルモノナリ。何トナレハ此代表者ハ單ニ日本ニ於ケル支店ノ代表者ニアラスシテ會社ノ代表者ナレハナリ。又若シ日本ニ於ケル各支店毎ニ代表者ヲ異ニスルトキハ其各自カ獨立シテ會社ヲ代表スルノ權限ヲ有シ其事項カ代表者ノ主宰スル支店ノ取引ニ關スルト否トヲ問ハサルモノトス。

第三　外國會社ノ不法行爲

外國會社ハ日本ニ於ケル代表者其他ノ代理人カ其職務ヲ行フニ付他人ニ加ヘタル損害ヲ賠償スル責任アリ（同法第二五五條第三項第六二條民法第四四條）。

第四　株式及社債

外國會社ノ記名株式又ハ記名社債ノ讓渡ハ讓受人ノ氏名住所ヲ日本ノ支店ニ備ヘタル株主名簿又ハ社債原簿ニ記載シ且其氏名ヲ株劵又ハ社債劵ニ記載スルニ非サレハ之ヲ以テ會社其他ノ第三者ニ對抗スルコトヲ得ス。而シテ全額拂込ノ株劵及社債ニ付テハ株主又ハ社債權者ヨリ之ヲ無記名式ト爲スコトヲ請求シ得ルモノナリ（同法第二五九條）。

第五　支店閉鎖

外國會社カ日本ニ支店ヲ設ケタル場合ニ其代表者カ會社ノ業務ニ付公ノ秩序又ハ善良ノ風俗ニ反スル行爲ヲ爲シタルトキハ裁判所ハ檢事ノ請求ニ因リ又ハ職權ヲ以テ其支店ノ閉鎖ヲ命スルコトヲ得ヘシ（同法第二六〇條）。是レ外國會社自體ハ日本ノ法律ニ依リ之ヲ解散セシムルコト能ハサルヲ以テ唯日本ニ於ケル支店ノ閉鎖ヲ命スルヨリ外方法ナケレハナリ。

第三章　商行爲

商行爲ハ一ノ法律行爲ニシテ之ニ關スル特別ノ國際私法規定ナキヲ以テ國際民法ニ於テ述ヘタル原則ニ依ラサルヘカラス。故ニ商行爲能力ハ法例第三條乃至第五條及第十四條ニ依リテ之ヲ定ム、從テ日本人タル未成年者又ハ妻カ商行爲ヲ爲スニハ日本ノ法律ニ依リ其能力ヲ定ムルヲ以テ其法定代理人又ハ夫ヨリ商業ヲ營ムコトヲ許サレタルトキハ商行爲能力アリ（商法第五條）ト雖モ、外國人ノ未成年者又ハ妻ニシテ其本國法ニ依リ商業ヲ營ム能力ナキトキハ其者ハ商行爲能力ナク又日本人タル未成年者又ハ妻カ會社ノ無限責任社員タルコトヲ許サレタルトキハ會社ノ業務ニ關シテハ能力者タリ（同法第六條）ト雖モ、會社ノ無限責任社員タルコトヲ許ササル外國ノ未成年者又ハ妻ハ會社ノ無限責任社員ト爲ル行爲能力ヲ有スルコトナシ。次ニ商行爲ノ成立及效力並ニ方式モ法例第七條乃至第九條ニ依リ之ヲ定ムヘキモノナリ。例ヘハ商人間ノ賣買ノ成立及效力ハ第一ニ當事者ノ意思ニ依リテ準據法ヲ定メ意思不明ノ場合ハ行爲地法ニ依リテ之ヲ定メ又運送契約ニ於テ貨物引換證券ノ發行ヲ要件トスルヤ否ヤ及其效力等モ法例第七條乃至第九條ニ依リ定ムルカ如シ。而シテ或行爲カ商行爲ナリヤ否ヤヲ定ムルコトモ其行爲ノ成立、效力ニ適用スル法律ニ依ルモノナリ。何トナレハ商行爲ナリヤ否ヤハ結局商行爲ノ成立ニ過キサレハナリ。最後ニ注意スヘキコトハ商行爲ノ成立、效力ハ法例第七條乃至第九條ニ依ルト雖モ他人ノ爲メニ商行爲ヲ爲シタルトキ報酬請求權(同法第二七四條)ヲ發生スルカ如キ法的效果ニ付テハ必スシモ法例第七條乃至第九條ニ依ルモノニアラス各場合ニ依リ準據法ハ定マルコトアルモノトス。又手形行爲ニ關シテハ特別規定アルヲ以テ次章ニ之ヲ說明スヘシ。

第四章 手形法

現今手形ハ國內取引ノ爲メニ流通スルノミナラス外國貿易ノ爲メニ授受セラルヽコト多キヲ以テ甲國ニ於テ振出サレタル手形カ乙國ニ於テ引受裏書サレ丙國ニ於テ支拂ハルヽカ如ク手形行爲及手形上ノ權利行使カ數箇國ニ涉ル場合ハ何レノ國ノ法律ニ依リテ其手形ノ法律關係ヲ定ムヘキヤノ國際商法上ノ問題ヲ生ス。而シテ手形關係モ一ノ私法關係ナルヲ以テ法例ノ原則ニ依ルヘキモノナリト雖モ我商法施行法ハ第百二十五條及第百二十六條ニ於テ特別ノ規定ヲ爲セルヲ以テ涉外手形ニ付テハ第一ニ右二條ニ依リテ其準據法ヲ定メ此規定以外ノ事項ニ付法例ノ原則ニ從フヘキモノトス。左ニ先ツ手形法系ヲ示シ順次準據法關係ヲ說明スヘシ。

第一節　手形法系

現今諸國ニ行ハルル手形法規ハ之ヲ英、佛、獨ノ三大法系ト爲スコトヲ得ヘシ。

第一　獨國法系

此法系ニ屬スル手形法規ハ手形關係ト基本關係(對價、資金等)トヲ全然區別シ手形關係ハ基本關係ナク成立シ且基本關係ノ如何ニ左右セラルルコトナシト爲シタルノミナラス、手形取引ノ安全ヲ期スル爲メ手形ヲ嚴格ナル形式證券ト爲シ惡意又ハ重大過失ナキ手形ノ取得者ハ原始的ニ手形上ノ權利ヲ取得スト爲スモノニシテ獨、墺、伊、瑞、日等ハ此法系ニ屬ス。

第二　佛國法系

此法系ニ屬スル手形法規ハ手形ト基本關係トヲ分離スルコトナク手形ハ單ニ基本關係ヲ證スル書面タルニ止マルモノト爲スモノニシテ佛、希、土等之ニ屬シ西班牙ハ異地文句、指圖文句ヲ不必要トシ白地裏書ヲ許ス等獨國法系ニ傾キタル所アレトモ爲替手形ノ所持人カ振出人ニ對スル手形權利ノ主張ニ際シ資金關係ニ遡ラシメ又對價文句ヲ必要トスル結果受取人カ振出人ニ反對給付ヲ爲シタルコトヲ手形債務ノ要件ト爲シ其他便宜主義ヨリシテ不可抗力ヲ免除ノ理由ト爲シ手形ノ形式的嚴格ヲ緩和シテ佛國法系ニ則リタルモノナリ。

第三　英國法系

此法系ニ屬スルモノハ手形ト基本關係トハ之ヲ區別シタルモ手形取扱上ノ便宜ヨリシテ嚴格ナル形式主義ヲ排シタルモノナリ。卽チ振出人カ支拂人ニ供スヘキ資金關係ハ手形其モノノ權利義務ニ直接ノ影響ヲ及ホササルモ手形ノ成立ニ法定ノ文言ヲ要セサルコトトセルモノニシテ英米之ニ屬ス。

第二節　手形行爲ノ能力

手形行爲ノ能力トハ手形行爲ヲ爲ス能力ニシテ之カ準據法ニ付特別ノ規定ナキヲ以テ法例第三條以下ニ依リテ之ヲ決スヘキモノナリ。何トナレハ手形行爲モ法律行爲ナルヲ以テ法律行爲能力ニ關スル國際民法ノ原則ニ依ラサルヘカラサレハナリ。從テ手形行爲ヲ爲ス者カ未成年者ナルトキハ其本國法ニ依リテ行爲能力ヲ定メ(法例第三條)禁治產者、準禁治產者ナルトキハ宣告國ノ法律ニ依リ(法例第四條)、妻ハ夫ノ本國法(法例第一四條)ニ依リ定ムヘキモノトス。然レトモ外國ノ未成年者カ日本ニ於テ手形行爲ヲ爲シタルトキ日本ノ法律ニ依リ成年ナルトキハ其行爲能力アルモノト看做スモノナリ(法例第三條第二項)。

第三節　手形行爲ノ要件

第一　原則トシテ手形行爲ノ要件ハ行爲地法ニ依ル。

手形行爲ハ振出行爲、裏書行爲、保證行爲、引受行爲及參加引受行爲ノ五種アリ。此等ノ手形行爲ノ要件ハ國ニ依リテ差異アルヲ以テ。商法施行法第百二十五條第一項ニ於テ手形行爲ノ要件ハ、行爲地法ニ依ルコトヲ定メタリ。此點ハ一般法律行爲ノ要件ニ關スル準據法ト異ナルモノナリ。卽チ一般法律行爲ノ要件ニ關スル準據法ハ第一ニ當事者ノ意思ニ依リテ之ヲ定メ當事者ノ意思不明ノ場合ニ初メテ行爲地法ニ依ルヘキモノナルモ手形ノ如キ流通證券ハ當事者ノ意思ニ重キヲ置クコト能ハサルヲ以テ常ニ行爲地法ニ依リテ要件ヲ定ムヘキモノト爲シタルモノナリ。故ニ英國ニ於テ振出サレタル手形カ獨逸ニ於テ裏書セラレ、佛國ニ於テ保證セラレ、米國ニ於テ引受ケラレタルトハ振出行爲ノ成立ハ英國法ニ依リ裏書行爲ノ成立ハ獨逸法ニ依リ保證行爲ノ成立ハ佛國法ニ依リ引受行爲ノ成立ハ米國法ニ依リテ決スヘキモノトス。然レトモ此原則ニ對シテ二個ノ例外アリ。

第二　例外

一　行爲地タル外國法ニ依リ無效ナル手形カ日本ノ法律ニ定メタル要件ヲ具備スル場合

商法施行法第百二十條第二項前段ニ於テ行爲地法ニ依ル例外トシテ行爲地タル外國法ノ要件ヲ具備セサルモ其手形行爲カ日本ノ法律ニ定メタル要件ヲ具備スルトキハ爾後日本ニ於テ爲シタル手形行爲ハ有效ト爲スコトヲ定メタリ。此規定ニ依レハ外國ニ於テ振出シタル手形カ行爲地法ノ要件ヲ具備セサルカ爲メニ振出行爲ノ無效トセラルル場合モ日本法律ノ振出要件ヲ具備スルトキハ其後其手形ニ付日本ニ於テ爲シタル裏書、引受等ノ手形行爲ハ之ヲ有效トシ所持人ハ振出人ニ對シテハ請求權ナキモ裏書人、引受人ニ對スル權利ハ之ヲ取得シ得ヘキモノト爲シタルノミナラス、此規定ハ外國ニ於ケル振出行爲ノミナラス廣ク外國ニ於ケル手形行爲ノ無效ナル場合ヲ規定セルモノナルヲ以テ、外國ニ於テ振出シ、引受ケタルトキ其振出、引受共外國法ノ要件ニ適セサル爲メ無效ナルモ、日本ノ要件ヲ具備スルトキハ爾後日本ニ於テ爲シタル裏書、保證等ヲ有效トシ又外國ニ於テ振出、引受、保證、裏書アリ、此等ノ行爲カ皆外國法ニ適セス無效ナルモ、日本ノ法律ニ定メタル要件ヲ具備スルトキハ其後ノ日本ニ於ケル裏書等ハ有效ト爲ルモノナリ。斯ノ如キ例外ヲ認メタル所以ハ外國法ニ依リ無效ナル手形行爲ハ日本法律ニ依リテ有效ト爲スコトハ之ヲ許ササルモ爾後日本ニ於テ此手形ニ手形行爲ヲ爲ス者ハ日本法律ノ要件ヲ具備スルカ爲メ之ヲ有效ナリト信シテ之ニ手形行爲ヲ爲スモノナルヲ以テ之ヲ保護スルヲ正當ト爲スカ爲メナリ。

然レトモ玆ニ問題ト爲ルハ中間ノ裏書行爲ノミカ外國法ニ依リ無效ニシテ他ノ裏書其他ノ手形行爲カ有效ナル場合ニ之ヲ裏書連續アルモノト爲スヤ否ヤニ在リ。例ヘハ英國ニ於テ有效ニ振出サレタル手形ニ佛國ニ於テ第一ノ裏書ヲ爲シタルモ佛國法律ノ要件ヲ具備セス日本ノ要件ヲ具備シ其後日本ニ於テ第二以下ニ有效ノ裏書アリタルトキ所持人ハ第一ノ裏書ハ日本法律ニ定メタル要件ヲ具備スルヲ以テ裏書連續アリトシテ振出人ニ對シ手形上ノ請求權アリヤ否ヤノ疑アルモ商法施行法第二項ハ日本ニ於テ爲シタル手形行爲ノミヲ有效ト爲スニ過キサルヲ以テ第一ノ裏書ハ依然無效タルヲ失ハス從テ裏書連續ヲ缺クコトトナリ。所持人ハ振出人ニ對シテ請求權ナキコトトナルモノト解セサルヘカラス。

二　外國ニ於テ日本人間ニ爲シタル手形行爲ノ場合

外國ニ於テ日本人間ニ手形行爲ヲ爲ス場合ト雖モ原則ニ依ルトキハ行爲地法ニ依リテ其要件ヲ定ムヘキコトトナリ商法施行法第百二十五條第一項ニ依レハ此場合ニ於テモ行爲地法ニ依ラサルトキハ無效ノモノナリ。然レトモ此場合ハ日本人間ノ取引ナルヲ以テ其取引保護ノ爲メ其手形行爲カ日本ノ法律ニ定メタル要件ヲ具備スルトキハ其手形行爲ヲ有效ト爲スノ例外ヲ認メタリ(同條第二項後段)。卽チ其規定ニ曰ク「日本人カ外國ニ於テ日本人ニ對シテ爲シタル手形行爲カ日本ノ法律ニ定メタル要件ヲ具備スルトキ亦同シ」トアルヲ以テ外國ニ於テ爲シタル日本人間ノ手形行爲ヲ有效ト爲セリ。唯玆ニ注意スヘキハ右規定ノ「亦同シ」トアルハ前述ノ如ク外國ニ於ケル手形行爲ヲ有效トスト解スヘキモノニシテ同項前段ノ「爾後日本ニ於テ爲シタル手形行爲ハ有效トス」トノ意味ニ解スヘキモノニアラス。何トナレハ外國ニ於ケル日本人間ニ爲シタル手形行爲カ行爲地法ニ依リ無效ナル場合モ日本法律ノ要件ヲ具備スルトキハ爾後日本ニ於テ爲ス手形行爲ヲ有效ト爲スハ後段ノ規定ヲ俟タス前段ノ規定中ニ當然含マルルモノニシテ後段ノ規定ハ無意義トナレハナリ。

第三　手形行爲地

我商法施行法ハ手形行爲ノ要件ハ行爲地法ニ依ルコトヲ原則ト爲シタルモ行爲地ヲ定ムヘキ特別ノ規定ナキヲ以テ手形行爲ノ行爲ハ一般法律行爲ノ行爲地ヲ定ムル法例第九條ニ依ルヘキモノナリ。卽チ同條ニ依レハ單獨行爲ハ發信地ヲ行爲地トシ契約ハ申込ノ發信地ヲ行爲地ト爲スモノナリ。然レトモ手形行爲ノ性質ニ關シテハ契約說、單獨行爲說アルノミナラス單獨行爲說ニ於テモ署名ノミヲ以テ要件ト爲スヤ、交付ヲモ要件ト爲スヤノ議論アリ。署名ノミヲ以テ手形行爲ノ要件ト爲ストキハ法例第九條ノ發信地ナルモノ存在セサルヲ以テ同條ノ適用ナキカ如シ。然レトモ余ハ手形行爲ヲ以テ署名ノミニ因リテ成立スルモノト解スルモ其署名タルヤ相手方ノ爲メニスル署名ナラサルヘカラサルヲ以テ署名カ相手方ニ對シテ表示セラルル狀態ニ置カレテ初メテ相手方ノ爲メニスル署名トシテ成立シ玆ニ手形行爲ノ一方的意思表示ヲ構成スルモノニシテ相手方ニ對シテ表示セラルル狀態ニ置カレサル署名ハ意思表示ニアラサル單ニ事實的署名ニ過キスト爲スヲ以テ手形行爲タル署名モ亦法例第九條ニ依リ事實的署名カ相手方ニ表示セラルヘキ狀態ニ置カレタル地カ卽チ發信地トシテ其地ヲ手形行爲ノ地ト爲スヘキモノト解ス。故ニ相手方ノ面前ニ於テ手形ニ署名スル場合ノ如キハ事實上ノ署名ト同時ニ相手方ニ對シテ表示セラルル狀態ニ在ルヲ以テ事實上ノ署名ノ地ハ同時ニ手形行爲地ナルモ署名ノ上他ノ地ニ發送スル場合ノ如キハ事實上ノ署名ヲ爲シテ机ノ軸斗ニ仕舞置クトキハ未タ手形行爲ノ發信地ナク後日之ヲ相手方ニ發送スル地ヲ以テ手形行爲ノ發信地トシテ其地ノ法律ニ依ルモノトス。

第四節　手形行爲ノ效力

手形行爲ノ效力トハ振出人、引受人、保證人、裏書人等手形行爲ヲ爲シタル者カ如何ナル權利ヲ有シ又ハ義務ヲ負擔スルヤヲ謂フモノニシテ我商法施行法ハ手形行爲ノ效力ニ付何國ノ法律ニ依ルヤノ特別規定ヲ設ケス。從テ其準據法ニ付議論岐レ或ハ手形行爲ノ效力ヲ定ムル準據法ハ一般法律行爲ノ效力ヲ定ムル法例第七條ニ則ルヘシト爲ス說アレトモ、法例第七條ニ依ルトキハ手形行爲ノ效力ハ第一ニ當事者ノ意思ニ依リテ準據法ヲ定ムルコトトナルヲ以テ、英國ニ於テ手形ヲ振出ス場合ニ其要件ハ英國法ニ依ルモ其效力ハ當事者ニ於テ獨逸法ニ依リテ定ムト爲スコトヲ得ルニ至ルモノニシテ、斯ノ如ク手形行爲ノ效力ヲ當事者ノ任意ニ他國法ニ依リテ定ムルカ如キハ手形ノ性質上許スヘカラサルヲ以テ手形行爲ノ效力モ亦要件ニ適用スル準據法ト同シク行爲地法ニ依ルモノト爲スヲ正當トシ學者ノ多數ハ行爲地法說ヲ採レリ。蓋シ法例第七條ハ法律行爲ノ要件及效力共ニ當事者ノ意思ニ依リテ準據法ヲ定メ得ルコトヲ認メタルモノニシテ一般私法行爲ニ付テモ要件ト效力トヲ別別ニ二個ノ法律ニ依ルコトハ許ササルノミナラス既ニ要件ヲ當事者ノ意思ニ依ラサル一定ノ準據法ヲ定メタル場合ニ效力ノ準據法ノミヲ當事者ノ意思ニ依リ定ムヘキコトハ法例第七條ノ規定スル所ニアラサルヲ以テ手形行爲ハ法例第七條ニ依ルコトヲ得ス、手形行爲ノ性質上ヨリ其效力ノ準據法ヲ定ムヘキモノナリ。惟フニ手形行爲ノ要件ヲ嚴格ニスルハ其效力ヲ法律上一定センカ爲メニシテ要件ト效力トノ法律ハ之ヲ分離スヘカラサルヲ手形行爲ノ性質トスルヲ以テ手形行爲ノ效力ハ當然手形行爲ノ要件ヲ定ムル法律タル行爲地法ニ依ルモノニシテ、是レ當然ノ事ナルヲ以テ商法施行法ハ特ニ規定セサリシモノト解スヘキモノナリ。

第五節　手形上ノ權利ノ行使又ハ保全ノ方式

手形上ノ權利ノ行使又ハ保全ノ爲メニスル行爲ハ所謂手形行爲ニアラスシテ手形行爲ノ效力ノ實行ニ必要ナル行爲ナリ。而シテ手形上ノ權利ノ行使又ハ保全ノ爲メニスル行爲トハ拒絕證書ノ作成、擔保又ハ償還請求ノ通知、支拂ノ爲メニスル呈示等ノ行爲ニシテ此等手形上ノ權利ノ行使又ハ保全ノ爲メニスル行爲ノ方式ハ其行爲ヲ爲ス地ノ法律ニ依ルヘキコトヲ商法施行法第百二十六條ニ定メタリ。蓋シ拒絕證書ノ作成、通知等ノ方式ハ行爲地法ニ依ルニアラサレハ之ヲ爲スコト能ハサルニ至ルヘキコトアルヲ以テ行爲地法ニ依ルヲ適當ト爲スカ爲メナリ。是レ一般法律行爲ノ法式ニ付法例第八條カ法律行爲ノ方式ハ其行爲ノ效力ヲ定ムル法律ニ依リ又ハ行爲地法ニ依ルヲ得ヘシト爲シタルニ對スル例外ナリ。故ニ例ヘハ英國ノ如キ拒絕證書ノ作成ヲ要セサル地ニ於テ償還請求ヲ爲ス場合ハ通知スルノミヲ以テ手形上ノ權利ノ保全又ハ行使ニ必要ナル方式ヲ具備スルモノトス。

第五章　海商法

第一節　船舶

第一　總說

船舶ハ性質上動産ナリト雖モ各國ハ皆船舶ヲ以テ不動産ノ如ク取扱ヒ一般動産ニ關スル規定ト大ニ異ナルモノアリ。我國ニ於テモ公法上ノ規定トシテ船舶法ナル特別ノ法律アルノミナラス商法第五百四十條ニ於テ船舶所有者ハ「特別法ノ定ムル所ニ從ヒ登記ヲナシ且船舶國籍證書ヲ請受クルコトヲ要ス」トシ第五百四十一條ニ於テ「船舶所有權ノ移轉ハ其登記ヲ爲シ且船舶國籍證書ニ之ヲ記載スルニ非サレハ之ヲ以テ第三者ニ對抗スルコトヲ得ス」ト爲シ一般動産ト其取扱ヲ異ニスルヲ以テ法例第十條ヲ適用スヘキモノニアラス。以下之ヲ說明スヘシ。

第二　船舶ノ國籍

一般動産ニハ其國籍ナルモノナク單ニ所在地アルノミナルニ反シ船舶ニハ所在地ノ外國籍ナルモノアリ。而シテ船舶ノ國籍トハ法人ノ國籍ト稱スルカ如ク船舶カ何國ノ支配ノ下ニ屬スルヤノ公法關係ヲ云フモノニシテ船舶ハ所屬國ノ國旗ヲ揭クルコトヲ要スルヲ以テ所屬國ノ法律ヲ國旗法トモ稱ス。其國籍ヲ定ムル標準ニ付テハ二主義アリ。

一 主義

1 船舶所有者主義

此主義ハ船舶所有者（船主）ノ本國ヲ以テ船舶ノ國籍ト爲スモノナリ。故ニ此主義ニ依レハ船舶ノ製造所カ外國タルト內國タルトハ之ヲ問ハス又外國ニ於テノミ利用セラルルヤ否ヤヲ問ハス其所有者カ內國人ナルトキハ之ヲ內國船舶ト爲スモノナリ。若シ船舶カ共有ノ場合ニ於テハ共有者全員カ同一國人タルヲ要スル主義ト一定數ノ共有者カ同一國人タルヲ以テ足レリトスル主義トニ岐レタリ。

2 船主、船員及製造國主義

此主義ハ船舶所有者及一定數ノ船員カ同一國人タルノミナラス其製造國モ同一ナラサルヘカラスト爲スモノニシテ現今ノ時勢ニ適セサル主義ナリ。

二 日本船舶ト外國船舶トヲ區別スル我國ノ主義

我船舶法ニ依レハ左ノ一ニ該當スルモノヲ日本船舶ト爲スヲ以テ其以外ノモノヲ以テ外國船舶ト爲スコトトナルモノトシ大體ニ於テ船舶所有者主義ヲ採レルモ全然所有者主義ニアラサルコ

ト左ノ如シ。
1　日本ノ官廳又ハ公署ノ所有ニ屬スル船舶
2　日本臣民ノ所有ニ屬スル船舶
3　日本ニ本店ヲ有スル商事會社ニシテ左ノ一ニ該當スル者ノ所有ニ屬スル船舶
イ　合名會社ニ在リテハ社員ノ全員カ日本臣民タルモノ
ロ　合資會社及株式合資會社ニ在リテハ無限責任社員ノ全員カ日本臣民タルモノ
ハ　株式會社ニ在リテハ取締役ノ全員カ日本臣民タルモノ
ニ　舊商法ノ規定ニ從ヒ設立シタル合資會社ニ在リテハ業務擔當者ノ全員カ日本臣民タルモノ
4　日本ニ主タル事務所ヲ有スル法人ニシテ其代表者ノ全員カ日本臣民タルモノ
三　甲外國船タリヤ乙外國船タリヤノ區別
此區別ハ我船舶法ノ前掲原則ニ依ルヲ得ス且此區別ニ關スル特別ノ規定ナキヲ以テ理論ニ依リ一ニ於テ述ヘタル主義ノ內所有者主義ニ依リテ決スヘキモノトス。
第三　船舶ノ國籍牴觸

船舶ニ於テモ其國籍ヲ定ムル主義ノ異ナルモノアル結果積極及消極ノ國籍牴觸ヲ來スコト法人ノ國籍牴觸ニ於テ述ヘタルト同一ナリ。故ニ船舶ノ國籍牴觸モ自然人ノ國籍牴觸ト同樣ニ解決スヘキモノナリ。

第二節　海商上ノ物權關係

玆ニ物權關係ト云ヘルハ船舶自體及船舶內ノ動產ニ關スル物權關係ヲ說明セントスルニ在リ。故ニ之ヲ左ニ分說スヘシ。

第一　船舶自體ノ物權關係

船舶自體ノ物權關係トハ如何ナル物體ヲ船舶ト爲スヤ、船舶ハ動產ナリヤ不動產ナリヤ乃至船舶ノ所有權、占有權、留置權、先取特權、質權、抵當權タル純物權ノ得喪變更ハ勿論船舶賃貸借ハ之ヲ登記スルコトヲ得(商法第五五六條)ルカ故ニ船舶ノ賃貸借關係ヲモ船舶自體ノ物權關係ト稱スルモノニシテ此等船舶自體ノ物權關係ノ準據法ニ付テ特別規定ノ設ケナシト雖モ特別規定ナキカ故ニ一般物權ニ關スル法例第十條ニ依リ其所在地法ニ依ルモノト卽斷スルコトヲ得ス。何トナレハ船舶ハ常ニ移動スルヲ其常性トシ公海中ニ在ルコト多キヲ以テ所在地ノ通常一定シ居ルコトニ着眼シテ規定シタル法例第十條ニ依ルヘカラサルノミナラス船舶ハ其所屬國ノ國勢上及經濟上ニ重大ナル關係アルヲ以テ船舶ノ物權關係ハ所在地法ニ依ラスシテ所屬國法卽チ國旗法ニ依ルヘキモノト爲サヽルヘカラス。故ニ船舶カ領海內ニ在ルトキハ勿論、公海又ハ他國ノ領海內ニ在ルトキト雖モ船舶自體ノ物權關係ヲ目的トスル物權行爲及其效力ハ總テ國旗法ニ依リテ定ムヘキモノトス。

第二　船舶內ノ動產關係

船舶內ニ不動產ノ存在スルコトナキハ明カナルヲ以テ其物權關係ニ關スル問題ナキモ船舶內ノ動產ニ付テハ之カ得喪變更ニ關スル私法問題ヲ生スルコトアリ、然レトモ此等ノ物權ニ適用スヘキ法律如何ハ何國ノ海商法ヲ適用スルヤ否ヤノ問題ニアラス、何國ノ民法ヲ適用スルヤ否ヤノ一場合ニ過キサルヲ以テ此問題ハ涉外海商法ニハアラサルモ此場合ノ國際私法問題ヲ一言セハ左ノ二場合ニ區別シテ論セサルヘカラス。

一　或國ノ領海內ニ在ル船舶內ノ動產ニ關スル物權關係ニ付テハ其國ノ法律カ動產ノ所在地法トシテ適用セラルルハ當然ナリ。

二　公海內ニ在ル船舶內ノ動產ノ準據法ハ船舶所屬國ノ法律ニ依ルト爲スヲ一般ノ學說ト爲スモ余ハ既ニ述ヘタル如ク法例第七條ニ依リ第一ニ當事者ノ意思ニ依リテ準據法ヲ定メ意思不明ノ

場合ニ初メテ行爲地法ニ代ルヘキ船舶ノ所屬國法ニ依ルモノト爲スモノナリ。蓋シ船舶自體ハ國旗法ニ從フヘキモノナレトモ船舶ナルモノハ貨物運送ノ爲メニ利用セラルルモノニシテ貨物ハ主タル地位ニ在ルヲ以テ主タル地位ニ在ル貨物カ常ニ從タル地位ノ船舶自體ニ關スル法律ニ從ハサルヘカラスト爲スカ如キハ主客轉倒ノ論ニシテ貨物ノ所有者カ自由ニ其意思ニ依リテ準據法ヲ定ムルモ何等船舶所屬國ノ主權ニ牴觸スルコトナク其所屬國ノ公益ニ反スルコトナケレハナリ。只當事者ノ意思不明ノ場合ハ行爲地法ニ依ルヘキモノナレトモ公海內ニ在ルヲ以テ行爲地法ナルモノ存在セサルヲ以テ船舶ノ所屬國法ヲ以テ行爲地法ト看做シ之ニ從フモノト爲スヘキモノナリ。

第三節　海商上ノ債權關係

第一款　法律行爲ニ因ル債權關係

海商ニ於ケル債權關係トハ傭船契約、運送契約、海上保險等海商法ノ適用ヲ受クヘキ法律行爲ニ基ク債權關係ヲ謂フモノニシテ此等ノ法律行爲ニ因ル債權關係ニ付テハ特別ノ規定ナキヲ以テ一般法律行爲ノ原則タル法例第七條乃至第九條ニ依リ決スヘキモノナリ。例ヘハ甲國人カ甲國ヨリ乙國ニ在ル船舶所有者ニ對シ傭船契約ノ申込ヲ爲シ其契約カ成立シタリトセハ其傭船契約ノ成立效力ハ第一ニ當事者ノ意思ニ依リテ何レノ國ノ法律ニ依ルヤヲ定メ意思不明ノ場合ハ申込ヲ發シタル甲國ノ法律ニ依リテ決スルカ如シ。若シ之ヲ或船舶內ニ於テ締結シ而モ當事者カ準據法ヲ定メサリシトキハ行爲地ナキヲ以テ船舶ノ所屬國法ヲ以テ行爲地法ト看做セハ足ル。尙一言スヘキコトハ船舶內ニ於テ金錢貸借ヲ爲スカ如キ民事行爲ハ海商上ノ債權關係ニアラサルヲ以テ其成立效力ヲ定ムルハ國際民法ノ問題ニシテ前ニ述ヘタル船舶內ニ在ル動產關係ト同一ノ原則ニ依リ準據法ヲ定ムルモノナリ。

第二款　法律行爲以外ノ原因ニ因ル海商上ノ債權關係

法律行爲以外ノ原因ニ因ル海商上ノ債權關係ハ共同海損、船舶衝突、海難援助ニ因ル債權關係ナルヲ以テ左ニ之ヲ分說スヘシ。

第一項　共同海損ニ因ル債權關係

共同海損トハ船長カ船舶及積荷ヲシテ共同ノ危險ヲ免レシムル爲メ船舶又ハ積荷ニ付爲シタル處分ニ因リテ生シタル損害ヲ謂フモノニシテ其損害ノ負擔者及負擔ノ割合等ハ何國ノ法律ニ依ルヘキカ之ニ關スル特別ノ規定ナク左ノ主義アリ。

第一　到達港國法主義
第二　陸揚港國法主義
第三　國旗法主義

以上ノ三主義中第三ノ國旗法主義ヲ可トス。何トナレハ船舶ノ到達港ハ必スシモ貨物全部ノ到達港又ハ陸揚港ニアラサルノミラス、船舶ノ到達港又ハ貨物ノ陸揚港ハ往々偶然ノ結果ニ因リテ定マルコトアルヲ以テ此主義ニ依レハ準據法ノ定マラサルコトアリ。之ニ反シテ共同海損ハ船舶及積荷ノ共同危險ヲ免ルル處分ナルヲ以テ國旗法ニ依レハ共通ノ準據法トシテ適當ナレハナリ。

第二項　船舶衝突ニ因ル債權關係

船舶衝突ハ船長又ハ船員ノ故意過失ニ基ク場合ト其故意過失ナキ場合トアリ。故意過失ニ基ク場合ハ不法行爲ナルヲ以テ何等規定ナキトキハ法例第十條ノ原則ニ依ルヘキモノナリ。然レトモ船舶衝突ハ船長船員ノ故意過失ニ基クト否トヲ問ハス重大ナル結果ヲ生スルカ故ニ何國ノ法律ヲ適用スルカニ因リ利害ノ影響スル所大ナリ、依テ先ツ船舶衝突ニ關スル各國ノ規定ヲ擧ケ然ル後其準據法ヲ説明スヘシ。

第一　船舶衝突ニ關スル各國ノ規定

我商法中第五百四十四條ニ依レハ船舶所有者ハ自己ニ過失ナキ場合ニ於テハ船長又ハ船員カ他人ニ加ヘタル損害ニ對シ船舶ヲ委付シテ其責任ヲ免ルヘキコトヲ定メ、英國ハ斯ル場合ニ船舶所有者ハ其損害ヲ加ヘタル船舶ノ噸數ニ應シ一噸八ポンドノ合割ヲ以テ損害賠償ヲ爲スコトトシ、或ハ獨國ハ船舶所有者ハ其船舶及運送賃ヲ見積リ其價額ニ對スル總テノ責任ヲ負フモノトスルアリ、或ハ米國ノ如ク船長又ハ船員ノ故意又ハ重過失ニ基ク損害ト雖モ特約ヲ以テ其責任ヲ免レ得ヘキコトヲ認ムルモ、我國ハ之ヲ認メサルカ如ク、各諸國其規定ヲ異ニスルヲ以テ渉外的衝突ニ付テ國際私法上ノ問題ヲ生スルモノトス。

第二　船舶衝突ノ準據法

一　同一國籍船舶間ノ衝突セル場合ハ其本國法ヲ準據法トス。衝突船舶雙方カ同一國ニ所屬スルトキハ其國ノ領海內又ハ公海ニ於テ衝突シタルトキハ故意過失ニ基クト否トヲ問ハス其所屬國ノ法律ヲ適用スルモノニシテ國際私法關係ヲ生スルコトナキモ、他國ノ領海內ニ於テ衝突シタルトキハ國際私法上ノ問題ヲ生シ若シ特別ノ規定ナキモノトセハ故意過失アル場合ハ不法行爲ナルヲ以テ法例第十一條ニ依リ衝突地法ニ依ルヘク、故意過失ナキ船舶衝突ハ不法行爲ニアラサルヲ以テ法例中ニ其準據法ヲ定メタルモノナキヲ以テ其準據法ハ學理上定ムルコトニ歸著スルモノナリ。然レトモ船舶衝突ニ付テノ規定統一ニ關スル條約(大正三年)第十二條ニ依レハ同一國ニ所屬スル船舶ノ衝突ハ其本國法ニ依ルコトヲ規定セルヲ以テ同一國ニ所屬スル船舶カ他國ノ領海內ニ於テ衝突シタルトキト雖モ故意過失ノ有無ヲ問ハス其本國法ヲ準據法ト定メタルモノナリ。故ニ此規定ハ不法行爲卽チ故意過失アル船舶衝突ハ法例第十一條ニ規定セル行爲地法ノ例外ヲ定メ且不法行爲ニアラサル船舶衝突ニ付テハ法例以外ニ本國法ニ依ルヘキ國際私法上ノ規定ヲ設ケタル結果ヲ生スルモノナリ。要スルニ同一國ニ所屬スル船舶間ノ衝突ハ衝突地ノ如何ヲ問ハス本國法ヲ準據法ト爲スモノニシテ不法行爲タル衝突ト雖モ法例第十一條ニ定メタル行爲地法ニ依ルヘキモノニアラス。

二　異國籍船舶間ノ衝突セル場合

イ　前掲船舶衝突ニ關スル條約中ニ於テ定メタル事項

卽チ同條約ニ依レハ異國籍船舶間ノ衝突ハ(1)偶然ノ事由、不可抗力又ハ原因不明ノ衝突ニ因ル損害ハ領海タルト公海タルトヲ問ハス被害者ノ損失トシ何等損害賠償ノ義務者ナク、(2)一方ニ過失アルトキハ過失者ニ於テ損害ヲ賠償スル義務アリ。(3)雙方ニ過失アルトキハ過失ノ輕重ニ依リ損害負擔ノ割合ヲ定ムト爲スコト等ヲ規定セルヲ以テ此等ノ事項ハ同條約ヲ以テ準據法ト爲スモノナリ。今茲ニ同條約ヲ擧クレハ左ノ如シ。

參照　船舶衝突ニ付テノ規定ノ統一ニ關スル條約（大正三年）

第一條　航海船相互間又ハ航海船ト內水航行船トノ間ニ起リタル衝突ノ場合ニ於テ船舶又ハ船舶內ニ在ル物又ハ人ニ生シタル損害ノ賠償ハ其衝突アリタル水面ノ如何ヲ問ハス以下數條ノ規定スル所ニ依ル

第二條　衝突カ偶然ノ事由若ハ不可抗力ニ因ルトキ又ハ衝突ノ原因明カナラサルトキハ損害ハ之ヲ受ケタル者ノ負擔トス

前項ノ規定ハ衝突ノ際船舶ノ雙方又ハ一方カ碇泊中ナル場合ニ之ヲ適用ス

第三條　衝突カ船舶ノ一方ノ過失ニ因リテ生シタルトキハ損害ハ過失アリタル船舶ニ於テ之ヲ賠償スル責ニ任ス

第四條　共ニ過失アリタル場合ニ於ケル各船舶ノ責任ノ割合ハ其ノ各自ノ過失ノ輕重ニ依ル若情況ニ依リ其ノ割合ヲ定ムルコト能ハサルトキ又ハ過失カ同等ナリト認ムヘキトキハ責任ハ平等トス

船舶若ハ其ノ積荷又ハ船員、旅客其ノ他ノ船舶內ニ在ル者ノ手荷物其ノ他ノ財產ニ生シタル損害ハ第三者ニ對シテ連帶スルコトナク前項ノ割合ニ應シ過失アリタル船舶ニ於テ之ヲ負擔ス

過失アリタル船舶ハ死傷ニ因リテ生シタル損害ニ付テハ第三者ニ對シ連帶シテ義務ヲ負フ但シ第一項ニ從ヒ終局ニ負擔スルコトヲ要スル部分ヲ超過シテ支拂ヒタル船舶ノ求償ヲ妨ケス

前項ノ求償ニ關シ船舶內ニ在ル人ニ對スル船舶所有者ノ責任ヲ制限スル契約上又ハ法例上ノ條項カ如何ナル範圍ニ於テ如何ナル效力ヲ有スルカハ內國法ノ定ムル所ニ依ル

第五條　前數條ニ定メタル責任ハ衝突カ水先人ノ過失ニ因リテ生シタル場合ニ於テ其ノ水先人カ强制水先人ナルトキト雖モ亦存在ス

衝突ノ責任ニ關シテハ法律上過失ヲ推定スルコトナシ

第七條　損害賠償ノ請求權ハ事故アリタル日ヨリ二年ヲ以テ時效ニ罹ル

第四條第三項ニ依ル求償權ノ時效期間ハ一年トス此時效ハ支拂ノ日ヨリ進行ス

前二項ノ時效ノ停止及中斷ノ事由ハ受訴裁判所所屬國ノ法律ノ定ムル所ニ依ル

締約國ハ原告ノ住所又ハ主タル營業所ノ所在地ノ領水内ニ於テ被告船舶ヲ差押フルコト能ハサリシ事實ヲ以テ第一項及第二項ニ定メタル期間ノ伸張ノ事由ト爲スコトヲ其ノ法律ニ定ムル權利ヲ留保ス

ロ　船舶衝突ニ關スル右條約ニ定メタル以外ノ事項

右條約ニ定メタル事項ハ右條約ニ準據セサルヘカラサルハ前述ノ如シト雖モ右條約ハ衝突ニ關スル事項ヲ總テ定メタルモノニアラス。殊ニ右條約ハ損害ノ負擔者ヲ定メタルモ其負擔額ヲ定メサルヲ以テ英國船ヲ以テ獨逸船ニ衝突セシメタルトキ同條約第三條ニ依リ英國船ニ於テ其損害ヲ負擔スヘキコトハ定マルモ其賠償額ハ英國法律ニ依リテ船舶ノ噸數ニ應シ一噸八ポンドノ割合ヲ以テ爲スヘキカ又ハ獨逸法律ニ依リ船舶及運送賃ヲ見積リテ其價額ノ全部ニ於テ責任ヲ負フヘキモノト爲スヘキヤハ同條約ニ依リ定ムルコトヲ得ス。又日本船ヲ以テ獨逸船ニ衝突セシメタルトキ日本法律ニ依リ船舶ヲ委付シテ責任ヲ免レ得ルヤ否ヤ等亦同シ。此等右條約以外ノ事項ニ關スル準據法ヲ述フレハ左ノ如シ。

1　一國ノ領海內ニ於テ衝突シタル場合

此場合ニ故意過失ニ基ク衝突ナルトキハ不法行爲ナルヲ以テ法例第十一條ニ依リ之ヲ決シ、故意過失ナキトキハ同條ニ依ルコトヲ得サルモ法律行爲ニアラサル事實行爲ナルヲ以テ場所ハ行爲ヲ支配ストノ原則ニ依リ行爲地法ニ依ルヲ可トス。

2　公海ニ於ケル衝突ノ場合

此場合ハ故意過失ニ基クト否トヲ問ハス行爲地法ナルモノナキヲ以テ其準據法ハ法例第十條ニ依ルコトヲ得ス。而モ之ニ關シテ諸主義アルヲ以テ其最モ可ナルモノニ從フヘキモノトス。

い　訴訟地法主義

此主義ニ依レハ公海ニ於ケル船舶衝突ノ損害額等ハ外國船タルト內國船タルトヲ問ハス訴訟地法ニ依リテ之ヲ定ムト爲スモノナリ。然レトモ此主義ニ依ルトキハ原告ハ自由ニ自己ニ有利ナル訴訟地ヲ定ムルコトヲ得ヘキヲ以テ公平ノ觀念ニ反スル不當ノ主義ナリト云ハサルヘカラス。

ろ　加害船ノ本國法主義

此主義ハ公海ニ於ケル船舶ハ其本國法ノミニ從フモノニシテ他國ノ法律ニ從フモノニアラサルヲ以テ縦令他國船ニ衝突セシメテ損害ヲ加ヘタル場合ト雖モ本國法ニ從フ責任ヲ負擔スルニ過キストナスモノナリ。然レトモ此主義ニ依ルトキハ船舶所有者ノ責任輕キ國ノ船舶ハ其責任重キ國ノ船舶ニ對シ常ニ有利ノ地位ニ立ツヲ以テ責任ノ輕キ國ノ船舶カ責任ノ重キ國ノ船舶ニ損害ヲ與ヘタルトキハ損害ヲ受ケタル船舶ハ自國ノ法律ニ定メタル損害賠償ヲ得サルニ拘ハラス反對ニ責任ノ重キ國ノ船舶カ責任ノ輕キ國ノ船舶ニ損害ヲ與フルモ尚且自國ノ重キ責任ヲ負擔スルコトトナリ不權衡ナルヲ以テ此主義モ亦正當ナラス。

は　被害船ノ本國法主義

此主義ハ被害船ハ公海ニ於テモ其本國法ノ保護スル權利ヲ有スルカ故ニ他ヨリ侵害セラレタルトキハ自國ノ法律ニ依ル損害賠償ノ請求權アリト爲スモノナリ。然レトモ此主義ニ依レハ加害船モ亦其本國法ノミニ從フモノニシテ加害船ハ加害船ノ本國法ニ從フ義務ノミヲ負擔スルコトヲ認メサルヘカラサル結論ヲ生スルニ拘ハラス加害船カ被害船ノ本國法ニ依ル賠償義務アリト爲スハ理由ト結論トヲ異ニスル不當ノ主義ナリ。

に　衝突船雙方ノ本國法ヲ折衷適用スル主義

此主義ハ加害船及被害船雙方ノ本國法ニ共通ナル範圍ニ於テ損害賠償ノ權利義務アリト為スモノナリ。例ヘハ英國船ト獨逸船ト衝突シタル場合ニ於テ之ヲ言ヘハ獨逸ハ船舶ト運送賃ノ價額ノ範圍ニ於テ損害ヲ負擔スルモ英國ハ加害船ノ噸數ニ應シ一噸八ポンドノ割合ニ於テノミ損害ヲ負擔スルカ故ニ共通ノ範圍卽チ英國船カ加害船ナルモ獨國船カ加害船ナルモ常ニ其共通スル範圍卽チ英國法ノ範圍ニ於テ損害賠償ノ權利義務ヲ定ムルカ如シ。此主義ハ常ニ衝突船雙方ヲ一定ノ標準ヲ以テ律スルコトヲ得テ公平ヲ維持スルニ足ルヲ以テ最モ正當ナル說ナリト云フヘク、我法例第十一條ニ於テ事實發生地法及訴訟地法ヲ折衷セルヲ以テ之ヲ類推シテ此主義ニ依ルト為スヲ相當トス。

第三項　海難援助ニ因ル債權關係

海難援助トハ船舶又ハ積荷ノ全部又ハ一部カ海難ニ遭遇シタル場合ニ之ヲ救援及救助スルヲ謂ヒ、其海難援助カ他國ノ領海内ニ於テ行ハレ又ハ公海ニ於テ或國ノ船舶カ他國ノ海難ヲ援助シタル場合ニ報酬其他ノ債權關係ハ何國ノ法律ニ依ルヘキカヲ定ムルヲ以テ海難援助ニ關スル國際私法問題トス。從テ左ニ之ヲ說明スヘシ。玆ニ海難援助トハ救援及救助ノ二者ヲ略稱シタルモノトス。

第一　契約ニ依ル海難援助ノ場合

海難者ト援助者トカ契約ヲ以テ援助關係ヲ定ムルトキハ法例第七條ノ一般法律行爲ノ原則ニ依リ其契約ノ成立及效力ハ當事者ノ意思ニ從ヒ何レノ國ノ法律ニ依ルカヲ定ムルモノニシテ援助契約ヲ締結シタル場所カ他國ノ領海內タルト公海上ナルトヲ問ハス又其援助行爲カ他國ノ領海內タルト公海上ナルトヲ問ハサルモノトス。若シ當事者カ何國ノ法律ニ依ルカヲ定メサリシトキハ援助契約締結地ノ法律ニ依ルヲ以テ一國ノ領海內ニ於テ援助契約カ締結セラレタルトキハ其地ノ法律ニ依ルヘキモノニシテ援助行爲カ其地ニ於テ行ハレタルト他國領海內又ハ公海上ニ於テ行ハレタルトヲ問ハサルモノトス。然レトモ援助契約カ公海上ニ於テ締結セラレタル場合ニ當事者カ其準據法ヲ定メサリシトキハ其締結地法ナルモノナキヲ以テ法例第七條第九條ニ依リテ準據法ヲ定ムルコト能ハス。此場合ハ次ニ述フル「海難ニ於ケル救援救助ニ付テノ規定ノ統一ニ關スル條約」（大正三年）ヲ以テ準據法ト爲スヘキモノナリ。要スルニ契約ニ依ル海難援助ノ準據法ハ左ノ如シ。

1　當事者ノ意思ニ從フ準據法アリ。此場合ハ援助契約及援助行爲ノ場所カ領海內ナルト公海タルトヲ問ハス。

2　當事者ノ意思ニ依リ準據法ヲ定メサリシトキ

イ 契約地ニ法律アルトキハ其地ノ法律ヲ準據法トス。此場合モ援助行爲ノ場所ノ如何ヲ問ハス。

ロ 契約締結ノ場所(公海)ニ法律ナキトキハ海難ニ關スル條約ヲ以テ準據法トス。

第二 契約ナキ海難援助ノ場合

契約ナキ海難援助ノ性質ハ一種ノ事務管理ナリ。故ニ特別ノ國際私法規定ナキトキハ法例第十一條ニ依リ援助行爲地ノ法律ニ依ルヘキコトトナルモ契約ナキ涉外的海難援助ニ關シテハ「海難ニ於ケル救援救助ニ付テノ統一ニ關スル條約」アリ此條約ハ法例第十一條以外ノ涉外的國際私法ノ淵源ナルヲ以テ契約ナキ海難援助ハ此條約ヲ以テ準據法ト爲ス。此條約ニ依レハ左ノ結果ヲ生ス。

一 援助者ト被援助者トカ同一國家ニ屬スルトキハ其本國法ヲ準據法トス。是レ同條約第十五條ニ規定スル所ニシテ之ヲ法例第十一條ニ依ルモノトセハ援助者ト被援助者カ同一國家ニ屬スル場合ト雖モ、他國ノ領海內ニ於テ援助行爲アリタルトキハ行爲地ノ法律ヲ以テ準據法ト爲スヘキモノナルモ、同條約ニ依レハ行爲地カ他國ノ領海內タルト公海上タルトヲ問ハス本國法ヲ以テ準據法ト爲シ法例第十一條ノ例外ヲ爲スモノナリ。

二 援助者ト被援助者トカ所屬國ヲ異ニスルトキハ右海難ノ救援救助條約ノ實質的規定ヲ準據法

トス。

同條約第一條ニ依レハ救援救助ノ場所カ一國ノ領海內タルト公海上タルトヲ問ハス涉外的海難援助ニ適用スヘキ法則ハ同條約第二條以下ノ規定ニ從フコトヲ定メタルヲ以テ第一條ノ性質ハ第二條以下ヲ以テ涉外的海難援助ノ實質的準據法ト爲スコトヲ定メタル國際私法規定ナリ。唯第十五條ニ於テ援助者ト被援助者トカ同一國ニ屬スル場合ハ第二條以下ノ規定ニ依ラス本國法ニ依ルコトヲ定メタルヲ以テ第一條ハ卽チ援助者ト被援助者トカ所屬國ヲ異ニスル場合ノ涉外的海難援助ニ關スル國際私法規定ニシテ第二條以下ハ卽チ準據スヘキ實質法ニ該ルモノトス。

今左ニ參考ノ爲メ同條約第一條ノ國際法規定及第二條以下ノ實質法ノ二三ヲ擧クレハ左ノ如シ。

參照　海難ニ於ケル救援救助ニ付テノ規定ノ統一ニ關スル條約（大正三年）

第一條　危難ニ在ル航海船、船舶內ノ物、積荷ノ運送賃及旅客ノ運送賃ノ救援救助並航海船ト內水航行船トノ間ニ爲サレタル同種ノ勞務ハ其ノ救援タルト救助タルトヲ區別スルコトナク又勞務カ爲サレタル水面ノ如何ヲ問ハス以下數條ノ規定ニ從フ

第二條　救援救助ノ行爲カ有益ナル結果ヲ生シタトキハ相當ノ報酬ヲ請求スル權利ヲ生ス

救助カ有益ナル結果ヲ生セサルトキハ何等ノ報酬ヲ請求スル權利ヲ生スルコトナシ

如何ナル場合ニ於テモ支拂ハルヘキ全額ハ援助セラレタル目的物ノ價額ニ超ユルコトヲ得ス

第三條　援助セラレタル船舶ノ明示ニシテ且理由アル拒絕アリタルニ拘ハラス援助ノ仕事ニ協力シタル者ハ何等ノ報

國際私法（畢）

酬ヲ請求スル權利ヲ有セス

第四條　曳船ハ曳船契約ノ履行ト認ムルコトヲ得サル特別ノ勞務ヲ爲シタルトキニ非サレハ被曳船又ハ其ノ積荷ノ救援救助ニ付報酬ヲ請求スル權利ヲ有セス

第五條　報酬ハ同一ノ所有者ニ屬スル船舶間ニ救援救助アリタル場合ニ於テモ之ヲ支拂フヘキモノトス

第六條　報酬ノ額ハ當事者ノ契約ニ依リ契約ナキトキハ裁判所之ヲ定ム

援助者間ニ分配スヘキ報酬ノ割合ニ付亦同シ

援助船ノ所有者、船長其ノ他ノ服役者ノ間ニ於ケル報酬ノ分配ハ其ノ船舶ノ本國法ノ定ムル所ニ依ル

昭和二年八月二十一日印刷
昭和二年八月二十五日發行

國際私法 奥付

定價金參圓

著作權所有

著作者 遠藤登喜夫

東京市神田區中猿樂町二番地
發行者 株式會社 巖松堂書店
右代表者 波多野重太郎

東京市神田區錦町三丁目十八番地
印刷者 白井赫太郎

發兌元
東京市神田中猿樂町
電話九段(33)二三六一番 二六七六番
巖松堂書店
振替東京六五五六番

東京・印刷所精興社・神田

國際私法　　日本立法資料全集　別巻 1216

平成31年２月20日　　復刻版第１刷発行

著　者　遠　藤　登　喜　夫

発行者　今　井　　　貴
　　　　渡　辺　左　近

発行所　信　山　社　出　版
〒113-0033　東京都文京区本郷６-２-９-102
モンテベルデ第２東大正門前
電　話　03（3818）1019
ＦＡＸ　03（3818）0344
郵便振替　00140-2-367777（信山社販売）

Printed in Japan.

制作／(株)信山社，印刷・製本／松澤印刷・日進堂

ISBN 978-4-7972-7333-5 C3332

巻数	書　名	編・著者	ISBN	本体価格
950	実地応用町村制質疑録	野田藤吉郎、國吉拓郎	ISBN978-4-7972-6656-6	22,000 円
951	市町村議員必携	川瀬周次、田中迪三	ISBN978-4-7972-6657-3	40,000 円
952	増補 町村制執務備考 全	増澤鐵、飯島篤雄	ISBN978-4-7972-6658-0	46,000 円
953	郡区町村編制法 府県会規則 地方税規則 三法綱論	小笠原美治	ISBN978-4-7972-6659-7	28,000 円
954	郡区町村編制 府県会規則 地方税規則 新法例纂 追加地方諸要則	柳澤武運三	ISBN978-4-7972-6660-3	21,000 円
955	地方革新講話	西内天行	ISBN978-4-7972-6921-5	40,000 円
956	市町村名辞典	杉野耕三郎	ISBN978-4-7972-6922-2	38,000 円
957	市町村吏員提要〔第三版〕	田邊好一	ISBN978-4-7972-6923-9	60,000 円
958	帝国市町村便覧	大西林五郎	ISBN978-4-7972-6924-6	57,000 円
959	最近検定 市町村名鑑 附 官国幣社 及 諸学校所在地一覧	藤澤衛彦、伊東順彦、増田穆、関惣右衛門	ISBN978-4-7972-6925-3	64,000 円
960	鼇頭対照 市町村制解釈 附 理由書 及 参考諸布達	伊藤寿	ISBN978-4-7972-6926-0	40,000 円
961	市町村制釈義 完　附 市町村制理由	水越成章	ISBN978-4-7972-6927-7	36,000 円
962	府県郡市町村 模範治績　附 耕地整理法 産業組合法 附属法令	荻野千之助	ISBN978-4-7972-6928-4	74,000 円
963	市町村大字読方名彙〔大正十四年度版〕	小川琢治	ISBN978-4-7972-6929-1	60,000 円
964	町村会議員選挙要覧	津田東璋	ISBN978-4-7972-6930-7	34,000 円
965	市制町村制 及 府県制　附 普通選挙法	法律研究会	ISBN978-4-7972-6931-4	30,000 円
966	市制町村制註釈 完　附 市制町村制理由〔明治21年初版〕	角田真平、山田正賢	ISBN978-4-7972-6932-1	46,000 円
967	市町村制詳解 全　附 市町村制理由	元田肇、加藤政之助、日鼻豊作	ISBN978-4-7972-6933-8	47,000 円
968	区町村会議要覧 全	阪田辨之助	ISBN978-4-7972-6934-5	28,000 円
969	実用 町村制市制事務提要	河邨貞山、島村文耕	ISBN978-4-7972-6935-2	46,000 円
970	新旧対照 市制町村制正文〔第三版〕	自治館編輯局	ISBN978-4-7972-6936-9	28,000 円
971	細密調査 市町村便覧（三府 四十三県 北海道 樺太 台湾 朝鮮 関東州） 附 分類官公衙公私学校銀行所在地一覧表	白山榮一郎、森田公美	ISBN978-4-7972-6937-6	88,000 円
972	正文 市制町村制 並 附属法規	法曹閣	ISBN978-4-7972-6938-3	21,000 円
973	台湾朝鮮関東州 全国市町村便覧 各学校所在地〔第一分冊〕	長谷川好太郎	ISBN978-4-7972-6939-0	58,000 円
974	台湾朝鮮関東州 全国市町村便覧 各学校所在地〔第二分冊〕	長谷川好太郎	ISBN978-4-7972-6940-6	58,000 円
975	合巻 佛蘭西邑法・和蘭邑法・皇国郡区町村編成法	箕作麟祥、大井憲太郎、神田孝平	ISBN978-4-7972-6941-3	28,000 円
976	自治之模範	江木翼	ISBN978-4-7972-6942-0	60,000 円
977	地方制度実例総覧〔明治36年初版〕	金田謙	ISBN978-4-7972-6943-7	48,000 円
978	市町村民 自治読本	武藤榮治郎	ISBN978-4-7972-6944-4	22,000 円
979	町村制詳解　附 市制及町村制理由	相澤富蔵	ISBN978-4-7972-6945-1	28,000 円
980	改正 市町村制 並 附属法規	楠綾雄	ISBN978-4-7972-6946-8	28,000 円
981	改正 市制 及 町村制〔訂正10版〕	山野金蔵	ISBN978-4-7972-6947-5	28,000 円

別巻　巻数順一覧【915 ～ 949 巻】

巻数	書　名	編・著者	ISBN	本体価格
915	改正 新旧対照市町村一覧	鍾美堂	ISBN978-4-7972-6621-4	78,000 円
916	東京市会先例彙輯	後藤新平、桐島像一、八田五三	ISBN978-4-7972-6622-1	65,000 円
917	改正 地方制度解説〔第六版〕	狭間茂	ISBN978-4-7972-6623-8	67,000 円
918	改正 地方制度通義	荒川五郎	ISBN978-4-7972-6624-5	75,000 円
919	町村制市制全書 完	中嶋廣蔵	ISBN978-4-7972-6625-2	80,000 円
920	自治新制 市町村会法要談 全	田中重策	ISBN978-4-7972-6626-9	22,000 円
921	郡市町村吏員 収税実務要書	荻野千之助	ISBN978-4-7972-6627-6	21,000 円
922	町村至宝	桂虎次郎	ISBN978-4-7972-6628-3	36,000 円
923	地方制度通 全	上山満之進	ISBN978-4-7972-6629-0	60,000 円
924	帝国議会府県会郡会市町村会議員必携 附関係法規 第1分冊	太田峯三郎、林田亀太郎、小原新三	ISBN978-4-7972-6630-6	46,000 円
925	帝国議会府県会郡会市町村会議員必携 附関係法規 第2分冊	太田峯三郎、林田亀太郎、小原新三	ISBN978-4-7972-6631-3	62,000 円
926	市町村是	野田千太郎	ISBN978-4-7972-6632-0	21,000 円
927	市町村執務要覧 全 第1分冊	大成館編輯局	ISBN978-4-7972-6633-7	60,000 円
928	市町村執務要覧 全 第2分冊	大成館編輯局	ISBN978-4-7972-6634-4	58,000 円
929	府県会規則大全　附 裁定録	朝倉達三、若林友之	ISBN978-4-7972-6635-1	28,000 円
930	地方自治の手引	前田宇治郎	ISBN978-4-7972-6636-8	28,000 円
931	改正 市制町村制と衆議院議員選挙法	服部喜太郎	ISBN978-4-7972-6637-5	28,000 円
932	市町村国税事務取扱手続	広島財務研究会	ISBN978-4-7972-6638-2	34,000 円
933	地方自治制要義 全	末松偕一郎	ISBN978-4-7972-6639-9	57,000 円
934	市町村特別税之栞	三邊長治、水谷平吉	ISBN978-4-7972-6640-5	24,000 円
935	英国地方制度 及 税法	良保両氏、水野遵	ISBN978-4-7972-6641-2	34,000 円
936	英国地方制度 及 税法	髙橋達	ISBN978-4-7972-6642-9	20,000 円
937	日本法典全書 第一編 府県制郡制註釈	上條慎蔵、坪谷善四郎	ISBN978-4-7972-6643-6	58,000 円
938	判例挿入 自治法規全集 全	池田繁太郎	ISBN978-4-7972-6644-3	82,000 円
939	比較研究 自治之精髄	水野錬太郎	ISBN978-4-7972-6645-0	22,000 円
940	傍訓註釈 市制町村制 並ニ 理由書〔第三版〕	筒井時治	ISBN978-4-7972-6646-7	46,000 円
941	以呂波引町村便覧	田山宗堯	ISBN978-4-7972-6647-4	37,000 円
942	町村制執務要録 全	鷹巣清二郎	ISBN978-4-7972-6648-1	46,000 円
943	地方自治 及 振興策	床次竹二郎	ISBN978-4-7972-6649-8	30,000 円
944	地方自治講話	田中四郎左衛門	ISBN978-4-7972-6650-4	36,000 円
945	地方施設改良 訓諭演説集〔第六版〕	鹽川玉江	ISBN978-4-7972-6651-1	40,000 円
946	帝国地方自治団体発達史〔第三版〕	佐藤亀齢	ISBN978-4-7972-6652-8	48,000 円
947	農村自治	小橋一太	ISBN978-4-7972-6653-5	34,000 円
948	国税 地方税 市町村税 滞納処分法問答	竹尾高堅	ISBN978-4-7972-6654-2	28,000 円
949	市町村役場実用 完	福井淳	ISBN978-4-7972-6655-9	40,000 円

別巻　巻数順一覧【878 ～ 914 巻】

巻数	書　名	編・著者	ISBN	本体価格
878	明治史第六編 政黨史	博文館編輯局	ISBN978-4-7972-7180-5	42,000 円
879	日本政黨發達史 全〔第一分冊〕	上野熊藏	ISBN978-4-7972-7181-2	50,000 円
880	日本政黨發達史 全〔第二分冊〕	上野熊藏	ISBN978-4-7972-7182-9	50,000 円
881	政党論	梶原保人	ISBN978-4-7972-7184-3	30,000 円
882	獨逸新民法商法正文	古川五郎、山口弘一	ISBN978-4-7972-7185-0	90,000 円
883	日本民法鼇頭對比獨逸民法	荒波正隆	ISBN978-4-7972-7186-7	40,000 円
884	泰西立憲國政治攬要	荒井泰治	ISBN978-4-7972-7187-4	30,000 円
885	改正衆議院議員選擧法釋義 全	福岡伯、横田左仲	ISBN978-4-7972-7188-1	42,000 円
886	改正衆議院議員選擧法釋義 附 改正貴族院令,治安維持法	犀川長作、犀川久平	ISBN978-4-7972-7189-8	33,000 円
887	公民必携 選擧法規ト判決例	大浦兼武、平沼騏一郎、木下友三郎、清水澄、三浦數平	ISBN978-4-7972-7190-4	96,000 円
888	衆議院議員選擧法輯覽	司法省刑事局	ISBN978-4-7972-7191-1	53,000 円
889	行政司法選擧判例總覽―行政救濟と其手續―	澤田竹治郎・川崎秀男	ISBN978-4-7972-7192-8	72,000 円
890	日本親族相續法義解 全	髙橋捨六・堀田馬三	ISBN978-4-7972-7193-5	45,000 円
891	普通選擧文書集成	山中秀男・岩本溫良	ISBN978-4-7972-7194-2	85,000 円
892	普選の勝者 代議士月旦	大石末吉	ISBN978-4-7972-7195-9	60,000 円
893	刑法註釋 巻一～巻四(上巻)	村田保	ISBN978-4-7972-7196-6	58,000 円
894	刑法註釋 巻五～巻八(下巻)	村田保	ISBN978-4-7972-7197-3	50,000 円
895	治罪法註釋 巻一～巻四(上巻)	村田保	ISBN978-4-7972-7198-0	50,000 円
896	治罪法註釋 巻五～巻八(下巻)	村田保	ISBN978-4-7972-7198-0	50,000 円
897	議會選擧法	カール・ブラウニアス、國政研究科會	ISBN978-4-7972-7201-7	42,000 円
901	鼇頭註釈 町村制　附 理由 全	八乙女盛次、片野続	ISBN978-4-7972-6607-8	28,000 円
902	改正 市制町村制　附 改正要義	田山宗堯	ISBN978-4-7972-6608-5	28,000 円
903	増補訂正 町村制詳解〔第十五版〕	長峰安三郎、三浦通太、野田千太郎	ISBN978-4-7972-6609-2	52,000 円
904	市制町村制 並 理由書　附 直接間接税類別及実施手続	高崎修助	ISBN978-4-7972-6610-8	20,000 円
905	町村制要義	河野正義	ISBN978-4-7972-6611-5	28,000 円
906	改正 市制町村制義解〔帝國地方行政学会〕	川村芳次	ISBN978-4-7972-6612-2	60,000 円
907	市制町村制 及 関係法令〔第三版〕	野田千太郎	ISBN978-4-7972-6613-9	35,000 円
908	市町村新旧対照一覧	中村芳松	ISBN978-4-7972-6614-6	38,000 円
909	改正 府県郡制問答講義	木内英雄	ISBN978-4-7972-6615-3	28,000 円
910	地方自治提要 全　附 諸届願書式 日用規則抄録	木村時義、吉武則久	ISBN978-4-7972-6616-0	56,000 円
911	訂正増補 市町村制問答詳解　附 理由及追輯	福井淳	ISBN978-4-7972-6617-7	70,000 円
912	改正 府県制郡制註釈〔第三版〕	福井淳	ISBN978-4-7972-6618-4	34,000 円
913	地方制度実例総覧〔第七版〕	自治館編輯局	ISBN978-4-7972-6619-1	78,000 円
914	英国地方政治論	ジョージ・チャールズ・ブロドリック、久米金彌	ISBN978-4-7972-6620-7	30,000 円